रज़ा पुस्तक माला

कोमल गांधार

आत्मकथा

रज़ा फ़ाउण्डेशन | THE RAZA FOUNDATION

कोमल गांधार

उस्ताद विलायत ख़ाँ की आत्मकथा

विलायत ख़ाँ

अनुलेखन तथा सम्पादन
शंकरलाल भट्टाचार्य

बाङ्ला से अनुवाद
डॉ. रामशंकर द्विवेदी

राजकमल प्रकाशन

रज़ा पुस्तक माला : **आत्मकथा | अनुवाद**
प्रधान सम्पादक : अशोक वाजपेयी | सम्पादक : पीयूष दईया
राजकमल प्रकाशन प्रा.लि. और रज़ा फ़ाउण्डेशन का सह-प्रकाशन

ISBN-978-93-88753-22-7

मूल्य : ₹795

पहला संस्करण : 2019

प्रकाशक : राजकमल प्रकाशन प्रा. लि.
1-बी, नेताजी सुभाष मार्ग, दरियागंज
नई दिल्ली-110 002

शाखाएँ : अशोक राजपथ, साइंस कॉलेज के सामने, पटना-800 006
पहली मंज़िल, दरबारी बिल्डिंग, महात्मा गांधी मार्ग, इलाहाबाद-211 001
36 ए, शेक्सपियर सरणी, कोलकाता-700 017

वेबसाइट : www.rajkamalprakashan.com
ई-मेल : info@rajkamalprakashan.com

मुद्रक : यश प्रिंटोग्राफिक्स
नोएडा-201 301 (उत्तर प्रदेश)

KOMAL GANDHAR
Autobiography by Ustad Vilayat Khan
Transcribed by Shankar Lal Bhattacharya
Translated by Dr. Ramshankar Dwivedi

बाबा और माँ को

आमुख

कलाओं में भारतीय आधुनिकता के एक मूर्धन्य सैयद हैदर रज़ा एक अथक और अनोखे चित्रकार तो थे ही उनकी अन्य कलाओं में भी गहरी दिलचस्पी थी। विशेषतः कविता और विचार में। वे हिन्दी को अपनी मातृभाषा मानते थे और हालाँकि उनका फ्रेंच और अँग्रेज़ी का ज्ञान और उन पर अधिकार गहरा था, वे, फ्रांस में साठ वर्ष बिताने के बाद भी, हिन्दी में रमे रहे। यह आकस्मिक नहीं है कि अपने कला-जीवन के उत्तरार्द्ध में उनके सभी चित्रों के शीर्षक हिन्दी में होते थे। वे संसार के श्रेष्ठ चित्रकारों में, २०-२१वीं सदियों में, शायद अकेले हैं जिन्होंने अपने सौ से अधिक चित्रों में देवनागरी में संस्कृत, हिन्दी और उर्दू कविता में पंक्तियाँ अंकित कीं। बरसों तक मैं जब उनके साथ कुछ समय पेरिस में बिताने जाता था तो उनके इसरार पर अपने साथ नवप्रकाशित हिन्दी कविता की पुस्तकें ले जाता था : उनके पुस्तक-संग्रह में, जो अब दिल्ली स्थित रज़ा अभिलेखागार का एक हिस्सा है, हिन्दी कविता का एक बड़ा संग्रह शामिल था।

रज़ा की एक चिन्ता यह भी थी कि हिन्दी में कई विषयों में अच्छी पुस्तकों की कमी है। विशेषतः कलाओं और विचार आदि को लेकर। वे चाहते थे कि हमें कुछ पहल करनी चाहिये। २०१६ में साढ़े चौरानवे वर्ष की आयु में उनकी मृत्यु के बाद रज़ा फ़ाउण्डेशन ने उनकी इच्छा का सम्मान करते हुए हिन्दी में कुछ नयी क़िस्म की पुस्तकें प्रकाशित करने की पहल *रज़ा पुस्तक माला* के रूप में की है, जिनमें कुछ अप्राप्य पूर्व प्रकाशित पुस्तकों का पुनर्प्रकाशन भी शामिल है। उनमें गाँधी, संस्कृति-

चिन्तन, संवाद, भारतीय भाषाओं से विशेषत: कला-चिन्तन के हिन्दी अनुवाद, कविता आदि की पुस्तकें शामिल की जा रही हैं। सभी पुस्तकों पर रज़ा साहब और उनके समकालीन मित्र चित्रकारों आदि की प्रतिकृतियाँ आवरणों पर होंगी।

उस्ताद विलायत ख़ाँ भारतीय शास्त्रीय संगीत की एक विभूति थे। उनकी दो सौ अट्ठाइस पृष्ठों में फैली आत्मकथा के साथ-साथ इस पुस्तक में परिशिष्ट के रूप में नीलाभ दत्त, आशीष भट्टाचार्य और प्रसिद्ध बाङ्ला कवि जय गोस्वामी द्वारा उन पर लिखे निबन्ध भी शामिल किये गये हैं। यह मूल्यवान उपक्रम प्रयत्नपूर्वक किया है संगीतविद् शंकरलाल भट्टाचार्य ने। हिन्दी में एक महान् संगीतकार से सम्बन्धित ऐसी दुर्लभ सामग्री को लाने की ज़िम्मेदारी पूरी की है वरिष्ठ विद्वान्, रसिक और अनुवादक डॉ. रामशंकर द्विवेदी ने। आत्मकथा, निबन्ध, लेखन और अनुवाद सभी सृजन और संगीत के गहरे और निश्छल प्रेमवश किये गये हैं। *रज़ा पुस्तक माला* 'कोमल गांधार' को बहुत प्रसन्नता और कृतज्ञता के साथ प्रस्तुत कर रही है।

अशोक वाजपेयी

दिसम्बर २०१८, नयी दिल्ली

दो शब्द

शंकरलाल भट्टाचार्य

दो शब्द

'कोमल गांधार' शीर्षक तथा इस रचना की कथन–भंगिमा में एक तरह की कोमलता और हृदय के संस्पर्श का ताप विद्यमान है। पता नहीं क्यों लिखते समय यह बार–बार महसूस होता रहा कि ख़ाँ साहब के बोलने में कहीं एक कोमलता का भावावेश था। इस विषय को लेकर अनेक तरह के दार्शनिक विचार किये जा सकते हैं, किन्तु उनसे कोई प्रयोजन नहीं है। पाठक जितनी जल्दी ख़ाँ साहब का बोलना–पढ़ना शुरू करें उतना ही अच्छा है।

'कोमल गांधार' शीर्षक एक तरह से अपर्णा सेन का दिया हुआ नाम है, जिनके द्वारा सम्पादित 'सानन्दा' पत्रिका में ख़ाँ साहब की आत्मकथा धारावाहिक रूप में प्रकाशित हुई थी। जब यह रचना प्रकाशित होने वाली थी, उस समय सम्भावित शीर्षकों पर विचार करते–करते हम लोग परेशान हो रहे थे, उस समय अपर्णा ने बड़े सहज भाव से इसी शीर्षक 'कोमल गांधार' को चुन लिया था। फिर इसका प्रकाशन जैसे–जैसे आगे बढ़ा वैसे–वैसे ही यह अनुभव होता गया कि इस 'आत्मकथा' का शीर्षक इससे बढ़िया नहीं हो सकता था। इस पुस्तक के लिए यह नाम एकदम उपयुक्त है।

'टेप' से 'कोमल गांधार' लिखते समय जो आनन्द मिला उसकी किसी से तुलना नहीं की जा सकती है। गम्भीर रात में ख़ाँ साहब की कथा और गाना सुनते–सुनते यह पुस्तक तैयार करने की अभिज्ञता वास्तव में प्रत्यक्ष गाना सुनने के बराबर ही थी। उस सुनने का जो स्वाद था उसकी कुछ मात्रा ही अगर इन अक्षरों में उतर सकी हो तो मैं अपने प्रयास को सार्थक समझूँगा।

'सानन्दा' में प्रकाशित होते समय अनेक लोगों का अकृपण सहयोग मिला था। चित्रशिल्पी सुव्रत चौधुरी द्वारा आँकी गयी छवियाँ तो निरे अलंकरण से बढ़कर बहुत ऊँचे स्तर की चीज़ें थीं—मानो कथा के साथ-साथ उसके अनुरूप दृश्य की तरह। उनके काम का उपयोग पुस्तक प्रकाशित करते समय भी लिया गया। उन्हें बहुत-बहुत धन्यवाद।

जिन्होंने 'कोमल गांधार' के लिए सहायता का हाथ बढ़ाया था, उन्हें अगर धन्यवाद दिया जाय तो वे क्षुब्ध होंगे, कारण, उनका सहयोग उनके प्रेम और अच्छा लगने का प्रतीक था। उस्ताद विलायत ख़ाँ के लिए कुछ करने के बदले में कौन ऐसा होगा जो कुछ माँगेगा? क्षणजन्मा मनुष्यों का क्षणभर के लिए किसी महान की सेवा में आ जाना भी क्या कम मूल्यवान् होता है?

फिर भी उन लोगों के नाम का उल्लेख करने से मैं चूकूँगा नहीं। कारण, जयन्त चट्टोपाध्याय, सुव्रत राय चौधुरी, जयन्त घोष, वाइडू सान्याल, कुमार राय, गौतम घोष की अकुण्ठ सहयोगिता का संस्पर्श इस पूरी पुस्तक में विद्यमान है।

और इस पुस्तक को इतने श्लाघनीय रूप में प्रकाशित करने का काम जिन्होंने किया है, उन्हीं प्रदीप साहा को अशेष धन्यवाद। उन्होंने मुझे मुग्धातिमुग्ध किया है इस पुस्तक के लिए किये गये उनके उद्योग और अनुभूति ने। उनका काम भी प्रेम का काम है।

फलस्वरूप अनेक मनुष्यों के प्रेम के द्वारा गढ़ उठी है सारे संसार के प्रेम का केन्द्र इस मनुष्य की स्मृति कथा।

—शंकरलाल भट्टाचार्य
५ दिसम्बर, २००२

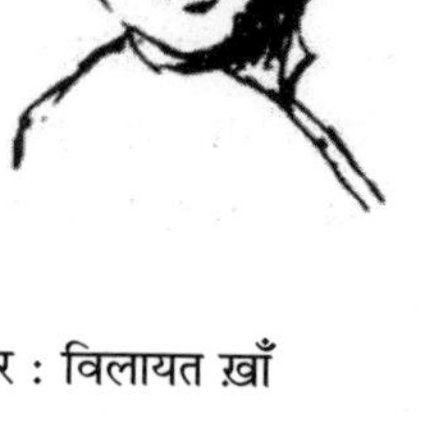

क्रम

१

मात्र कुछ दिन पहले हलचल भरी एक संवाद-संगोष्ठी में उपस्थित थे ख़ाँ साहब। उसके बाद से ही वे बातचीत में अपनी व्यथा और नाराज़ी से भरी शिकायतों की रामकहानी सुनाने लगे। हालाँकि सर्दी की भोर रायचौक में अपने घर के सहन में बैठे शॉल ओढ़े विलायत ख़ाँ को किसी भी तरह दूरदर्शन के पर्दे पर देखे उसी क्रुद्ध मनुष्य के साथ मिलाया नहीं जा सकता था। यह मानो एक दूसरे ही विलायत ख़ाँ थे, एकदम भिन्न, भिन्न स्वर, भिन्न आवाज़।

ख़ाँ साहब का घर रायचौक के श्यामलिमा आवास के पक्षियों के घर के अन्तर्गत आता है। इस स्थान के घर जहाँ पर वृक्षों की डालें, फूल-पत्तियाँ हैं उन्हीं के साथ एकाकार हुए जा रहे हैं। एक-एक घर बगल के घर के साथ सीढ़ियों और सेतु के द्वारा जुड़ा हुआ है। सभी घरों से सीधी दृष्टि पहुँचती है दूर नीलिमा पर, ख़ाँ साहब भोर के उजाले में आकर उसी श्यामलिमा पर दृष्टि डालकर प्राय: अनमने भाव से बहुत-सी बातें कहते रहे। कहने लगे, तबीयत ख़राब हो जाने की वजह से कल शाम को आकर यहाँ बैठ नहीं सका। फिर अन्त में मेरे आ जाने के बाद बहुत अच्छा लगने लगा।

ख़ाँ साहब के सामने सफ़ेद टेबिल पर उनका पनबट्टा रखा हुआ है। उन्होंने चाय लाने के लिए कहा। उनकी आवाज़ बहुत भारी सुनायी दी। सिर के ऊपर चहचहाने वाले पक्षियों की ओर उन्होंने कई बार देखा। उनकी बातचीत के साथ ऊपर के पक्षियों की चहचहाहट और नीचे बत्तखों की घें-घें दोनों घुली-मिली जा रही थीं। टेप के कैसेट में भी वे सब आवाज़ें बड़े मज़े से अवलीलाक्रम से भरती जा रही थीं। और एक तीसरी ध्वनि

पास से ही आकर ख़ाँ साहब की कण्ठध्वनि के साथ मिलती जा रही थी। उनके सबसे छोटे पुत्र हिदायत के सितार के रियाज़ से उत्पन्न रागेश्री का सुर, सुनने मात्र से ही पहचान में आ जाती थी उसकी विश्रुत बन्दिश।

ख़ाँ साहब ख़ूब प्रसन्न और शान्त दिखायी दे रहे थे। और उसी में मानो एक परिपक्व उम्र, जैसे सूर्यास्त की छुवन हो। अगर विचार किया जाय तो ऐसा लगता था जैसे सूर्योदय और विभास की लग्न में सूर्यास्त और पूरवी का स्पर्श हो। यह अनुभूति और भी गहरा गयी जब उस्ताद ने बातचीत शुरू की, कहने लगे, सारे जीवन के घुमक्कड़पने के अन्त में फिर उसी कलकत्ते में आकर अपना निवास स्थान बना लिया है।

लौटना

हाँ, वही तो पुनः लौट आया कलकत्ता में। इसीलिए शायद तुम पूछ रहे हो, क्यों? तुम पूछ ही सकते हो, फिर मैं तो हूँ ही इसी कलकत्ते का आदमी। फिफ्टी में शुरू किया था बम्बई में रहना। इसीलिए सोच रहा था—देश के चारों ओर इतना क्यों घूमा? और याद आ रही है कि उस बम्बई में भी परिवेश और परिस्थिति किस तरह से धीरे-धीरे ख़राब होने लगी। यह उसी सिक्स्टी की घटना है। सिक्स्टी से लेकर सिक्स्टी थ्री के बीच स्थिति ख़राब होते जाना ख़ूब नज़र में आ रहा था। बोम्बे से पचास-साठ मील दूर, जैसे कलकत्ता से यह रायचौक, खण्डाला-लोनावाला नामक एक सुन्दर जगह थी। उस समय शिमला में लाइफस्टाइल इतना गगनचुम्बी नहीं हुआ था। और हमारी जीवन-धारा भी इतनी ऊँचाई पर जाकर नहीं ठहरी हुई थी। इसीलिए अन्त में भागकर उसी शिमला में चला गया और शिमला जाकर स्वयं शिमला से बाहर—चौदह मील दूर निवास- स्थान बनाया। पहाड़ पर बारह-चौदह मील दूर का अर्थ आप समझते हैं, मैदान अथवा प्लेन के पचास मील। उसके बाद वहाँ भी मान लीजिए सत्तर साल की उम्र में, स्वास्थ्य थोड़ा ख़राब होना शुरू हुआ। तब देहरादून चला गया। देहरादून में खोज करने के बाद, एक सुन्दर जगह खोज ली गयी, लम्बे समय तक वहाँ रहा भी। उन सब दिनों में तुमने मुझे देखा भी तो है, देखा है ना? किन्तु, एक समय ऐसा आया जब

मन में विचार उठने लगा, इस तरह से एक ही जगह से चिपके-चिपके और कितने दिन रहूँगा? अन्तिम वय में इसीलिए सोचा, चलो कलकत्ता चलें, वहीं पर रहेंगे।

फिर, सोचते ही भय लगना शुरू हो गया, कहाँ रहूँगा? पार्क सर्कस वाला वही घर हमारा अब भी बना हुआ है, आप जानते तो हैं। वही घर अब छोटा लगने लगा। परिवार बड़ा हो गया है। मेरा और मेरे भाई का परिवार मिलाकर अब बड़ी शक्ल लेने लगा। इसके बाद सोचने बैठा कि किस भाग को कैसा बनाया जाय अथवा न बनाया जाय—कौन-सा भाग किसके काम में किस तरह आयेगा, भाई इमरत से कहा भी था, कितनी तरह से कितनी बार कहा कन्ट्रेक्टर आ रहे हैं, वे लोग चौ-मंज़िला, छह-मंज़िला या तुम जैसा चाहोगे इस घर को बना देंगे, पूरा घर ही, उसमें जिसकी जितनी जगह है दोनों भाइयों की, ठेकेदार उसे सुन्दर बना देगा, तुम्हारा पूरा परिवार उसमें आ जायेगा, मेरा परिवार तो आ ही जायेगा—बीच में आँगन बना रहेगा, मैंने पूरा प्लान बना डाला था।

इसके बाद पता नहीं इमरत भाई ने कैसा, क्या विचार किया, किन लोगों ने उन्हें क्या अक़्ल दी, कोई काम ही आगे नहीं बढ़ा। फिर यह तो हो नहीं सकता था कि मैं एक कमरा रखकर बाक़ी सब उन्हें दे देता, अगर बँटवारा होता है तो आधा-आधा ही तो बाँटा जायेगा, यही उचित है ना? मैंने उससे कहा, देखो मेरा भी तो परिवार है। बीच-बीच में मैं यहाँ आता रहूँगा, तब मुझे भी तो इस घर में जगह की ज़रूरत होगी। तुम अगर चाहो तो ज़मीन का आधा भाग तुम्हारी इच्छा के अनुसार बनवा दूँ, इस सम्बन्ध में तुम्हें किसी तरह की चिन्ता करने की ज़रूरत नहीं है। वैसे तो वह सब सुनता था किन्तु, इस सम्बन्ध में, सुनकर भी कुछ नहीं सुनता था। परिणाम यह हुआ कि मेरे कहने का कोई फल नहीं निकला। और यही सब करते-करते ९४'-९५' में गुजरात अम्बुजा समूह के मालिक नेवटिया परिवार के हर्ष और सुरेश बाबू ने एकाएक मेरे सामने एक प्रस्ताव रखा और कहा—उस्तादजी, शहर से थोड़ा दूर डाइमण्ड हार्बर के नज़दीक हमलोग एक बहुत बढ़िया और विशाल कॉम्प्लेक्स तैयार कर रहे हैं, वह बड़ा सुदर्शनीय होगा। तो ९५'-९६' साल में आकर उस सुन्दर जंगल और मनोरम परिवेश देखकर दिल से आराम से निकल पड़ा—वाह, ख़ूब! वह जगह मुझे बहुत सुन्दर लगी। फिर उसमें भी विशेषकर यह जगह जिसको कहते हैं

'पाखिरालय', पक्षियों का घर—मुझे बहुत सुन्दर लग गयी। यह जगह देखकर मैंने कहा—भाई यहीं पर मेरे रहने का इन्तज़ाम करो। यहीं पर मेरा घर रहेगा, यहाँ से इसी तरह से मैं डेरा-डंगर लेकर इसी जगह आना चाहता था।

यहाँ, इसी जगह जहाँ इस समय तुम मुझे बैठा हुआ देख रहे हो। इसी बुढ़ापे में मैं यहाँ पर बहुत अच्छी तरह से हूँ। वही शिमला का घर, देहरादून का घर बनाते-बनाते यह अनुभव किया कि घर बनाना उतना कठिन नहीं है, जितना उसका रख-रखाव करना। किन्तु, यह जो एक निश्चित माप वाले परिसर में आ गया हूँ, यही मुझे बहुत अच्छा लग रहा है। उन लोगों से कहा था कि यहाँ तक के पेड़ काट लेना किन्तु, उससे अधिक पेड़ मत काटना। उन लोगों ने वही किया, परिणाम यह हुआ पक्षियों और वृक्षों के बीच में रह रहा हूँ। फिर मेरा तो कोई ऑफ़िस नहीं है, कोई नौकरी नहीं है, व्यवसाय नहीं है, रोज़-रोज़ हाज़िरी देने जैसा कोई झमेला नहीं है, इसीलिए दोनों आँखें खोलकर आकाश, नदी देखते-देखते सुन्दर समय कट जाता है। फिर भी इन सबके बीच कई दिन पहले तबीयत थोड़ी ख़राब हो गयी थी, इसलिए शहर में आना पड़ा। पाँच-छह दिन पहले डॉक्टर देखने आया था। कारण, स्वास्थ्य थोड़ी समस्या पैदा कर रहा था। अन्त में कल ठीक हुआ। फलस्वरूप आज इस समय यहाँ बैठे-बैठे बातें कर रहा हूँ कितने पुराने दिनों की स्मृतियों के बारे में।

विश्वास कीजिये, दमदम हवाई अड्डे से ड्राइवर कर यहाँ आने में मात्र दो घण्टे लग जाते हैं। कलकत्ता की किसी भी जगह पहँचने में दम-दम से दो घण्टे तो लग ही जाते हैं। कई दिन पहले सिंगापुर से आकर दमदम पर उतर सिर्फ़ दो घण्टे में यहाँ आकर रुका, तो फिर मैं दुनिया भर के प्रदूषण और गाड़ियों के भोंपू तथा होर्न की आवाज़ सहते हुए कलकत्ते में क्यों रहूँ? शहर के फ़्लैट रूपी कबूतरों के दड़बे से निकल कर जिस खुली हुई जगह में रह रहा हूँ, यह मुझे बहुत शान्ति दे रही है, इतने समय बाद कलकत्ते लौटकर। इसलिए बिड़लाओं की तरह उन्हीं जैसा व्हाइट हाउस बनाकर भी मैं नहीं रहना चाहता हूँ—बागान-टागान को मिलाकर उसे इतने ही बड़े घर बनाने में दाम लग जायेंगे दो करोड़ रुपये। मैं तो बिड़ला नहीं हूँ, मेरे पास अगर दो करोड़ रुपया हो तो मैं उन्हें बैंक में डालकर उसके सूद से अपने परिवार का ख़र्चा और भी अच्छी तरह चलाऊँगा।

इस–उस का वैभव देखकर नक़ल करने वालों में मैं नहीं हूँ। मैं जो काम करने यहाँ आया हूँ, वह सारे क्षण मेरे मन में ही चलता रहता है—वह है मेरा गाना और बजाना। जीवन एक वृत्त की तरह गोलाकार रूप में बनकर रह गया है। तो फिर बताइए, आप कैसे हैं, तब तक चाय लीजिए ना!

संगीत साधना की शुरुआत

सबसे पहले सितार कब हाथ में लिया? हाँ, वह भी याद है। उस समय पाँच–छह बरस की उम्र थी मेरी। एकदम वह कौन–सा पहला दिन था, जब सितार लेकर बैठा था, उस तरह से ठीक–ठीक याद नहीं कर पा रहा हूँ, फिर भी सितार लेकर बैठने के शुरुआत के दिन तो याद हैं। याद है उन सब छात्रों की जो बाबा के पास सितार सीखने आते थे। उन दिनों हम लोग रहते थे ऋतु सरकार लेन पर। इसके पहले हम लोग राजा बाज़ार में भी रहे हैं, किन्तु, राजा बाज़ार में रहते समय शायद मैंने सितार बजाना शुरू नहीं किया था। इसीलिए कह रहा हूँ शुरुआत तो ऋतु सरकार लेन पर ही हुई। नाइंटीन थर्टी थ्री में (१९३३)। हाँ, सितार को मैंने बदल दिया था। हाँ, बाबा सिखाते थे सितार, मैं तो सीखता था ही, और भी कई छात्र आते थे।

बाबा के पास उस समय सीखने आते थे डी.टी. जोशी, एक व्यक्ति थे नन्दी बाबू। उसके बाद विपिन दास। इस समय उनके बेटे गौरीपुर में इनायत् ख़ाँ साहब के नाम से संगीत स्कूल चला रहे हैं। उसके बाद श्रीपति बाबू, उनके बेटे आजकल बेंगलोर में हैं। ऐसे और भी कई छात्र थे, घर आते थे, बाबा उन्हें सिखाया करते थे। उसके बाद सिखा–विखाकर जब अड्डेबाजी करने भीतर चले जाते थे, तब मैं सितार हाथ में लेकर टुंग्टांग्, पिडिंग–पडांग करता रहता था, जैसे आजकल देखता हूँ मेरा नाती भी करता रहता है, ठीक वैसे ही। ऐसा ही करते–करते कब पता नहीं बजाना भी शुरू हो गया था। और १९३४ में बाबा ने मेरे नाड़ा भी बाँध दिया था।

और कब स्टेज पर बैठा? १९३६ में। अब आप हिसाब लगाइए, मेरा जन्म १९२८ ईस्वी का है। और स्टेज पर बैठा १९३६ में। माने आठ बरस की

उम्र में। उसी महफ़िल से भारी हलचल मच गयी थी। भूपेन घोष ने की थी वह कॉन्फ्रेंस।

श्रोताओं में उपस्थित थे रवि ठाकुर, ओंकारनाथ ठाकुर, केशरबाई, अब्दुल अज़ीज़ ख़ाँ, जमीरुद्दीन ख़ाँ साहब, दिलीपचन्द्र बेदी, भास्कर राव, हीराबाई, ऐसे ही और भी अनेक लोग। ओह! फैयाज़ ख़ाँ साहब! मेरे बाबा इनायत् ख़ाँ तो चाहते ही नहीं थे। भूपेन बाबू कहने लगे—'इनायत् ख़ाँ भाई, इस लड़के को आज स्टेज पर बैठाओ।' बाबा बोले, 'ना-ना, भूपेन भाई, हमारे यहाँ बच्चे को स्टेज पर नहीं बिठाते हैं। इतनी जल्दी उन लोगों को हम स्टेज नहीं देते हैं।' और आजकल देखिए, पूरे समय इसका ठीक उलटा ही हो रहा है। बच्चे लोग गाना-बजाना तो जानते नहीं हैं, माँ-बाप रात-दिन ठेलठाल कर आगे पुश कर रहे हैं, किन्तु मैंने तो जीवन में सुजात अथवा हिदायत को आगे ठेल कर बढ़ाया नहीं, निशात को आगे बढ़ाया नहीं। जो जितना कर सकता हो, उतना करे, अगर नहीं कर सकता हो, तो छोड़ दे। तुम्हारा बजाना अगर लोगों को अच्छा लगा तो तुम्हें सम्मान मिलेगा और अगर ना लगा तो तुम्हें कोई पूछेगा भी नहीं।

तो उसी महफ़िल में स्टेज पर पहली बार बजायी थी भैरवी। कारण, वह सवेरे की महफ़िल थी। और यह भी याद है कि अनेक उज्र-आपत्ति कर, ना-ना करते हुए आख़िर में बाबा आधे राजी होकर जब कहने लगे, 'ठीक है जब बजाना ही है...' वहीं पहली बार बाबा, इनायत् ख़ाँ साहब (बाघ की तरह थे बाबा, हाय, हाय) को देखा नर्वस। जीवन में पहली बार उस मनुष्य को देख रहा था नर्वस। जिन्होंने स्वयं अपने लिए जीवन में कभी नर्वस बोध नहीं किया, वही सहसा अपने बेटे के लिए नर्वस हो गये। जब मुझे लेकर वे बेक स्टेज पर जाकर बजाने के लिए बैठा रहे थे, सहसा थिरकवा ख़ाँ साहब आ गये। आते ही कहने लगे—'इनायत् ख़ाँ, मैं बजाऊँगा विलायत के साथ।' तब बाबा उनकी ओर देखकर कहने लगे, 'अरे नहीं, अहमद जान भाई, कहाँ तुम बजाने जा रहे हो।' उस समय देखा, बाबा की ओर आँख मारते हुए थिरकवा साहब कह रहे थे—'नहीं, मैं बजाऊँगा। यह मुझे सम्हाल लेगा।' तब बाबा ने मेरा हाथ लेकर उनके हाथ में देते हुए कहा—'जाओ, इनके साथ बैठकर बजाओ।' मैं तो यह सब कुछ जानता नहीं था, उस वक़्त ये सारी बातें समझता ही नहीं था, मेरे जीवन की यह पहली संगीत सभा थी। सामने वे सब बड़े-बड़े लोग बैठे

हुए थे, वह स्टेज और थिरकवा साहब मेरे साथ बजा रहे थे – यह तो एक इतिहास था। यह घटना पूरे जीवन मेरे मन में गुँथी हुई है और रहेगी भी। और हह, हाय, कितने सुन्दर तरीक़े से मुझे सम्हाले रहे ख़ाँ साहब। कितने सुन्दर तरीक़े से बजाकर मेरे बजाने को वे इस तरह से कहाँ खींच कर ले गये। नाइंटीन थर्टी सिक्स वह क्या कभी भूलूँगा!

२

सीखना

बाबा के पास सीखना? तो फिर उसका वृत्तान्त कहता हूँ, सुनो, यह जो सीखना या सिखाना है—It is a very different technique—यह एकदम भिन्न प्रविधि है—जो हम लोग अपने घर में करते हैं या जिसका हम लोग अपने घर में उपयोग करते हैं। हम लोगों ने आजकल के गाने के स्कूलों की प्रणाली से तो गाना-बजाना सीखा नहीं है ... आजकल तो पब्लिक प्लेस पर जिस तरह स्त्री और पुरुषों के यूरनल होते हैं ठीक उसी प्रकार कुछ क़दम के अन्तर से जगह-जगह गाने के स्कूल खुल गये हैं, वे तो हमारे समय नहीं थे। और उन सब स्कूलों के कारोबार कैसे हैं, उन्हें तो तुम समझ ही सकते हो। लड़के-लड़कियाँ इन स्कूलों में आते हैं, मास्टर जी ने कहा—'बैठो! यह राग तो याद करो और यह तान याद कर लो, और इसके बाद जा सकते हो। याद नहीं कर पा रहे हो, फिर से याद कर लो और चले जाओ।' यह सब हमारे ज़माने में नहीं था।

बाबा के सिखाने का ढंग? समय-समय पर घर में गाना-बजाना होता रहता था, रियाज़ होता रहता था। कुछ पलटा, कुछ टेकनीक बता देते थे। उसी के आधार पर काम होता रहता था, उसके बाद जब तालीम देने बैठते थे तब हमारे यहाँ, विशेष रूप से तिहाई, तान, ताल, गत्, अस्थायी, अन्तरा, राग, रंग, वातन, ये सब तो नहीं सिखाये जाते थे। सुर का जो जगत् है, वातन, राजा, उसके साथ ही सब धीरे-धीरे चले आते थे। असल में मैं म्यूज़िक सीख रहा था। अचानक श्यामकल्याण बजाने लगा। और बाबा, वे राग कामोद की सारी पदावली की अदायगी कर रहे थे जानबूझकर।

तब जो बच्चा छात्र था उसकी आँखें खुल गयीं— कहाँ, श्यामकल्याण तो इस तरह से सीखा नहीं था। किन्तु, सवाल तो उठा नहीं सकते हो, जैसा उन्होंने बताया था, वैसा ही कुछ बजा रहा था। उसके बाद कुछ क्षणों में वे एकाएक कहने लगे— तुम क्या सोच रहे हो कि तुम राग श्यामकल्याण बजा रहे हो? नहीं। यह श्यामकल्याण नहीं है। उसी तरह का एक सुर उसमें मिल जाने पर इसी तरह का जो राग बन जाता है उसका नाम है कामोद। अब तक मैंने जो कुछ कहा है, वह कामोद को बजाया है, उसी की अदायगी की है। अब तक मैंने जरा भी श्यामकल्याण नहीं बजाया है, न उसकी प्रस्तुति की है। तो इन दस-पन्द्रह मिनट में तुमने जो कुछ काम किया है, उसके साथ गत दो-तीन दिन श्यामकल्याण राग पर तुमने जो काम किया है, उसके कुछ अंश इसमें आ गये हैं। अब तुम यह सोचो कि दोनों में इतनी समानता क्यों है, यह सादृश्य, यह मिल— कहाँ से और कितनी आ गयी है। तुम स्वयं विचार कर इसको ढूँढ़ निकालो, मैं तुम्हें कुछ नहीं बताऊँगा। तब मैंने इस पर विचार करना शुरू किया। फिर सोचते-सोचते स्वयं यह ठीक-ठीक समझ में आ गया कि यह मिल कहाँ और क्यों निर्मित हो गयी थी। तो फिर यह हुई खोज, यह हुआ आविष्कार, संगीत की शिक्षा, हृदय से उसे प्यार करना, मन से उसे समझना। तो फिर हमारे घर की सिखाने की जो प्रणाली निर्मित हुई उसके द्वारा जो तालीम होती थी, उससे भी अधिक शिक्षा अपनी भावधारा, अपनी विचार-प्रणाली और अपनी अनुभूति से प्राप्त की जाती थी।

जीवन में अपने हाथ से सबसे पहला कौन-सा राग बजाया था, यह अच्छी तरह से याद नहीं है फिर भी जीवन में पहले-पहल सीखी हुई राग-रागिनी में प्रमुख था राग केदार। उसके बाद आ गयी टोड़ी, भैरवी आदि। अर्थात् जिन रागों में कहीं तो एक समानता थी वे। जैसे एक हुआ केदार, तो फिर उसी के साथ आनन्दी भी हो गया। और आनन्दी हो गया तो श्यामकल्याण भी हो गया। श्यामकल्याण हो गया तो राग कामोद भी हो

गया। अभ्यास करते-करते तीन-चार अथवा पाँच राग जब उनकी समानता के कारण पकड़ में आने लगे तब स्वयं ही देखा कि अब इनके विस्तार का समय आ गया है, यह जो इन रागों का थोड़ा विस्तार कर रहा हूँ, इसमें थोड़ा कामोद राग का विन्यास अथवा साँचा आ गया, उस विस्तार को छोड़कर फिर से श्यामकल्याण में कैसे प्रवेश करूँगा, इसी तरह अभ्यास करते-करते वह अपने आप हो गया। यह जो भाव है, यह जो विस्तार है, यह जो रंग है, यह जो मूड है, यह जो परिवेश है, यह जो रस है, यह जो हिल्लोल है, यह जो मूवमेंट है, यह सब विशेष रूप से श्यामकल्याण है और यही सब चीज़ें विशिष्ट रूप से राग कामोद भी हैं। आ आ आ आ रे न - सा गा म ध प रे सा / सा रे प गा म ध प रे सा कामोद हो गया। रे प म प ग म रे ध प रे सा - श्यामकल्याण हो गया। थोड़ा इधर या उधर आघात देते ही राग बदल गया। एक स्ट्रोक में ही राग ने दूसरा चेहरा ग्रहण कर लिया।

राग की रीति और चलन में मूवमेंट का वज़न भी किस तरह से काम करता जाता है, वह भी देखने की चीज़ है। मूवमेंट का वज़न एक अन्य वस्तु है। आपने कहा था अमीर ख़ाँ साहब अपने सवेरे गाये जाने वाले राग भटिहार में किस तरह से एक मध्यम लगाते थे जो शाम को गाये जाने वाले राग केदार के मध्यम की याद दिला देता था—उसमें भी मूवमेंट के वेट (वज़न) का भी एक व्यापार रहता था। ध प म है; किन्तु यह देखना होगा यह ध प म कैसा है और वह ध प म कैसा है। यह ख़ाली रिकार्ड सुनकर ठेठ नक़ल करते जाने वाली वस्तु नहीं है, आजकल जैसा कि सदा होता रहता है। टेप रिकार्ड ही तो आजकल का गुरु है। फिर यह मामला इस प्रकार सामने आता है : मैं हूँ विलायत ख़ाँ किन्तु मेरा चेहरा विष्णु दिगम्बर की तरह ही है। तो फिर मैं एक अवैध सन्तान के अलावा और क्या हूँ। हा: हा: हा: हा:।

तो मैं बता रहा था—बजाता जा रहा हूँ, बजाता जा रहा हूँ, किसी जगह राग का ऐसा सुर लगा दिया कि एक पूरा जगत् खुल गया भाव और अनुभूति का—गुरु के सान्निध्य में बैठकर सीखते समय अगर यही चीज़ न मिले तो मैंने सीखा ही क्या, और सुना ही क्या; तो फिर मैं सुनाऊँगा ही क्या, सिखाऊँगा ही क्या! बाबा तो मेरे गुरु हैं ही, बाजिद ख़ाँ साहब मेरे बाबा के छोटे भाई, सितार बजाया करते थे, वे भी मेरे गुरु हो गये।

जिन्दे हुसैन ख़ाँ साहब, बन्दे हुसैन ख़ाँ साहब मामा और नाना, वे भी मेरे गुरु हैं। ये चारों लोग मेरे प्रधान गुरु हैं। तो भी इनके अलावा भी मेरे कई गुरु हैं। आज आप जिनके भी नाम लेंगे, बड़े-बड़े पण्डित और ख़ाँ साहबों का, उनमें से सभी मेरे गुरु निकलेंगे। फिर मैं क्या कहूँगा, मेरे बाबा ही कह गये हैं—'बेटा, सारी दुनिया के उस्तादों को अपने पिता की इज़्ज़त दोगे तो मैं तुम्हारी इज़्ज़त करूँगा, मरने के बाद भी। नहीं तो तुम अच्छे शागिर्द और अच्छे आर्टिस्ट कभी नहीं बन पाओगे।'

और आज के सभी लोग गुरु मानने में लज्जा का अनुभव करते हैं। फिर भी उनका जो इससे भी अधिक पतन हो रहा है, तुम उस पर भी मान नहीं रहे हो, हालाँकि सारी दुनिया कह रही है, तुम उनके छात्र हो। तो फिर और क्या कहा जा सकता है, बताइये? कितने लोग और इसका हिसाब रखेंगे कि मेरा कितना कुछ लेकर वे बजा रहे हैं। सभी लोग इस बात को समझ रहे हैं, सभी देख रहे हैं, जो जानने योग्य है उसे सारे लोग जानते जा रहे हैं।

अल्ला को धन्यवाद, यद्यपि मैं सोने-चाँदी का चम्मच मुँह में लेकर पैदा हुआ था, किन्तु बाद में मुझे बहुत से दुःखों और तकलीफ़ों से होकर गुज़रना पड़ा था। तीन रुपये में पूरी रात सितार बजाया है, मेरे जीवन में ऐसी घटना भी हुई है। वह अनुष्ठान? सहारनपुर के निकट, उस वजह से, उससे आज तक मैं गर्व का भी अनुभव कर रहा हूँ, जितने बड़े-बड़े

उस्ताद और पण्डित थे या हैं उनसे पचास हज़ार अथवा एक लाख अधिक रुपयों की मैंने माँग की थी और मुझे मिला भी था। मेरा सिद्धान्त ही यह था कि जो फीस कोई बड़ा वाद्यकार या गायक ले रहा है, उससे कम-से-कम पचास हज़ार अधिक लूँगा। वह अगर दे सकते हो तो दो नहीं तो जाओ। अनेक लोग गाते-बजाते हैं, मुझे छोड़ देने से तुम्हारा काम चल जायेगा। इसके साथ यह भी जानते जाओ, तुम्हारे बिना भी मेरा पेट ठीक से भरता रहेगा।

फिर अपनी शिक्षा और गुरु के प्रसंग पर आता हूँ। बाबा की जब मृत्यु हुई तब मेरी उम्र थी दस वर्ष। १९३८ में ११ नवम्बर को। और तभी से मुझे परिवार अकेले ही चलाना पड़ा। अकेले का अर्थ है मैं तो आज भी अपने को अकेला अनुभव करता हूँ। फिर भी गाने-बजाने का उस समय जो वातावरण था, उसमें मैं अकेला नहीं था बाबा की मृत्यु के बाद। मेरे काका, मामा, नाना एकदम मुझे अपने सीने से लगाकर बैठ गये थे। उन्हें ऐसा लगा था कि परिवार में यही अकेला ऐसा है, जिस पर आशा की जा सकती है, इसमें अप्रतिम प्रतिभा भी है, इसीलिए सभी लोग मुझे प्राणपण से पकड़ कर बैठ गये थे। एकदम कसकर मुझे बाँध डाला था। अगर वे ऐसा न करते तो बाबा के चले जाने के बाद मेरा रियाज़ बढ़ाते-बढ़ाते चौदह घण्टे तक उसे वे लोग कैसे ले जाते। चौदह घण्टे का रियाज़ कैसा होता है ?

तो एक ओर मेरे मामा और उसके साथ मेरे नाना मेरे पीछे पड़ गये। बोले, खाने-पीने के अलावा तुम्हें और कुछ नहीं करना होगा, तुम्हारे लिए सिर्फ़ वही एक काम है—रियाज़। सिर्फ़ वही काम करो। मामा गाना गाते थे और मुझे रियाज़ कराते थे। नाना सिखाया करते थे ख्याल, अस्थायी, ठुमरी, दादरा, ध्रुपद, धमार, तराना— यही सब। मामा रियाज़ कराया करते थे, और उधर हैदराबाद से हर मास आठ दिन रहते थे दिल्ली में मेरे काका बाहिद ख़ाँ साहब, वे मुझे सुरबहार सिखाया करते थे। इसलिए मेरी तालीम, उसके बारे में भला मैं क्या कहूँ, तुम स्वयं ही समझ सकते हो कि वह किस प्रकार चल रही थी।

अच्छा, उसके बाद ऐसा कुछ हुआ कि मैं रेडियो स्टेशन में स्टाफ आर्टिस्ट हो गया था, वही पिडिंग पडांग सितार बजाया करता था और एक सौ रुपया मासिक मिलता था। हिन्दुस्तान के बड़े-से-बड़े सब गवैये और

वादक दिल्ली में आया करते थे, उनके गाने सुनने को मिल जाते थे, सितार सुनने को मिल जाता था, हिन्दुस्तान-पाकिस्तान कुछ नहीं था, मुलतान से भी उस्ताद लोग आया करते थे, पंजाब से आया करते थे, दिल्ली उस समय बड़ा रेडियो स्टेशन था, आज कितने गुणी लोग वहाँ पर अनेक दिशाओं से आ गये हैं। उस समय मेरी जो पृष्ठभूमि थी वह बड़े काम आयी। उस समय कोई पार्टीबन्दी नहीं थी, आजकल की तरह इस आर्टिस्ट को नीचे गिराओ, उस आर्टिस्ट को ऊपर उठाओ, उसे धक्का दो, उसकी थोड़ी परवाह करो, उसे छूना नहीं, यह सब हमारे समय में कुछ भी नहीं था। जो इस समय भयंकर रूप से हो गया है।

अंग

तन्त्रकारी और गायकी के मिलने से मेरे बजाने की चर्चा जो तुमने की—अब से मैं तुम्हें 'तुम' ही कहूँगा, और 'आप-आप' नहीं करूँगा, अब तक मैंने तुम्हें जान लिया है, पहचान लिया है, हाँ-हाँ, तुम ही तो कहता था, तुम उम्र में इतने छोटे हो, तुम लोग ही तो कहते हो कि तन्त्रकारी और गायकी के अंगों का जो मिलन है वह तो मेरा सितार ही कहे दे रहा है, यह बात पूरा संसार कह रहा है, मुझे अपने मुँह से नहीं कहना पड़ा। तो फिर पूरा मामला क्या है, उसे बता रहा हूँ।

यह जो गायकी का अंग है, किसी-किसी की धारणा है, यह मेरे परदादा इमदाद ख़ाँ साहब का तैयार किया हुआ है। नहीं। इमदाद ख़ाँ साहब की गायकी थी ध्रुपद अंग की, और तन्त्र अंग की थी सुरबहार। उसके बाद तन्त्र अंग की गत् तथा तोड़ा। जो सितार का अंग थी। उसके बाद इनायत् ख़ाँ साहब में आयी सपाट तान। तिहाई का बजाना। यह सब उनके आविष्कार थे। उसके बाद लीजिये पेशकारी को। वह थी जिहानत ख़ाँ साहब की। तरल्पे ख़ाँ साहब, काले ख़ाँ साहब, मियाँ बक्श ख़ाँ साहब और कल्लू हाफ़िज़, भैंरो महाराज इन सब गुणी लोगों का था तबला। पूर्वी बाजा, फरक्कावादी बाजा, दिल्ली का बाजा। यह तबले की जो पेशकारी बजाना है, उसी चीज़ को इनायत् ख़ाँ साहब ने सितार में ले लिया था। और गत्, तोड़ा का बजाना उड़ाड़ - सितार में निकालना एक आविष्कार

की तरह हो गया। उड़ा ड़ा ड़ा के बीच में उड़ा – ड़ एक चौथाई मात्रा खींचकर उसे नीचे लाना।

इमदाद ख़ाँ साहब, उनके पहले साहावदात ख़ाँ साहब, बाद में इनायत् ख़ाँ साहब, वाहिद ख़ाँ साहब का वाद्य संगीत की दुनिया में इतना अवदान है कि आज के लोग उसे अगर भूल भी जायें तो उससे कुछ बनता-बिगड़ता सचमुच में कुछ नहीं है। विशेषकर बंगाल तो पूरे जीवन, पूरे इतिहास में इनायत् ख़ाँ साहब के अवदान को याद रखेगा। इनायत् ख़ाँ साहब की देन, बादल ख़ाँ साहब की देन, तबलावादक मसीत ख़ाँ साहब की देन देश सदा याद रखेगा।

किन्तु, इन सब प्रतिभाशालियों के बाद मेरा भी एक छोटा-सा अवदान है, ईश्वर को धन्यवाद, और वह है सितार को एकदम कण्ठ बना देना। यह भी हुआ मेरे नाना और मामा की वजह से। क्योंकि मेरे मामा होते थे जिन्दे हुसैन ख़ाँ साहब, उन्होंने मेरे परदादा को सुना था बचपन में, इनायत् ख़ाँ साहब को सुना था पूरे जीवन, वाहिद ख़ाँ साहब को तो सुना ही था, तो इस तरफ़ सितार, वाद्य-यन्त्र भी जानते थे, और मेरे साथ गाना गाते हुए मुझे साथ में बैठा लेते थे। इसलिए उस गाने को सुनते, सुनते, सुनते, सुनते, और ख्याल, अस्थायी, ध्रुपद, धमार यह सब चीज़ें सुनते-सुनते बहुत-सी चीज़ें भीतर-ही-भीतर फूल की तरह मेरे दिल में खिलने लगीं। चूँकि १९५० की शुरुआत तक सितार के भीतर से बहुत से राग निकल नहीं पाते थे यह मैंने अनुभव किया, इसलिए मैंने सितार से एक जोड़ी तार निकाल दिया, एक जोड़ी रहने दिया। तब छह तार हो गये। वही छह तारों वाले सितार को मैंने बहुत दिनों तक बजाया। पीतल का एक पंचम तार थोड़ी अधिक तान, और बल तथा तनेहटी के लिए अधिक प्रयोग में आता था। मैंने उसे भी निकाल दिया। फलस्वरूप एक जोड़ी, एक पंचम, एक चिकारी, एक छोटी चिकारी,

एक मध्यम—ये पाँच तार रह गये। पाँच तारों में, कुछ दिन, छह मास, एक वर्ष में बजाते-बजाते नया विकास होने लगा। थोड़ा-थोड़ा, धीरे-धीरे छह मास, एक वर्ष अथवा और भी थोड़ा समय लेकर। भीतर-ही-भीतर कुछ घटता जा रहा था। तब तक मैं बम्बई आ गया था और मैंने दिल्ली छोड़ दी थी और मैंने अपने को पूरी तरह एक व्यवसायी की दृष्टि से स्थापित कर लिया था। प्रोग्राम वग़ैरह तो कर ही रहा था। किन्तु, गाने और सितार की जो तालीम पायी थी, उसी के द्वारा कोई रास्ता खोज रहा था अपने मन में। और देख रहा था तीन-चार सुर की मींड़ से अधिक कोई बजाता नहीं है। किन्तु आ-आ, आ, - आ, आ, आ आ आ - आ ये सब चीज़ें कोई नहीं कर रहा है। इसलिए पूरे स्ट्रक्चर के ऊपर धीरे-धीरे परिवर्तन करते हुए सितार को अन्य दृष्टि से खोल कर रख दिया— '६४-'६५ तक व्यावहारिक रूप से सितार का पूरा चेहरा ही बदल डाला। देखने में तो सितार ठीक वैसे का वैसा ही है, किन्तु मेरे बाबा के हाथ के सितार और मेरे हाथ के सितार अर्थात् पहले के सितार और आजकल के सितार में माप अर्थात् लम्बाई-चौड़ाई, तबली, तूमा, डान, मींड़, उसकी गेह्नी, जुँआरी, ताल, ब्रिज, फाइलिंग, स्ट्रोक सब बदल गया है। पूरा पेनोरमा ही परिवर्तित हो गया है। एक ऐतिहासिक बदलाव आ गया है। जिसमें हीरेन (राय) और भिकिराम का काफ़ी काम है।

एक व्यक्ति तो दिल्ली का है—भिकिराम और एक व्यक्ति कलकत्ते का है हीरेन। बड़े दुःख के साथ भाई बता रहा हूँ कि हीरेन की मृत्यु हो जाने के बाद से सितार बहुत ख़राब बनाये जा रहे हैं। सितार बनाने के ढंग को जितने ऊँचे स्तर पर हीरेन दा ले गये थे, वहाँ से आज के कारीगरों के हाथों किया गया सितार का काम बहुत नीचे आ गया है। अच्छा नहीं हो रहा है, कोई यह नहीं समझ रहा है कि सितार बनाना और सितार बजाना यह एक दिन का काम नहीं है। इसको लेकर पड़े रहना पड़ता है। पूरे जीवन का शिल्प है यह, आपका पूरा प्रेम और एकाग्रता ये दोनों चाहता है।

पूर्ण रूप से विलायत ख़ाँ साहब कब तैयार हुए? हा-हा-हा। इसका मैं क्या उत्तर दूँ। जरा बताओ तो? शिल्पी विलायत ख़ाँ की बात यदि करते हो तो मन और मनुष्य ये दोनों तो उसके आज भी तैयार ही हो रहे हैं।

पूर्णता युक्त बजाना, पूर्ण प्रस्तुतकर्ता, बाजे के मिज़ाज और सौन्दर्य के मिलन से जिस शिल्पी ने दुनिया को जो एक नया सुर और संगीत की छवि

दी है, वह विलायत ख़ाँ निर्मित होकर सामने आ खड़ा हुआ था १९६० ईस्वी के प्रारम्भ में। पूरे साठ वर्ष ही क्यों न मान लो।

तुमने तो मेरा सम्भवतः '६२ के तिलक कामोद का एल-पी. रिकार्ड सुना है। उसके कितने वर्ष पहले से ही मैं रिकॉर्डिंग कराता आया हूँ। तुम अगर पहले के इन सब रिकॉर्डों को सुनो और '६२ के बाद के मेरे रिकॉर्डों को सुनो तो तुम स्वयं ही समझ जाओगे कि पहले से सितार में कितना कुछ बदलते-बदलते कितना नया हो गया है। मेरे बजाने का अनुसरण करो १९३६ से साठ की रिकॉर्डिंग तक, तो तुम देखोगे कि सितार के जीवन में क्या कुछ घट गया है। मेरे अपने मुँह से कुछ कहने की ज़रूरत ही नहीं है। सभी कुछ तो मेरे बजाने में सुरक्षित है।

३

गाना

यह जो मैंने बताया कि १९६२ ईस्वी में निर्मित मेरे एल-पी. रिकार्ड को सुनकर तुम्हें ऐसा लग रहा था कि जैसे गाना बज रहा हो (सितार नहीं), किन्तु सुर की यह धारा धीरे-धीरे दीर्घ समय के प्रयास, परीक्षण और विकास के द्वारा मेरे सितार में आ पायी है। यह परिवर्तन लम्बे वर्षों तक चलता रहा—This change went on coming over long, long years – इस परिवर्तन के माध्यम से ही यह जो विकास हुआ, यह और भी आगे चलकर विकसित हुआ, बाद में और भी विकसित हो गया, क्योंकि इसके पीछे एक बहुत बड़ा कारण था—Just because behind this there is a great reason —कारण, जीवन में मैंने जो कुछ भी किया है—बिजनिस की हो, शिल्प किया हो, अपने को तो उसी के माध्यम से ही तो गढ़ लेना होगा आपको। जितने आप उससे जुड़ते जाते हैं, जितने आप उसमें डूबते जाते हैं, आपके जीवन का प्रतिफलन भी उसमें उतना ही होता जाता है। उससे आपका जीवन भी बदलता जाता है, काम भी बदलता जाता है, जिसे लोग कहते हैं डेवलपमेंट—विकास। एक संगीत शिल्पी तो चेंज करते हुए, अपने को डिवलप करते हुए जीवित रह पाता है, इसी तरह वह महान बन पाता है। जीवन के हर मोड़ पर उसकी परीक्षा होती है। बहुत गहरी परीक्षा, आपको पता तो है। यह परीक्षा इस तरह की नहीं है कि बी.ए., एम.ए. आदि पास करने के बाद किताब बन्द करके रख दी, जैसे पास करने के बाद ही सब कुछ हो गया हो फिर हम नौकरी-पेशा की ज़िन्दगी में घुस गये हों, नहीं। संगीत साधना होती है रोज़ एक परीक्षा में बैठना। एक परीक्षा हो गयी, फिर एक और नयी परीक्षा चलने लगी—इसी

तरह का एक सिलसिला...।

कला मन्दिर में '६९ के प्रारम्भ में तुम उस जुगलबन्दी की चर्चा कर रहे हो? आ हाहा। अली अकबर ख़ाँ साहब के साथ। वैसा बजाना तो अब और किसी दिन होगा नहीं। तो अली अकबर ख़ाँ साहब जो थे, उनके रूप में कितना महान मनुष्य जन्मा था इस देश में। वैसा व्यक्ति क्या फिर कभी जन्म लेगा? फिर मैं यह भी सोचता हूँ कितने बड़े एक मनुष्य को हमने अनेक कारणों से दूर हटा दिया, उसे बक्से में बन्द कर रख दिया, मन से निकाल कर फेंक दिया है, यही सब सोचता रहता हूँ और व्यथा के कारण मरता रहता हूँ। यह एक अली अकबर ख़ाँ, जिसका जन्म सरोद के लिए हुआ था, यह तो अल्ला का एक आशीर्वाद था। उसके बाद बिस्मिल्ला ख़ाँ को ले लीजिए। उनके कारण संसार इतना भिन्न और इतना सुन्दर है यह हमने महसूस किया—The world is so different and so beautiful because of them.

तार वाद्य को कण्ठ के इतने नज़दीक ला दिया गया, इसमें अली अकबर ख़ाँ और यह मेरा काम कितना है, क्या इसे सारी दुनिया नहीं जानती है? इस बारे में तो आज सभी चर्चा कर रहे हैं, क्या नहीं कर रहे हैं? फिर भी देखो एक बात है, हण्डिया में अगर कुछ न हो तो वह चमचे में कैसे आयेगा? ख्याल अस्थायी, गाने की तालीम होना बहुत ज़रूरी है। एक वादक के लिए भी गाने की तालीम की भी बहुत ज़रूरत है। अगर वैसी तालीम न हो तो गाने की चाहे जैसी कॉपी कीजिये— गायकी Vocal ढंग की—एक धुँधला, धुँधला-सा, असंगतिपूर्ण भाव तो आयेगा ही। दरअसल, यन्त्र के भीतर से गाना पड़ेगा। नक़ल करने से यह नहीं होता है।

मेरी माँ और बाबा

कह क्या रहे हो? मेरी गायक होने की इच्छा नहीं हुई? कितने ही गाना नहीं गाये हैं। हाय! गाने के पीछे मेरी इतनी झोंक हो गयी थी कि गाने की काफ़ी रिकॉर्डिंग भी कर बैठा था। पता नहीं दिल्ली की आर्काइव्ज में वह सब रिकॉर्डिंग उन लोगों ने सुरक्षित रखी है या नहीं, अथवा वह खो गयी है, सामान्यतः जैसा कि वे लोग करते ही हैं। काफ़ी दिनों मैं गाने के प्रोग्राम

भी करता रहा था, फिर एक ऐसा समय आया, जब मेरी माँ, मुझे ख़ूब याद है...तानसेन—वह जो शैलेन बाबू की कॉन्फ्रेंस, वहाँ पर गाना-बजाना कर आया महाराष्ट्र सदन में, वहाँ से तीन, चार या पाँच बजे होंगे तड़के रात में माँ जी के पास आकर बैठ गया था, माँ जी ख़ूब ख़ुश दिखायी दे रही थीं, मैं उनके पास बैठा था, तो बैठा ही हुआ था, एकाएक माँ जी मुझसे कहने लगीं, 'अच्छा मियाँ (घर का नाम मेरा मियाँ ख़ाँ था) एक बात बोलूँ?'

मैंने कहा, 'हाँ, कहिये, माँ जी।'

वे कहने लगीं, 'ग़ौर से सुनेगा?'

मैंने कहा, 'नहीं, नहीं, बोलिये माँ जी।'

तब उन्होंने कहा, 'देखो, बहुत ग़ौर से सुनो मेरी बातें।'

तब मैंने कहा, 'कहिये ना माँ जी, आपको जो कहना है।'

इस पर वे बोलीं, 'तू गाना छोड़ दे'...

और चुटकी बजाते ही वह शब्द मेरे भीतर बज उठा, माँ मुझसे गाना छोड़ने के लिए क्यों कह रही हैं। माँ आख़िर इस तरह से क्यों कह रही हैं, मैं यह

समझ भी नहीं पा रहा था। मैं गाने के लिए गाना गाते हुए और सितार बजाते हुए प्राण दे रहा हूँ और वही गाना गाने से मना किये दे रही हैं माँ। किन्तु, चूँकि माँ की बात थी इसलिए मैंने तभी से गाना गाना कम कर दिया, बजाते समय कभी अगर ज़रूरत हुई तो थोड़ा गाकर सुना भी दिया। उद्देश्य मनुष्यों को समझाने के लिए मैं यह जो गाना गा रहा हूँ, यही आप लोग अब सितार की भाषा में सुन रहे हैं। अर्थात् उसके बाद गाने को मैंने गौण कर दिया। नहीं तो शुरू में मेरी गाने के प्रति अत्यधिक झोंक थी। माँ जी के निर्देश से गाने से यह हट आना घटित हुआ चौथे दशक के अन्त और पाँचवें दशक के प्रारम्भ में। जहाँ तक याद आ रहा है पचासवें वर्ष अर्थात् १९५० की शुरुआत में ही यह घटना घटी।

माँ ही मुझे रियाज़ करने में सबसे अधिक गाइड करती थीं। तुम लोग भी इसे बराबर सुनते आ रहे हो और यह ख़ूब सच भी है। उन्होंने तो मेरे नाना को सुना था मेरे बाबा को सुना था और उस ज़माने के जितने बड़े-बड़े उस्ताद लोग थे, गुणीजन, वे लोग हमारे घर आया करते थे। खाते थे, ठहरते थे, गाना-बजाना किया करते थे, फल यह होता था मेरी माँ उन्हें भी जीभर कर सुना करती थीं और वे सब चीज़ें जो उन्होंने अपने दिमाग़ में ग्रहण कर रखी थीं, वही सब वे मुझे गाकर सुनाया भी करती थीं, वही सब ख्याल अस्थायी आदि।

उसके बाद क्या हुआ, बचपन में मैं हाफ-टाफ पेंट पहना करता था, तो वे टेबल फेन का तार अपने हाथ में रखती थीं, जैसे ही मैं नींद के मारे लुढ़क पड़ता था वैसे ही वे उस तार को मेरी देह में छुआ देती थीं और मैं चौंक कर जाग जाता था और फिर से रियाज़ शुरू कर देता था। वही बात उन्होंने कई बरस बाद पुनः कही कि 'तुम्हें पता है तुमसे मैंने एक दिन कहा था तुम गाना बन्द कर दो?'

मैंने इस पर कहा कि 'हाँ माँ जी, मुझे याद है।' इस पर माँ कहने लगीं— 'अरे पगले, मैं बन्दे हुसैन ख़ाँ की बेटी हूँ और इमदाद ख़ाँ की बहू, इनायत् ख़ाँ की बीबी। कोई दूसरी औरत होती हो तुमको ससुराल से अलग करके अपने माँ-बाप के तरफ़ ले जातीं; मगर मेरी लोयालटी इनायत् ख़ाँ की तरफ़ है। मैं गवैया नहीं चाहती, सितारिया चाहती हूँ।' अब मैं कहूँ भाई, इतनी बड़ी महिलाएँ अधिक नहीं पैदा होती हैं। मेरी माँ में कितना दरद, कितना प्रेम स्वामी के घर के शिल्प के प्रति था। नाइन्टीन सेवेन्टी एट में

मेरी इसी माँ ने अपनी देह संवरण कर ली। अल्ला की बड़ी कृपा रही कि मेरी माँ मुझे अपनी सर्वोत्तम स्थिति और मुझे इतनी ऊँचाई पर देखकर चली गयीं। एक तरह की किम्वदन्ती? वही तुम, तुम लोग जिस विलायत ख़ाँ को प्रवादप्रतिम कह रहे हो उसी विलायत ख़ाँ को वे देखकर चली गयीं।

मेरे लिए माँ क्या थी? Oh so many things—वह बहुत कुछ थी—माँ, बाप, गुरु, मित्र—बहुत कुछ। छुटपन में माँ की ख़ूब डाँट खायी थी। बाद में जब कुछ बड़ा हुआ, तब उन्हें मुझ पर बड़ा गर्व था She was very proud of me. उस दृष्टि से वह ख़ूब सुखी थी, तुम ऐसा कह सकते हो। जहाँ भी बात चलती थी, वह कहती भी थी सदा, 'एक तो थे इनायत् ख़ाँ और एक हैं ये विलायत ख़ाँ।' और यह जो तुम पूछ रहे हो—माँ की निगाह में कौन बड़ा सितारिया था, बाबा अथवा मैं, इसे मैं न बता सकूँगा। कारण, इसका मुझे पता नहीं है। दोनों लोगों की तुलना करते हुए माँ ने तो कुछ भी नहीं कहा। फिर भी मेरे मामले में उन्हें सदा बड़ा गर्व था, और उसी से मुझे बड़ा सुख मिलता था। फिर भी, यहाँ एक बात कह रहा हूँ शंकर बाबू, माँ हममें से किसे बड़ा कलाकार शिल्पी समझती थीं, यह मैं न बता सकूँगा, फिर भी मैं अपना मत तो तुम्हें ज़रूर बता सकता हूँ। वह इस प्रकार है (यद्यपि काफ़ी कोशिशों के बाद भी मैं लोगों को सहमत नहीं कर सका) कि I am not greater than my father. मैं अपने पिता से बड़ा सितारिया नहीं हूँ, कारण, जिस तरह से वे तीन मिनट के रिकार्ड में सुरबहार में भैरव का ऋषभ लगा लेते थे, जिस तरह से वे सितार में भैरवी के साथ सपाट तान खींच लेते थे, खम्बाज बजाते समय सितार में जितनी सुन्दरता से अस्थायी में इड़ा लगा देते थे, सुरबहार की वागेश्वरी में तीन मिनिट में दो घण्टे का रस प्रवाहित कर देते थे, यह तो आज तक उनकी अपूर्व कीर्ति बनी हुई है। ये सब अद्‌भुत रिकार्ड जो गवैये-बजैये हैं अथवा गाने-बजाने की दुनिया में जो भीतर तक घुसे हैं, वही समझ सकेंगे। बाहरी व्यक्ति इन सब चीज़ों को पकड़ नहीं सकेंगे। इसके अलावा पाँच से लेकर दस बरस की उम्र तक मैंने उनका प्राय: एक सौ बार सितार बजाना सुना है। यह भी देखा है कि ऐसा कोई तबलावादक नहीं था जिसकी लय उन्होंने ख़राब न की हो। ऐसा

कोई गवैया नहीं था जिसने इनायत् ख़ाँ को सुप्रीम उस्ताद न माना हो। फैयाज़ ख़ाँ साहब ने कहा था—अब्दुल करीम ख़ाँ साहब कहा करते थे, अल्लादिया ख़ाँ साहब का कहना था, बहरे वाहिद ख़ाँ साहब कहते थे—फिर भी मैं यह नहीं जानता अथवा सोच भी नहीं सकता कि मेरी माँ मुझे मेरे बाबा से भी बड़ा शिल्पी सोचतीं थी या नहीं। फिर भी एक गायक और वादक होने की वजह से आख़िर में मैं जोरदार शब्दों में कह सकता हूँ कि इनायत् ख़ाँ साहब जैसा एक सुप्रीम आर्टिस्ट अब जन्म नहीं लेगा।

इनायत् ख़ाँ साहब जैसे तीन मिनिट के खम्बाज को क्या विलायत ख़ाँ तीन मिनिट में बजा पायेंगे? यही तो तुम्हारा प्रश्न है? मेरा जवाब यह है कि विलायत ख़ाँ का तीन मिनिट का खम्बाज बहुत बढ़कर हो सकता है, बहुत कुछ दूसरी तरह का होगा किन्तु वह खम्बाज इनायत् ख़ाँ जैसा नहीं होगा। अब्दुल क़रीब ख़ाँ साहब के रिकार्ड में झिंझोटी, भैरवी अथवा वसंत जो तीन मिनिट में उपस्थित हो जाता था, उसमें इधर-उधर वे जो तान खींच लाते थे उसे क्या आज तक कोई भी गायक-वादक तीन घण्टे से भी अपने गायन-वादन में ला सका है? गले अथवा हाथ से क्यों और कोई शिल्पी निकाल नहीं पाया है, बताओ तो? इन सब चीज़ों को मनुष्य भूल जाता है, शायद जान ही नहीं पाता है कि कहाँ से क्या काम महापुरुष कर गये हैं।

४

कहने को तो बहुत-सी बातें कही जाती हैं, किन्तु, क्या उन्हें किया जा सकता है ? कोई अगर कल्पना करना चाहे तो कर सकता है कि मैं इतना शक्तिशाली हो गया हूँ कि मैं अगर चाहूँ तो केसियस क्ले को घूँसा मार कर ज़मीन पर पटक सकता हूँ। क्या इस पर लोग हँसेंगे नहीं ? यहाँ के आर्टिस्ट लोग भी इसी तरह सोचकर देखते हैं। ये सिर्फ़ अन्य शिल्पियों से ही अपने को बड़ा आर्टिस्ट नहीं मानते हैं, अन्य मनुष्यों से भी अपने को बड़ा मनुष्य मानकर बैठे हुए हैं। मैं यही सोचकर अवाक् हो जाता हूँ कि कोई आर्टिस्ट जब बड़ा नाम कर लेता है, तब वह यह भूल ही जाता है कि वह एक मनुष्य भी है। अर्थात् मैं जिस तरह से एक आर्टिस्ट हूँ, वैसे ही मैं एक मनुष्य भी हूँ। और बड़ा आर्टिस्ट जब हो जाता है, तब क्या वह मनुष्य नहीं रहता है। एक स्वांग रच लेता है, देवता के रूप में सजकर बैठ जाता है, देवी का रूप धारण कर लेता है, मीराबाई होने का रास्ता निकाल लेता है। आज के अनेक पण्डितों और उस्तादों में यह बात देखने को मिलती है। उनमें इस तरह का भाव है जैसे वे सुपर ह्यूमेन हो गये हैं। कतार-की-कतार भक्त इकट्ठे हो गये, सभी बात-बात में उनके पैरों की धूल ले रहे हैं, शिल्पी भी आधी आँखें बन्द कर उन पर आशीर्वादों की वर्षा कर रहे हैं। स्टेज पर दलबाँध कर 'जनगणमन' हो रहा है, पूजा हो रही है, शास्त्रीय संगीत में भी 'भारतमाता', 'श्रीश्री' भी अथवा और भी कुछ पात्र-अपात्र को घुसाकर एक तमाशा खड़ा किया जा रहा है—इन सब तुच्छ वस्तुओं के कारण गाने-बजाने का स्तर ही ख़त्म हुआ जा रहा है।

अच्छा बताओ तो, इन सब आडम्बरों के साथ संगीत का क्या सम्बन्ध है ?

किन्तु, ये सब बातें अब म्यूज़िक में आ गयी है, जो संगीत का सर्वनाश किये दे रही हैं। इसे अगर रोका न गया तो गाना-बजाना बरबाद हो जायेगा। इसी वजह से, सच-सच कह रहा हूँ भाई, गाने-बजाने के संसार में अपने को निःसंग और अकेला महसूस कर रहा हूँ।

यह निःसंग का भाव पता है कब से है? एकदम देश-विभाजन के बाद से। जब मेरी उम्र एकदम नयी-नयी थी। तभी देखने को मिल रहा था कि ज़माना किस ओर बढ़ा जा रहा है। मनुष्य से मनुष्य को अलग करने की गन्दी राजनीति चारों ओर सिर ऊँचा कर अपने को खड़ा कर रही है। यह सिर्फ़ भारत में ही है? In Pakistan also. पाकिस्तान में भी है। यह गन्दी साम्प्रदायिकता, इसे विकसित कर-करके, प्रान्तीयतावाद, क्षेत्रीयतावाद मनुष्यों के बीच उत्पन्न हो गया है। यह तो और भी अधिक कैंसर फैलाने वाला है, अत्यधिक ज़हरीला। पहले जो साम्प्रदायिकता फैलनी शुरू हुई थी नेताओं की ग़लतियों के कारण, उसने बढ़ते-बढ़ते जनसाधारण में भी हिन्दू-मुस्लिम, जैन-ईसाई आदि नाना चेहरों में, अनेक हिसाब-किताब में जड़ें बाँध ली हैं। कोई-कोई इस तरह सोचता है चूँकि यह आर्टिस्ट बंगाली नहीं है, इसलिए इसे मैं आगे नहीं बढ़ाऊँगा। फिर दूसरी जगह इसका उलटा हो रहा है—चूँकि वह उस प्रान्त का है इसलिए उसे थोड़ा परेशान करते रहो। इसलिए भीतर जो निःसंगता, अकेलापन, यह जब बढ़ने लगा तो एक-एक कर जब चले जाने लगे उस्ताद ग़ुलाम अली ख़ाँ, उस्ताद अमीर ख़ाँ। दरअसल उनके चले जाने से मेरे मन में बड़ी पीड़ा होने लगी, ऐसा लगने लगा हाय रे, क्या करें। कैसा एक ज़माना था, वह भी ख़त्म होने लगा।

अमीर ख़ाँ

अगर तुम मेरा वर्णन करो Amir Khan on Sitar–तो क्या मैं विरोध करूँगा या नहीं, तुम यही जानना चाह रहे हो? तो फिर उन्हीं का वर्णन क्यों नहीं करते हो विलायत ख़ाँ ऑन गान?

चूँकि मेरे नाना बन्दे हुसैन ख़ाँ साहब से अमीर ख़ाँ साहब ने बहुत कुछ सीखा था—शमीर ख़ाँ साहब अमीर ख़ाँ साहब के बाबा, और मेरे नाना

बन्दे हुसैन ख़ाँ साहब आपस में बड़े घनिष्ठ मित्र थे। सिर्फ़ यही नहीं, वे दोनों लोग पगड़ी-टगड़ी बाँध घोड़े पर बैठकर चला करते थे—और दोनों लोग इतने सुन्दर थे कि बोम्बे बाज़ार में जो बाईजी लोग रहा करती थीं—इन्दौर का बोम्बे बाज़ार—वे लोग आँखों में सुरमा लगाये, पगड़ी बाँधे, हाथ में फूलों का गुच्छा लिए इन दोनों पुरुषों से अपनी निगाह नहीं हटा पाती थीं। और उसी बोम्बे बाज़ार से निकलते-निकलते दोनों में तर्क चला करता था—ये शमीरे, गोकी बाई आज मेरी तरफ़ देख रही थी, खिड़की खोलकर ऊपर से मेरी ओर ताक रही थी। तब शमीर ख़ाँ साहब कहना शुरू करते थे। अरे नहीं! गोकी बाई तुम्हारी अपेक्षा बहुत अधिक मेरी तरफ़ देख रही थी। दोनों के बीच यही सब चला करता था। फिर, बड़े घनिष्ठ मित्र थे, इसीलिए जीवन के एक दिन कहने लगे, अरे बन्दे। दादू ने कहा—हाँ, कहो, क्या कहना चाह रहे हो। शमीर ख़ाँ कहने लगे, अरे मेरे बेटे अमीर ख़ाँ साहब को गाना-बजाना सिखाओगे? उसकी आवाज़ बहुत अच्छी है। और मैंने तो उसको सारंगी-वारंगी बतायी है, अब वो बहुत अच्छी सारंगी बजाने वाला भी हो गया है। थोड़ी गाने की तालीम उसे दे दो।—बन्दे हुसैन ख़ाँ साहब ने अमीर ख़ाँ साहब को गण्डा बाँधकर इन्दौर में तालीम देना शुरू किया था।

तो वह जो किराना, और बेहता और गोरीली साहित्यिक—यह जो हमारे घर की गायकी है, इसे तुम मेरी कहो अथवा अमीर ख़ाँ साहब की कहो, एक ही बात ठहरती है, दोनों परिवारों में गायकी का एक गहरा रिश्ता। और हम दोनों बन्धु भी ऐसे थे कि तुम अवाक् रह जाओगे मेरा घुलना-मिलना सुनके। उदाहरण के लिए यही लो—दिल्ली में हम एक साथ तीन वर्ष तक थे। उसके बाद सहारनपुर में एक ही घर में। बीच में छह फुट की दीवाल। अपने कमरे में वे रियाज़ कर रहे हैं। अपने कमरे में मैं रियाज़ कर रहा हूँ। वे मुझे सुन रहे हैं, मैं उन्हें सुन रहा हूँ। खलेपार नामक वह जगह थी। उनके संघर्ष के दिनों को मैंने ख़ूब नज़दीकी से देखा है। फिर ऐसा समय भी आया है जब दोनों को खाने-पीने के कष्ट से भी गुज़रना पड़ा है। एक दिन उन्होंने होटल में ले जाकर अपने ख़र्चे से मुझे खिलाया था। फिर एक दिन शायद मैंने ही कहा था कि नहीं, आज मैं ही ख़र्चा करूँगा बिस्कुट और चाय पिलाने का।

तब उन्होंने मुझसे कहा था—ठीक है, आज तू ख़र्चा कर ले यार! रोज़ तू

मुझसे ख़र्चा कराता रहता है।

हें हें, क्या कह रहे हो भाई, उसी समय मुझे इसका आभास हो गया कि He is a genius of a very different kind—वह व्यक्ति एकदम भिन्न प्रतिभा का शिल्पी है। अमीर ख़ाँ साहब मेरा घनिष्ठ मित्र—दिल का मित्र निश्चय ही था—ऐसा भी हुआ है कि हम लोग झगड़ कर आठ वर्ष तक एक-दूसरे से बोले ही नहीं—सोचो, लगातार आठ बरस। सामने अगर पड़ जायें तो सलामालेकम भर होती थी, सिर्फ़ इतनी ही, पर दिल के भीतर क्या होता था उसे शब्दों में नहीं कहा जा सकता है। तो फिर सुनो, मियाँ तानसेन के नाम से जो कॉन्फ्रेंस हुई थी, इन्दिरा सिनेमा में, वहाँ पर अमीर ख़ाँ साहब बैठे हुए गाना गा रहे थे और मैं हॉल में बैठा सुन रहा था और सामने बैठा लगातार रो रहा था, हालाँकि उनके साथ बातचीत एकदम बन्द थी। वे गाना गाकर उठ गये तब मैं जाकर बैठ गया और गाना गाकर उठा तो मैं भी बाहर चला गया। किसी से कुछ कहा भी नहीं और किसी को कुछ पता भी नहीं चलने दिया। फिर कहता भी क्या? कहने को था क्या? आहाहा। कितना सुन्दर गाया, कितना ग़ज़ब का सुनाया। सब कुछ मानो सपने की तरह चला गया मन के ऊपर से। He was a Supreme artist—वह सर्वश्रेष्ठ कलाकार था। उसके बाद एक बार मैं गाना-बजाना कर रहा था, परदा उठते ही देखता हूँ अमीर ख़ाँ साहब बैठे हुए हैं।

रोमांटिक? of course! Like me he was always a romantic at heart–निश्चय ही, मेरी तरह वे भी दिल से सदा रोमांटिक बने रहे थे। मेरा रोमांटिसिज़्म कहाँ से आया यह पूछ रहे हो? माँ अथवा बाबा से? माँ-बाबा दोनों ओर से ही। बाबा का रोमांटिसिज़्म? अरे बाप रे! स्वभाव से वे भीषण रूप से रोमांटिक थे। एकदम लिरीकल-कोमल, गीतिधर्मी। मुझमें तुम्हें जो वैशिष्ट्य, चारित्रिक गुण मिल रहा है, वह विशेषता बाबा की ओर से ही मुझमें आयी है। सहज रूप से वे सभी में एक ऐसा इम्प्रेशन तैयार कर देते थे कि सामने बैठे हुए हैं और आपको यह देखने को मिलेगा जैसे वे हैं ही नहीं। अर्थात् लोगों के मन को अपने हाथ में ले लेते थे। बजाने का जादू जिसे व्यक्तित्व का जादू कहते हैं, वही था उनमें।

बाबा की मृत्यु

आज भी आँखों के सामने वह दिन उद्‌भासित हो उठता है जिस दिन बाबा चले गये। इलाहाबाद गये हुए थे प्रयाग संगीत सम्मेलन में। मैं उनके साथ था, ड्रिंक-ट्रिंक तो ख़ूब करते थे, विधान बाबू—डॉ. विधान चन्द्र राय ने उनका पीना बिलकुल बन्द कर रखा था। He was a regular physician of my father, वे मेरे पिता की नियमित देखभाल किया करते थे, उन्होंने बड़ी सख़्ती से शराब पीना मना कर रखा था। आज विधान बाबू की बातें ख़ूब याद आ रही हैं, उन्होंने मेरी माँ से कह दिया था—वे आजकल ड्रिंक करते हैं या नहीं, मैं उन्हें चार मास से अधिक ज़िन्दा नहीं देख पा रहा हूँ। मुझे इस बात का पता था जो लगभग भविष्यवाणी की तरह सत्य सिद्ध हो गयी। मेरे जन्मदिन के दो-चार दिन पहले ये सब बातें हो रही थीं। अगस्त महीने की बात है। उन्होंने मेरी माँ से अपने उसी अद्‌भुत बंगाली लहजे में हिन्दी में कहा था—माँ जी, तुमको भय करने का ज़रूरत नहीं है। हमको मालूम होता है, हम सब लोग हैं, तुम्हारा भाई लोग है इधर, तीन-चार मास तुम भय नहीं करो, हम तुमको बोलता है। ...डॉ. राय यह सब पहले ही बता गये थे।

तो उसी इलाहाबाद कॉन्फ्रेंस में थोड़ी ड्रिंक-ड्रिंक हुई थी, फैयाज़ ख़ाँ साहब थे, सभी टेंट में बैठे हुए थे। पहले तो टेंट में ही गाना-बजाना हुआ करता था। उठना-बैठना होता था। तो उस दिन बाबा ने कै की। गले से टुकड़ों-टुकड़ों में रक्त के साथ सब निकल गया। वहीं तीन-चार घण्टों के बाद वे जो बेहोश हुए तो फिर वे अपना प्रोग्राम नहीं कर सके। उनके उसी प्रोग्राम में तब मैंने बजाया। भोर चार बजे के समय भैरवी। लोगों को मेरा बजाना ख़ूब अच्छा लगा। उसके बाद ट्रेन से बाबा को उसी हालत में यहाँ लाया गया। हम लोग यहाँ रात के आठ अथवा नौ बजे पहुँच गये थे। उनकी वैसी हालत उस वक़्त भी थी। आज भी याद है घर में कहाँ उन्हें लाकर लिटाया गया था। और वे कैसे कपड़े पहने हुए थे। और वे उसी हालत में चौबीस घण्टे बने रहे थे। उसके बाद रात के एक अथवा दो बजे एकदम ठीक हो गये। उस वक़्त मैं सो रहा था और माँ जागी हुई थीं। फिर उनकी नाक और आँखों से पानी निकलने लगा। माँ से बोले, तुम्हें मैंने जीवन में बड़ा दुःख दिया। फिर भी मुझे याद रखना। और मियाँ ख़ाँ को ख़ूब सम्हाल कर रखना। उनसे मुझे बहुत आशाएँ हैं।...ये सब

बातें कहते-कहते बाबा का सिर एक ओर लुढ़क गया। तब रोने की आवाज़ आने लगी। मेरी भी नींद भंग हो गयी। जाग कर देखा कि बाबा अब नहीं रहे हैं।

बाबा के बारे में सोचते ही कौन-सा राग मन में जाग उठता है? क्या कहूँ शंकर बाबू तुमसे, बाबा की बात सोचते ही सभी राग मन में उद्‌भासित हो उठते हैं। And not only that—सिर्फ़ वही नहीं, बाबा की यादों से जुड़े हुए एक समय फैयाज़ ख़ाँ साहब की याद आती है, मुस्ताक हुसैन ख़ाँ साहब याद आते हैं। और माँ के बारे में सोचते ही अ-ने-क बातें, अनेक सुर याद आने लगते हैं।

हाँ, याद होगा, मैंने पहले कहा था कि दरबारी कानड़ा हो रहा है और राजा की आँखों में पानी है। यह इम्प्रेशन मुझे फैयाज़ ख़ाँ के गाने से मिलता था। माना एक राजा राजपाट छोड़कर संन्यास के लिए जा रहा हो। फैयाज़ ख़ाँ साहब का राजकीय दरबारी सुनकर राजा की आँखों का वह जल मैंने देखा है राग में। आह, कितने बड़े गवैया थे फैयाज़ ख़ाँ साहब।

मृत्यु

हाँ, तुमने जो कहा वह ठीक है कि दिल्ली के निज़ामुद्दीन औलिया में अमीर खुसरो के पैरों के पास चिरकाल के लिए सोने के लिए मैंने एक जगह की तलाश की थी। यह सत्य है, फिर भी मनुष्य तो यह जानता नहीं है कि उसकी मृत्यु कहाँ होगी। मैं ख़ूब चाहता हूँ कि मेरी मृत्यु के बाद अमीर खुसरो के पैरों के निकट ही मुझे दफ़नाया जाय। मैंने पहले से ही सबकुछ कह रखा है, उन लोगों ने इसे मान भी लिया है, किन्तु मनुष्य तो कभी प्लेन में मर जाता है, कभी जहाज में उसके प्राण छूट जाते हैं, कभी-कभी चलते-चलते रास्ते में ही मर जाता है। हम लोगों में एक शब्द प्रचलित है—'मिट्टी'। कहाँ की मिट्टी किसके भाग्य में बदी है, इसे कोई नहीं जानता है। फिर भी एक अभिलाषा तो मनुष्य के मन में बनी ही रहती है। मेरी वही अभिलाषा है खुसरो साहब के चरणों में सोने की।

मेरे बाबा? बाबा सो रहे हैं कलकत्ते में। चार नम्बर पुल के पास जो कब्रिस्तान है, वहीं पर। तो फिर देखो, किस तरह से कौन कहाँ अपनी

अन्तिम शैया बना लेता है। अमीर ख़ाँ साहब की बात ले लीजिए। मुझसे एक बार उन्होंने कहा था—मैं अगर मर जाऊँ तो मुझे इनायत् ख़ाँ साहब वाले कब्रिस्तान में पहुँचाना। और देखो, आख़िर में वही हुआ। 'विलायत ख़ाँ को ख़बर दो', यह कहकर मुझे बुलवाया और मेरी गोद में ही मर गये। ये सब बातें सोचते हुए इतना मन ख़राब हो जाता है। आज भी याद है ख़ाँ साहब के उस तरह से चले जाने के बाद कितने दिनों तक कितनी व्यथा मन पर से गुज़र गयी।

५

अपनी अन्तिम साँस छोड़ने के पहले मन-ही-मन जिस राग को गाने की इच्छा है, वह है विलासखानी तोड़ी। कारण, इसमें मुझे जो Pathos—करुणा मिलती है, जो व्याकुल प्रार्थना उठने लगती है, जो अन्दाज़ मिलता है, जो दुःख मिलता है, जिस विषाद का सामना करना पड़ता है—और आज से चार सौ वर्ष पहले—Chord combination of western music in Indian music —हिन्दुस्तानी संगीत में पाश्चात्य संगीत का जो नादात्मक सम्बन्ध है उसमें भी मैंने यही करुणा देखी है :

ध सा रे गा, ध सा रे गा, नि रे गा धा नि धा रे नि धा। सा रे गा नि रे गा मा, रे गा मा रे रे नि रे मा रे गा रे नि धा गा रे नि मा। रे गा रे नि धा, मा गा रे गा सा, सा गा सा प धा रे, प धा गा रे नि ध ग रे, नि म रे गा रे ग प प म रे, ध म रे प रे गा रे नि... अर्थात् वेस्टर्न क्लासिकल संगीत के ग्रेटेस्ट (श्रेष्ठ) संगीतकारों ने दो सौ, तीन सौ वर्ष पहले जो किया है वह चार सौ वर्ष पहले विलास ख़ाँ साहब करके चल गये हैं। और इसमें करुणा, आसपास मँडराते रहने वाली विषादपूर्ण मनोदशा (Pathos and haunting mood) तथा शान्त भाव अपने आप आ जाते हैं इसकी मूर्छना में।

दुःख

शंकर बाबू, मेरे भीतर यह मोत्ज़ार्ट छिपा हुआ है। हाँ। And I am so fond of him, I am a worshiper of Mozart —और वह मुझे इतना प्रिय है कि मैं उसका एक पुजारी हो गया हूँ। मेरे जीवन में तुम पहले

व्यक्ति हो जिसने मेरे सामने यह बात कही है। और सब व्यक्ति यही सोचते हैं। मुँह से कुछ कहते नहीं है। फिर भी मैं उसे ख़ूब छिपा कर अपने भीतर ही रखे रहता हूँ।

उसका एक गाना है ऑपेरा में, जिसमें मैं उसके सम्पूर्ण मन का एक मधुर चेहरा पा लेता हूँ। पता नहीं जर्मन अथवा इटालियन में इस सम्बन्ध में सब लोगों का क्या कहना है, फिर भी मुद्दे की बात यह है कि मैंने सुई खो दी है, मैं उसी सुई को खोज रहा हूँ, मुझे अपनी एक कथरी की सिलाई करनी है। अगर उसकी सिलाई न की जाय तो उसमें सिर रखने पर, उससे सिर बाहर निकल आता है। उससे मैं अपना सिर नहीं ढक पाता हूँ।...और अल्ला ! किस दर्द के साथ उस बेचारे ने अपनी बात कही है। अपना सिर किसी भी तरह नहीं ढक पा रहा हूँ। ऑपेरा के माध्यम से कही गयी यह बात सिर्फ़ ऑपेरा के उस पात्र की ही बात होकर नहीं रह गयी, बल्कि सारे शिल्पियों के मन की बात हो गयी। हम सभी लोग एक सुई ही तो खोजते फिर रहे हैं, ताकि एक कथरी को सिल कर थोड़ा बढ़ा लें, जिससे हमारा सिर ढक जाय। इस दुःखी व्यक्ति के लिए मैं भीतर-ही-भीतर क्रन्दन करता रहता हूँ। इसी मोत्ज़ार्ट को मैं अपने भीतर छिपाकर रखता हूँ। आह, तुमने सहसा किस व्यक्ति की बात छेड़ दी।

'दुःख के प्रति मेरा कोई अतिरिक्त आकर्षण है, इस सम्बन्ध में मैं कुछ नहीं कहूँगा।' दुःख और सुख को तो एक साथ मिलाकर मैं अपने भीतर ही सँजोये रखता हूँ। भीतर मैं सबकुछ को बराबर समेट कर रखे रहता हूँ। उसी के साथ सबकुछ को मैं समान रूप से ग्रहण करता हूँ। और ऐसा करके मैं स्पष्ट रूप से समझ सका हूँ कि दुःख को अच्छी तरह से ग्रहण करना ही उचित है।

यह बात तो ठीक ही है कि मैं तिलक कामोद, बिहाग, देश, खम्बाज में ख़ूब दुःख का भाव खींच लाता हूँ। क्योंकि इससे दुःख, वेदना, आँसुओं की एक बड़ी अनुभूति आ जाती है उन सबको बजाने में। फिर भी कहना चाहूँगा कि मानसिक रूप से हमारे पुरुष लोगों को बहुत बहादुर होने की ज़रूरत है। दुःख का विलास तो जीवन की गतिशीलता को ख़ूब रोक देता है। फिर भी अपने बारे में यही कह सकता हूँ कि मैंने जीवन में बहुत दुःख पाया है, दुःख के द्वारा बड़ा कष्ट उठाया है। सभी ओर से—बन्धु, आत्मीय, भाई-बहन, छात्र—सभी से दुःख ही अधिक मिला है जीवन में।

भीतर का यही दुःख बाद में मेरे हर स्वर के माध्यम से बाहर निकलता रहा है। भीतर जो कुछ जमा है, वह तो निकलेगा ही निकलेगा। फिर जिसकी कहीं कोई खुलकर अभिव्यक्ति न हुई हो वह तो सुर का हाथ पकड़ कर निकलेगा ही। मेरा बजाना सुनकर तुम्हें रुलाई आती है, तुम ऐसा कह रहे हो, क्या मुझे रुलाई नहीं आती है ? तुम यह पूछ रहे हो। रोया हूँ, रोया हूँ, कितना रोया हूँ सितार पकड़े-पकड़े। अगर स्वयं नहीं रोऊँगा तो मैं दूसरे को कैसे रुलाऊँगा, बताइए तो ? हें, हें, आँखों से बराबर आँसुओं की धार लगी रही है। ख़ूब आँसू गिरे हैं। एकान्त में बैठे-बैठे गाना-बजाना करते समय अधिकांश समय आँखों से आँसू ही निकलते रहे हैं। सितार का सुर और आँखों के आँसू तो भीतर की एक ही जगह से दोनों आते हैं।

दूसरों का गाना-बजाना सुनकर भी बहुत रोया हूँ शंकर बाबू, और आज भी रोता हूँ। मेरे जीवन में जिनके संगीत से रोना आ जाता है उनमें पहली पंक्ति में हैं दो लोग और दूसरी पंक्ति में है एक व्यक्ति। पहले दो लोग हैं उस्ताद इनायत् ख़ाँ साहब और अब्दुल करीम ख़ाँ साहब। और दूसरे

स्थान पर हैं उस्ताद फैयाज़ ख़ाँ साहब।

रोने वाले और एक दिन की बात याद आती है—अब्दुल वाहिद ख़ाँ साहब का मारवा राग सुनकर। ग्रामोफ़ोन में इनायत् ख़ाँ साहब का सितार सुनकर जो रुलाई आती है वह अब इस उम्र में। बचपन में उनके सामने बैठकर सितार सुनते-सुनते कभी नहीं रोया। किसी भी दिन। असल में आज देख रहा हूँ कि किस कलाकारी का काम वे सितार में अंज़ाम दे गये हैं, जब यह समझ पाता हूँ कि वे किस गहराई में लिए जा रहे हैं हमें, उसी अनुभव से सितार के सौन्दर्य से उसकी ऊँचाई देखकर आँखें आँसुओं से छलछलाती जा रही हैं। सिर्फ़ प्रभावित होकर भावुकतावश रोना तो गहरा रुदन नहीं होता है। रोने का अर्थ है महानता के प्रति पूर्ण समर्पण— Complete surrender to greatness —किन्तु, इस समर्पण पर बुद्धि से विचार कर, रस का आनन्द लेते हुए आना पड़ता है। मैंने जिनकी चर्चा की उनकी महानता मेरी आँखों में आँसू ला देती है। इसलिए, नहीं कि वे मुझे रुलाने के लिए बजाते थे।

रुलाई आ सकती थी अली अकबर ख़ाँ साहब का बजाना सुनकर। अवश्य यह ज़रूर है कि अगर ये लोग चाहें तो आपको रुला सकते थे। उनका बजाना सुनकर उतनी गहराई से मैं नहीं रोया यह ठीक है, किन्तु स्पष्ट भनक मुझे यह मिल गयी कि यह वही व्यक्ति है जो हमें रुला सकता है। वाद्य संगीत में ये दो लोग हैं—इनका क्या कहना। इन्हें मैं गहरे सम्मान और श्रद्धा के साथ देखता हूँ। बिस्मिल्ला ख़ाँ साहब और अली अकबर ख़ाँ साहब को। आज के युग में ये दो शिल्पी ऐसे हैं जो रुला सकते हैं।

गत्

तुम यह जानना चाहते हो कि स्वभाव से मैं किस गत्कारी के प्रति अधिक आकर्षित हूँ—मसीदखानी गत् अथवा रेजाखानी गत्? तो फिर मैं बताता हूँ कि पहले तो इन दोनों के प्रति ही आकर्षण था। बाद में मैं इन दोनों से ही हट गया। क्योंकि, मैंने जितनी गतें तैयार की हैं, वे मेरी अपनी तैयार की हुई गतें हैं, वे सभी ख्याल अथवा पुराने ज़माने के ख्याल पर तैयार

की हुई गतें हैं। उदाहरण के लिए—जा जाये रात कैसे जानूँ—यह एक बहुत अच्छा ख्याल है जिसे मैंने तैयार किया था, यह अमीर ख़ाँ साहब को ख़ूब पसन्द आया।

कहने लगे—विलायत ख़ाँ! मैंने कहा, जी, कहिये ख़ाँ साहब। बोले—यार, यह कहाँ से मिली तुझे? मैंने कहा, यार यह तो मेरी ही बन्दिश है। तब वे कहने लगे, तू तो ठीक-ठाक बन्दिश बनाने वाला हो गया है। तू अगर कहे तो तेरी बन्दिश मैं गाऊँ? इस पर मैंने जवाब दिया, अरे वाह, आपसे अच्छा और कौन इसे गायेगा? यह तो मेरा नसीब है। प्लीज गाइये, जितना मन चाहे।...डे रे डा डे रे डा—मैंने इस बन्दिश का अधिकांश रेजाखानी अथवा मसीदखानी से अपनी धारा की इस बन्दिश को बजाना चाहा था। फिर भी मसीद खान, रेजा खान जिस तरह के ये सब महान संगीतज्ञ थे, और वे जिन सब अमर बन्दिशों का सृजन कर गये हैं, उनके समकक्ष तो कोई चाहने पर भी नहीं हो पायेगा, उनसे प्रतियोगिता करने के लिए तो मैंने बन्दिश बनाने के काम में हाथ लगाया नहीं था। फिर भी भीतरी अपनी एक निजी प्रेरणा की वजह से उनसे दूर हटकर गत् तैयार करने की मैंने चेष्टा की थी—तुम कह सकते हो अपने को खोजकर पाने के लिए।

मेरे बाबा सितार को ऊँचे तारों पर बाँधा करते थे, मैंने वहाँ से बाजे को नीचे नहीं उतारा। मैंने सितार को सदा 'सी सी शार्प' पर ही बाँधा। मुझे ऐसा नहीं लगता है कि मेरे बाबा भी शायद कभी डी पर गये हों। नहीं, वे 'सी शार्प' के ही शौक़ीन थे।

मेरे बजाने का रोमांच? Thrill, well it was always been there —यह तो मेरे बजाने में सदा ही रहता था। Vibration ... control – challenge – झंकार, अनुरणन, तरंगें, नियन्त्रण, एक चुनौती यह सब रहते ही थे। सुर अदायगी की एक कठिन माँग, कठिन दावा, जिसे अगर पाना हो तो हाथों को एक ख़तरनाक चाल लेनी ही होगी—ये सारी चीज़ें मेरे बजाने के स्टाइल में आ गयी थीं। फिर से आ गयी थीं, इसका भी एक कारण है। यह आ गया था कारण, सितार के कन्स्ट्रक्शन, जुवारी, तारों के भाव, मींड़-रीड़ आदि में अनेक वैज्ञानिक परिवर्तन आ गये थे।

सितार में गाना

कुछ देर पहले, मैंने गाने की चर्चा की थी, फिर उसी प्रसंग पर आता हूँ। मैं एक बड़े राग को, मुख्य राग को बड़े एवं प्रधान रूप से ग्रहण कर बजाने की बात सोचता हूँ (तन्त्रकारी पर अधिकार तो ऐसे ही आ ही गया था अभ्यास करते-करते, तालीम और रियाज़ की वजह से) तब मैं मन की आँखों के सामने गाने को देखने लगता हूँ। मेरे हाथ में सितार है, दिमाग़ में एक राग है, मन के सामने पूरा वाद्य एक विस्तृत गाने की तरह है। हाथ में सितार लेकर जब स्टेज पर चढ़ा, तब मेरे सम्मुख पूरा वाद्य ही एक पूरे गाने की तरह ही उद्भासित हो उठता है। गाने की ओर ही मेरी बराबर इतनी झौंक थी कि जीवन का लक्ष्य ही हो गया था कि सितार बजाऊँगा किन्तु उसे गाने की तरह बजाऊँगा। अर्थात् सितार में गाने को भर दूँगा। मान लीजिए, सुरबहार जैसी कोई चीज़ है, जिसमें सात सुर की मींड़ होती है, इमदाद ख़ाँ साहब की डा डारे, डा डारे - आ आ आ आ ए। आ ना आ आ आ रे इसमें बहुत फ़र्क़ हो गया था, सुरबहार और तन्त्र, ख्याल अंग, सितार, पूरिया में। थोड़ा राग के चलन में तुम देख पा रहे हो तन्त्र, कण्ठ और बाजे का धर्म किस तरह से अलग-अलग प्रस्फुटित होकर व्यक्त होने लगे। फिर एक समय ये सब आकर एक बाजे में घुलमिल कर एकाकार हो गये।

जब मैं सितार लेकर बैठता हूँ तब गाने के रूप में मेरे ऊपर ख्याल हावी हो जाता है। उसी बचपन से, फिर भी इसे मैंने इच्छा से, प्रयास से, सचेतन रूप से किया हो ऐसा नहीं है। यह स्वत:प्रेरणा से ही हुआ है। ख्याल को तारों में बाँधकर मैंने जानबूझकर नहीं किया है। यह ईश्वर प्रदत्त है— God gifted. इस शताब्दी में मेरे सितार में यह चीज़ आ गयी इसका कारण है, मेरे काका, मामा और नाना ने मुझसे इसका रियाज़ कराया था, तालीम दी थी थर्टीनाइन, फोट्टी, फोर्टी वन, फोर्टी टू— अपने ख्याल गानों के द्वारा, उससे मुझमें उस गाने की धारा अपने आप आ गयी, बाद में मेरी प्रतिभा और निपुणता के द्वारा वह और विकसित हो गयी। अब सारे लोग यह कहते हैं कि मैं सितार में ख्याल गा रहा हूँ।

६

कम्पोजीशन (सुरबद्ध करना)

सिनेमा में संगीत दिया है अगर मनपसन्द फ़िल्म मिल गयी तो। वैसे भी मुझे फ़िल्मों में संगीत देना पसन्द है। अभी हाल ही में मैंने 'कामसूत्र' नामक एक विवादास्पद फ़िल्म में पार्श्व संगीत दिया है अमेरिका में। यह काम मुझे अत्यधिक चुनौतीपूर्ण लगा था। फ़िल्मों में संगीत देने के मामले में कहने योग्य बात यही है कि मेरी पसन्द का काम हुआ तो काम करूँगा, पसन्द का न हुआ तो काम नहीं करूँगा। किस-किस सुर का प्रयोग किया है, इसे मैं एकाएक नहीं बता सकँगा, फिर भी इतना याद है कि एक सीन में भैरवी बजायी थी, जो दृश्य भयंकर रूप से वासनापूर्ण और अत्यन्त तानों से भरा था, फिर उसे तेंदुआ अथवा बाघिनी की तरह सेक्स में आक्रामक कहा जा सकता है। तो जो कहा था कि अगर फ़िल्म अच्छी लगी तो उसमें संगीत दिया है, सिर्फ़ रुपयों के लिए फ़िल्मों में संगीत देने की बात कभी नहीं सोची है।

मेरे सुरबद्ध किये गये गानों की बात कह रहे हो? लगभग एक सौ गानों को मैंने सुरबद्ध कर अपने पास रखा हुआ है। ठुमरी, ख्याल अस्थायी—इन सब गानों को बच्चों को सिखाता हूँ, इन्हें रिकार्ड नहीं किया गया है। नाथ पिया के नाम से तुम मेरे सुरबद्ध किये गये अनेक गानों को सुन सकते हो। कारण नाथ पिया के नाम से बनायी गयी अनेक बन्दिशों को लेकर अनेक लोग गा-बजा रहे हैं। इनायत् ख़ाँ का नाम मैंने नाथ पिया रखा हुआ है। जितने भी गाने मैंने सुरबद्ध किये हैं, उन्हीं के नाम से सुरबद्ध किये हैं। झाँझर बाज रही कैसे के कर हौ।

नाथ पिया के नाम से यह जो बन्दिश है, इसे तुम लोगों ने मेरे सितार पर सुनी 'साँझरत्नावली' राग में। यह राग मेरे दिमाग़ में कैसे आया यह जानना चाहते हो ? मेरा कहना है ऐसे ही। आजकल लोग तो कहते ही जा रहे हैं। 'मैंने राग कम्पोज किया है।' कोई नाम लेकर कह रहा है, 'प्रियदर्शन' राग कम्पोज किया है। कोई कह रहा है, मैंने 'रूपमती' राग कम्पोज किया है, जिसकी जो इच्छा है, वह वही कहे जा रहा है। कोई यह नहीं सोच रहा है कि इतने क्रमबद्ध परिवर्तन और मिश्रण भरे इस बीच इतने राग-रागिनी पहले ही रचे जा चुके हैं। नये तरह से रचना करने के लिए अब सचमुच में बाक़ी कुछ नहीं बचा है। फिर भी कुछ रागों के सम्मिश्रण से अर्थात् उन्हें मिलाकर नया कुछ तो किया ही जा सकता है। जैसे वसन्त बहार। भैरवी बहार। ये सब बनाये जा सकते हैं। जैसे कल्याण, विहाग और क्षेम मिलाकर मेरा 'साँझ रत्नावली' मुझे मिल गया। बस। ऐसा कोई नवीन व्यापार करने नहीं गया, जाऊँगा भी नहीं। जो म्यूज़िक नहीं जानते हैं, वही फ्यूज़न (इधर-उधर की राग-रागिनी मिलाकर) म्यूज़िक करते

हैं। उससे और भी भ्रम बढ़ता है। हा:-हा:-हा:। इसीलिए में संगीत की सार-वस्तु चाहता हूँ। उन्हीं को बचाकर रखना चाहता हूँ। हिन्दुस्तानी शास्त्रीय संगीत में से आदमी निकल नहीं सकता है। और उसमें कोई घुसा ही नहीं तो उसमें फ्यूज़न करेगा। और जो उसमें घुसा है तो फ्यूज़न नहीं करेगा। तब तो वह उसमें से निकल नहीं सकेगा। उसी में फँस गया है वह। और जिसने उसमें घुसाई नहीं की, जिसे संगीत का कुछ मालूम नहीं वह फ्यूज़न नहीं तो और क्या करेगा। साहेब, यह जो गिटार बज रहे हैं, मेण्डोलिन बज रहे हैं, It is insulting to Hindustani Music Insulting to Hindustani instruments. यह हिन्दुस्तानी संगीत का अपमान है, हिन्दुस्तानी वाद्य यन्त्रों का अपमान है। 'संगीत रत्नाकर' खोलकर देखो, उसमें सत्तर-अस्सी स्ट्रोक इन्स्ट्रूमेंट्स है। वहाँ गिटार की, मेण्डोलिन की ज़रूरत क्या थी? 'संगीत रत्नाकर' तो सबसे लेटेस्ट पुस्तक है। 'नाट्यशास्त्र'। अन्य सब पुस्तकों को छोड़ ही दो। यही ताज़ी पुस्तक है। मोटे रूप में तीन सौ, चार सौ बरस पहले का काम यह 'रत्नाकर'—इसमें तार वाद्य एक सौ हैं और ताल वाद्य पाँच सौ हैं। इसलिए अनावश्यक रूप से गिटार, मेण्डोलिन चाहे जितने बजाओ, उसका चरित्र का भारतीय स्वर (Indian voice), ध्वनि, पृष्ठभूमि, संस्कृति और दर्शन के बीच लाना होगा। उनमें वही तो नहीं मिल रहा है। इसीलिए ये सब लोगों को आकर्षित करने के लिए छलपूर्ण कौशल के अलावा और कुछ नहीं है? ये सब बहुत जाली और बेकार चीज़ें हैं। These are all prejudices —ये सब ग़लत आग्रह हैं। भारत में उत्तर और दक्षिण में तो मिलाप हो नहीं रहा है और हम चाह रहे हैं दुनिया में पूर्व और पश्चिम मिल जायें। यह पागलपन के अलावा और क्या है? हम संगीतज्ञ लोग तो कहते ही आ रहे हैं, मीडिया को भी ऊँची आवाज़ में कहने की जिम्मेदारी है कि तुम लोग भारत में नोर्थ-साउथ को तो मिला नहीं पा रहे हो, जिनमें प्रचुर समानता विद्यमान है, मूल रूप में सारी चीज़ें एक ही हैं,—ताल, राग, अस्थायी —अन्तरा, तान, क्रन्तन, मुड़की, गमक, सब कुछ एक है—इन्हें तो तुम लोग मिला नहीं पा रहे हो, हालाँकि हनुमान की तरह छलाँग लगाकर समुद्र के ऊपर से होकर पश्चिम में चले जा रहे हो, पूर्व और पश्चिम को मिश्रण के द्वारा मिलाने के लिए।

बताओ भाई, ये सब व्यर्थ की बातें नहीं कर रहे हैं तो क्या कर रहे हैं?

मन में तो संगीत है नहीं, इसलिए इधर-उधर की चीज़ें मिलाकर खिचड़ी पकाने जा रहे हैं। हम लोग जो अपने देश के गाने-बजाने को लेकर पड़े रहते हैं, और उसी में सुखी भी हो रहे हैं, उनकी दृष्टि में यह प्रवृत्ति तो ख़राब लगेगी ही।

मैं फिर अपनी रागरागिनी की चर्चा में लौटा आ रहा हूँ, तुम ठीक ही कह रहे हो और मुझे भी याद है कि एक बार 'देश' राग बजाते-बजाते मैंने और भी सब समीपवर्ती रागों की चर्चा की थी। जिन्हें आत्मीय राग-रागिनी कहा जा सकता है। किसी परिवार को अच्छी तरह पहचान लेने पर जिस तरह से उस परिवार के किसी भी सदस्य को और भी अच्छी तरह पहचाना जा सकता है, ठीक इसी तरह किसी राग पर अच्छी तरह अधिकार करने के बाद उस राग के परिवार को भी ठीक-ठीक जानना-पहचानना आना चाहिए। अर्थात् The house of the Raga. राग के पूरे वर्ग को जान लेना चाहिए। मैं जब कोई राग बजाता हूँ तब मन-ही-मन उस राग के पीछे विद्यमान उसके परिवार को भी सामने देखता रहता हूँ। मुझमें यह विशेषता है, कारण, मुझे बचपन से ही यह सिखाया गया है कि इस राग के साथ इस राग का मेल है, उस राग के साथ उस राग का वैसा ही मेल है आदि आदि। This is both emotionally correct and scientific. यह भावात्मक रूप से दोनों है अर्थात् सही और वैज्ञानिक। इसीलिए मैं जब कोई राग बजाता हूँ तो उसके साथ मेल रखने वाले सुर के राग का थोड़ा चेहरा लेकर उपस्थित होकर यह दिखा देता हूँ कि किस तरह से इस राग के पास आया जा सकता है और इसके बाद मैं जो राग बजा रहा होता हूँ उसी राग के निजी रूप की ओर लौट जाता हूँ। इससे श्रोताओं की आँखें भी काफ़ी खुल जाती हैं। बाजे के राग का भी एक पारिवारिक चेहरा सामने आ जाता है। यह राग की विशुद्धता को, उसके असली चेहरे को और भी स्पष्ट कर देता है। मैंने 'जलसा घर' फ़िल्म के पार्श्व संगीत में जो राग बजाया था, वह मेरे राग कामोद में परिवर्तित होकर आ गया था, फिर भी वास्तव में उसका सुर था राग बिहारी का। And this is quite an old composition —और यह मेरी बहुत पुरानी संगीत रचना थी। और राग भी बहुत पुराना था।

प्रत्याख्यान

रेडियो में बजाना क्यों बन्द कर दिया? मेरे प्रस्तुतीकरण के पूरे दाम नहीं दे रहे थे इसीलिए? नहीं। वास्तव में उसी १९५० से ही रेडियो में एक प्रकार का पक्षपात शुरू हो गया था। उसकी वजह से रेडियो में वर्ग विभाजन और श्रेणी निर्धारण का एक कारोबार शुरू हो गया था। अर्थात् यह हुआ इस केटागरी का आर्टिस्ट, वह हुआ उस केटागरी का आर्टिस्ट आदि-आदि। किन्तु, यह बड़ी ग़लत बात है, किसी केटागरी का कोई विशेष आर्टिस्ट नहीं होता है। कोई केटागरी अन्तिम नहीं होती है। वह तो मन में रहती है, श्रोताओं में ही एक भावना होती है कि मैं इस आर्टिस्ट को ख़ूब चाहता हूँ और उसको ज़रा कम चाहता हूँ। किन्तु, कौन अच्छा है, कौन बुरा है, कौन अधिक अच्छा है, कौन कम अच्छा है, इन्हीं सब चीज़ों के आधार पर शुरू हो गया रेडियो में वर्गीकरण। इसी के साथ एक कमेटी ने भी काम करना शुरू कर दिया, जो सिर्फ़ रुपयों के लेन-देन का मामला था। राजनैतिक मामला—संगीत की राजनीति, कौन पास होगा, कौन फेल होगा, किसे ए श्रेणी दी जायेगी, किसे बी श्रेणी। इन्हीं सब चीज़ों को लेकर रेडियो मस्त हो गया। झूठ-मूट एक टीम भी तैयार कर दी गयी जो परीक्षा लेगी—तो प्रश्न उठने लगा कि किसकी परीक्षा कौन लेगा? जो परीक्षा लेगा उसकी योग्यता भी तो थोड़ी देखनी होगी। अब किसकी श्रुति परीक्षा कौन लेगा? किसी को अगर उस्ताद बिस्मिल्ला ख़ाँ साहब की श्रुति परीक्षा लेने के लिए बैठना हो, तो उसे क्या करना होगा? उसे सबसे पहले यह समझना होगा कि आख़िर बिस्मिल्ला ख़ाँ क्या हैं? उनकी बजाने की टेकनीक क्या है, इसे समझना होगा। उनके वाद्य-यन्त्र का करेक्टर क्या है, उसे देखना होगा। वे किस घराने के व्यक्ति हैं, उस घराने का रूप और चरित्र दोनों जानने होंगे। फिर उनके बजाने को गहरे ध्यान के साथ सुनना होगा, उसके साथ-साथ चलना होगा, जिस तरह से आत्मसात् करने और समझने के लिए हम किसी मूर्ति अथवा चित्र को देखते हैं। तो यह सब तो किया नहीं, एक कमेटी बना दी गयी, जिसको लेकर काफ़ी हो-हल्ला हुआ था। उसमें मुझे ख़ारिज कर दिया गया था, जबकि मैं उच्चस्तर का कलाकार था। और मेरे ऊपर तो कोई अभियोग लगाया नहीं गया था, इसलिए रेडियो के साथ मेरा जो झगड़ा हुआ था उसकी वजह मैं नहीं था, उसकी वजह अन्य कलाकर थे—उन्हीं के लिए

वह झगड़ा हुआ था। मैंने उनसे कहा कि तुम लोग किसी को 'ए' श्रेणी से काट कर 'बी' श्रेणी का किये दे रहे हो, किसी को 'सी' श्रेणी दे रहे हो, किसी को पास करा रहे हो। किसी को फेल करा रहे हो, किसी की केटेगरी ऊँची कर रहे हो और किसी की नीची कर रहे हो, आख़िर तुम लोग चाहते क्या हो? इसी बात को लेकर अनेक झगड़ा-झंझट चलते रहे, सूचना मन्त्रालय में उन दिनों केसकर थे और रतनजनकर तथा गिरधारी— इन सभी लोगों ने मिलकर एक अद्‍भुत काण्ड कर डाला। मैंने उन्हें बता दिया कि मैं ऐसे स्थान पर नहीं जाना चाहता, जहाँ गुरु-शिष्य एक ही स्टेज पर बैठें और गाना-बजाना करें, किसी को अधिक फीस दी जायेगी, किसी को कम। मैंने कहा—ये सब न करके जैसा पहले चल रहा था वैसा ही चलने दो। लोगों को अनुभव करने दो, कौन अच्छा कलाकार है और कौन बुरा, मेरी पसन्द का कौन है और कौन मेरी पसन्द का नहीं है। अथवा कौन मुझे बिलकुल पसन्द नहीं है। तुम्हारी पसन्द के अनुसार कौन बड़ा है, और कौन छोटा है, उसे लेकर मुझे कोई सिरदर्द नहीं है। तो भाई, जब यह सब राजनीति वहाँ आ गयी, रेडियो के संगीत में, तो मैंने वहाँ बजाना ही छोड़ दिया। और कोई कारण नहीं था।

शंकर बाबू, क्या तुम यह अनुभव करते हो कि इन पचास वर्षों में रेडियो में न बजाकर मैं क्या बहुत अच्छा महसूस कर रहा हूँ। तुम लोग सोचते हो मैंने इतने समय तक रेडियो में अपना सितार न सुनाकर तुम लोगों को वंचित किया है। मैं स्वयं वंचित क्या नहीं हुआ हूँ? तुम क्या यह अनुभव नहीं करते हो कि पुरस्कार स्वीकार न कर मैंने अपने मन में कितना दुःख पाया है? इसके बाद भी मैंने ऐसा क्यों किया? कारण यह है कि रेडियो कहो अथवा सरकारी पुरस्कार, उसमें मैंने सदा जो पक्षपात देखा है, उसे सबकी निगाह में लाने के लिए मैं इसे एक साथ अस्वीकार करता आ रहा हूँ। रेडियो में न बजाने की वजह से मैं अपने सितार के कितने रागों को बजाकर नहीं सुना सका, तुम सोच रहे हो क्या मुझे इसका दुःख नहीं है? मुझे सुनने के लिए तुम लोगों को जलसे में आना पड़ता है, अथवा मेरा रिकार्ड ख़रीदना पड़ेगा, घर में बैठकर रेडियो खोल कर मेरा बजाना तुम नहीं सुन पाओगे। यह हानि क्या केवल तुम्हारी ही है? मेरी नहीं है? और वह दोष सिर्फ़ मुझ पर ही थोपा जाना चाहिए? और रेडियो के कर्त्ताधर्त्ताओं ने अपनी पसन्द के अनुसार किसी को खींच कर बड़ा बना दिया हो, और

किसी को उठाकर नीचे गिरा दिया हो, उनका दोष क्या तुम लोग नहीं देखोगे ? तुम लोग मेरे श्रोता हो, मुझे चाहते हो, तो मैं तो तुम लोगों को निश्चय ही चाहूँगा। किन्तु, रेडियो के इन कर्त्ताओं ने क्या उस प्रेम का कोई मूल्य दिया है ? किसी दिन भी ? देख नहीं पा रहे हो कि उन लोगों ने शास्त्रीय संगीत को कितने युग पीछे धकेल दिया है ? टी.वी. में सिनेमा, पोल्टिक्स और क्रिकेट के अलावा और कुछ क्या देख पा रहे हो तुम ? यह किसका दोष है ? मेरा दोष है ? संसार में क्रिकेट के अलावा अब और कुछ रहा ही नहीं है। फ़िल्मों में अभद्र अदाओं तथा भद्दी और अशिष्ट गतिविधियों के अलावा और कुछ नहीं है। राजनीति का मतलब लाल बहादुर शास्त्री जैसे नेता नहीं हैं, वे मात्र एक घटना बनकर रह गये हैं, फिर लालू प्रसाद को भी देखना होगा। इन तीन तरह की गतिविधियों में फँसा हुआ है मीडिया, इसमें क्या तुम्हें कोई दोष नहीं दिखायी दे रहा है ? अगर अच्छे-अच्छे संगीत शिल्पियों को मर्यादा के साथ श्रोताओं के समक्ष प्रस्तुत कर, उन्हें सही फीस देकर, उनके काम को सामने लाया जाता, तो इससे शास्त्रीय संगीत को देश के कोने-कोने में पहुँचाया जा सकता था।

सरकार की इस नाकामयाबी की तरफ़ कोई नहीं देख रहा है। दोष मुझ पर लगाया जा रहा है, क्योंकि मैंने सरकार की इस नाकाबिलियत के साथ सहयोग नहीं किया।

मैं आज भी रेडियो में लौट जाना चाहता हूँ, दूरदर्शन के द्वारा तुम्हारे सामने आना चाहता हूँ। किन्तु क्या कर पा रहा हूँ? वहाँ पर आज भी even today, इतना अधिक पक्षपात सारे समय किया जा रहा है कि वहाँ की मेरी इच्छा ही ख़त्म होती जा रही है। तुम्हारा कहना है कि आपको रेडियो-टी.वी. पर न देखकर हम लोगों को तकलीफ़ हो रही है और इधर मैं तुम लोगों को अपना सितार बजाना न सुना पाने के कारण क्या कम कष्ट पा रहा हूँ? इस वजह से मैं अपने सिद्धान्त को तो पानी में नहीं फेंक सकता। पचास बरसों से रेडियो के माध्यम से देश के घर-घर में प्रोग्राम में मेरा सितार नहीं बजा शंकर बाबू, किस दुःख के साथ संगीत शिल्पी ने यह किया होगा, इस पर विचार करो। तुम समझ जाओगे कि मेरे सारे प्रतिवादों के कारण क्या हैं। मुझे अनेक कष्ट मिले हैं, फिर मैं प्रतिवाद करता हूँ। मेरे उन सब दुःखों को, मेरी नाराज़गी को तुम मेरे सितार बजाने में पा सकते हो। जीवन में मुझे जो कुछ आनन्द मिला, उस सबकी अभिव्यक्ति मेरे सितार में हुई है। वही मुझे समझता है और वही मुझे शान्ति देता है।

॥ ७ ॥

राजनीति

म्यूज़िक के जगत् में जो पॉलिटिक्स है उसका फल क्या हो रहा है ? आप लोग अच्छी चीज़ न सुन पाने के कारण रो रहे हैं। और हम लोग आपको अच्छी चीज़ न दे पाने की वजह से रो रहे हैं। इसमें दोषी कौन है यह सोचने की बात है। याद है बचपन में कोल्हापुर गया था नाइन्टीन फोर्टी फोर का वाकया है। वहाँ पर मैं अपनी चप्पल सिलाई कराने गया था, सुना वहाँ एक मोची गाना गा रहा था। 'ए पीर ने जानी।' इसके और भी काफ़ी पहले ग़ालिब के ज़माने में तो गलीघाट पर भिखारी लोग उनकी ग़ज़लें गाया करते थे। और चप्पल की सिलाई करते-करते मोची मालकौंश राग में अस्थायी गाने लगा था। और आजकल कई प्लेबैक सिंगर तथा कुछ ग़ज़ल मूवमेंट के अलावा गाने-बजाने का बच्चे लोग कौन-सा इतिहास जान पा रहे हैं ? फ़िल्मों, टेलीविज़न में दिखायी जा रही है बल्कि इसकी अपेक्षा सुनायी जा रही है एक ट्यून - डनडा डन डनडन डन - उसके बाद पूछा जा रहा है, यह किस फ़िल्म का गाना है ?' प्रश्न पूछते ही बच्चा लोग हाथ उठाकर बता देते हैं—'यह अमुक फ़िल्म का गाना है।' आजकल म्यूज़िक की यह पोपुलेरिटी टी.वी. कर रहा है। फ़िल्में कर रही हैं, फलस्वरूप उनकी दृष्टि में यही है संगीत का चेहरा। और पहले के ज़माने में संगीत की लोकप्रियता फैलाते थे राजे-महाराजे, तब मोची लोग भी क्लासिकल संगीत के अंग गाया करते थे। जिस दृष्टि से आज टी.वी.-फ़िल्में म्यूज़िक की चर्चा कर रहे हैं, उससे लड़के-लड़कियों के गाने की depth, personality गहराई और व्यक्तित्व तैयार नहीं हो पा रहा है, म्यूज़िक पर इतनी सहजता से अधिकार नहीं पाया जा सकता है। और जो

चीज़ इतनी सहजता से पायी जा रही है, उससे जो होने का है, वही चारों ओर हो रहा है।

तुम्हारा प्रश्न है कि मैं टी.वी. और रेडियो पर बजाना चाहता हूँ या नहीं? हाँ, बजाना चाहता हूँ। पर मेरी एक शर्त है। First of all the presentation should be very appropriate —पर उसे बड़े कायदे के साथ प्रस्तुत किया जाना चाहिए। मैं बजाने बैठूँगा, बैठकर श्रोताओं से कहूँगा—इस समय मैं मेघों का रोल कर रहा हूँ, उस समय स्क्रीन पर मेरे पीछे आकाश भर में मेघ दिखाये जाने चाहिए, वही मेघ धीरे-धीरे मनुष्य की आकृति धारण करते जा रहे हों। उन लोगों के हाथ में सितार हों। उन सितारों से सुर झरा पड़ रहा है, एक समय ऐसा दिखायी देगा कि मैं पानी बरसने के बीच में बैठा हुआ हूँ, वर्षा के बीच में कैसा अनुभव होता है, उसी बरसा के बीच दूब, लताओं का चेहरा कैसा हो सकता है, कैसे वे डोलती हैं, उसका कम्पन भी सुर के माध्यम से व्यक्त होता जायेगा।

उसके बाद एक समय ऐसा आयेगा, जब मैं हवा में उड़ रहा होऊँ, इस समय पत्ते झरने की आवाज़ आयेगी, पत्तों से टप, टप कर पानी गिर रहा है और उसके टपकने से कौन-सा सुर निकलता है, वे बूँदें सितार से टकराकर वही सुर ध्वनित कर रही हैं— इस प्रकार तुम देखोगे सुर का एक दृश्य-श्रव्य जगत् तैयार हो गया है। तो इस तरह से अगर मुझे प्रस्तुत किया जाय और इसके लिए वे मुझे मोटी रक़म दें—पाँच लाख, आठ लाख अथवा दस लाख रुपया, तभी मैं यह मानूँगा कि टी.वी. मेरे बजाने और मेरा सम्मान कर रहा है। दस हज़ार डॉलर तो हॉल भरे श्रोताओं के सामने बजाने से मुझे मिलते हैं, टेलीविज़न में मुझे क्यों नहीं मिलेंगे? वह क्या भिखारियों की संस्था है? वे लोग मेरा प्राप्य देते जायें, अन्यथा मैं अपने श्रोताओं को अपना सितार सुनाने से वंचित कर दूँगा, तुम लोग भी श्रोताओं को मेरा सितार सुनाने से वंचित करो। तुम लोग मुझे एफोर्ड नहीं कर पा रहे हो, किसका कितना दोष है, लोग अच्छी तरह से यह समझ जायेंगे। मैंने तो अपनी तरह से अपना जीवन बिता ही दिया। रेडियो पर मेरे न जाने से कोई रेडियो तो बन्द हो नहीं गया, और मैंने भी तो बजाना बन्द नहीं कर दिया।

जनसामान्य के बीच रेडियो-टी.वी. के माध्यम से मैं नहीं पहुँच सका इस वजह से मुझ अकेले को ही दुःख क्यों होगा? क्या उन्हें दुःख नहीं होना

चाहिए? यह दुःख क्या मेरा ही है? मेरे दुःख की ही बात तुम छापना चाहते हो, चौटाला अथवा लालू प्रसाद जनता में जो परेशानी फैला रहे हैं क्या तुम उसको छापने की बात नहीं सोचोगे? बिहार एक ऐसा प्रान्त है जो ब्रजभाषा, मैथिली भाषा, ठुमरी, दादरा, चैती, कजरी तथा गाने-बजाने का एक उच्च कोटि का प्रान्त था, उसका क्या हाल कर दिया है लालू प्रसाद ने। क्या, उन्हें तो कोई दोष दे नहीं रहा है। केवल मुझसे ही कहा जा रहा है। दुःख तो म्यूज़िक वर्ल्ड में सर्वत्र फैला हुआ है, मेरे न बजाने के दुःख को इतना बड़ा क्यों कर रहे हो? मुझे और आपको, दोनों लोगों को ही दुःख सहन करना पड़ेगा।

वैसे भी दुःख क्या कम है भाई? भारत में मेरे सितार बजाने, मेरी सुर-रचना अथवा कलाकर्म की कोई आर्काइव तो तैयार हो नहीं रही है, किन्तु प्रिन्स्टन में मेरी आर्काइव तैयार हो रही है, थोड़े-थोड़े रूप में सोना मेरे हाथ में देते हुए। वही कबकी बीत गयी फिफ्थ सेंचुरी से लेकर यही दो हज़ार वर्ष तक के संगीत के इतिहास को जोड़कर वे लोग एक आर्काइव गढ़ रहे हैं। क्या तुम सोच सकते हो? वे मुझे जब आमन्त्रित करते हैं तो प्रति घण्टे के हिसाब से रुपये देते हैं, उनके यहाँ कम्प्यूटर रहता है, वीडियो रहता है, स्टेनो रहता है—एक घण्टा, दो घण्टा, तीन घण्टा, जितना हो सकता है बजा देता हूँ, उसके बाद 'आज अब और नहीं बजा पाऊँगा' यह कहकर उनसे विदा ले लेता हूँ। वे लोग तब कितने विवश और नम्र स्वर में कहते हैं, ठीक है, ठीक है। उसके बाद घड़ी देखकर कहते हैं, 'आज आपने तीन घण्टा बजाया, इतना रुपया हुआ।' उसके बाद मेरे हाथों में रुपया रख देते हैं, मैं ख़ुश हुए बिना नहीं रह पाता। वह रुपयों में नहीं सोने में दाम होते हैं। फिर उस काम के लिए वे कितना सम्मान देते हैं, किस भाव से आमन्त्रित करते हैं, किस आस्था के साथ ले जाते हैं, और किस भाषा में वे बात करते हैं। उनकी वाणी में यह वाक्य सदा बना ही रहता है—"Yes sir, please accept our heartfelt thanks for being here with us to day—उनके मुख पर ये शब्द सदा बने रहते हैं, हाँ, श्रीमान् कृपा कर मेरे हार्दिक धन्यवाद को आप स्वीकार करें, आप आज हमारे साथ यहाँ रहे इसके लिए। और हमारे यहाँ क्या होता है? जैसे कोई भीख माँग रहा हो, इस तरह मुझे कहना पड़ता है अपने काम को रखे रहने के लिए, किन्तु वे ऐसा भाव बनाते हैं, जैसे वे मुझे पहचानते ही न

हों। 'कर रहा हूँ, कर रहा हूँ, कर रहा हूँ।' इस तरह से कहते हुए राज्य के जितने कलाकारों को अवार्ड दिया जायेगा, उसके बाद मुझे अवार्ड देने की बात सोचेंगे। ये सब बातें तुम लोग मुझसे अधिक जानते हो। बताओ, तुम चुप क्यों हो?

भारत रत्न

और उसके बाद भी कह रहा हूँ, मेरा अधिक दुःख तो गवर्नमेंट की तरफ़ से नहीं है, जितना अधिक दुःख उनकी तरफ़ से है, जो मुँह बन्द कर अवार्ड लिये जा रहे हैं। तुम कह रहे हो रविशंकर जी ने चूँकि 'भारत रत्न' लेने के बाद कहा भी था कि यह सम्मान विलायत ख़ाँ को मिलना चाहिए था। तो फिर उन्होंने यह खिताब ले क्यों लिया? मेरा तो अधिक दुःख गवर्नमेंट की बजाय रविशंकर जी की तरफ़ से है, आज मेरी कुछ कहने की बारी है इसीलिए मुँह और दिल खोलकर कहे दे रहा हूँ। मुझे मिलना चाहिए था अगर वे इसे उचित समझते थे तो भारत रत्न स्वयं क्यों ले लिया? अन्दर-ही-अन्दर वे इस तथ्य को अच्छी तरह जानते हैं कि एक संगीतकार के हिसाब से मैं उनकी अपेक्षा अधिक सीनियर आर्टिस्ट हूँ स्टेज पर, और मैं उनकी अपेक्षा अधिक अच्छा बजाता हूँ, इसे वे भी जानते हैं। मेरा घराना भी उनके घराने से बहुत ऊँचा है। सितार पर मैंने काम भी बहुत अधिक किया है, उन्हें निश्चित रूप से इन सब बातों का पता है। और अगर वे इन सब बातों को नहीं जानते हैं तो सार्वजनिक रूप से प्रमाणित कर दें कि मेरी बातें ग़लत हैं मेरे सामने आकर खड़े होकर। उन्हीं के लिए उचित था सबके सामने यह घोषणा कर देना कि मैं यह अलंकरण नहीं लूँगा। हम लोगों को एक साथ भी नहीं देना होगा, पहले विलायत ख़ाँ को दिया जाय तब मैं लूँगा। तभी मुझे दिया जाय। क्योंकि भारतीय संगीत का दर्शन है वरिष्ठ पहले अर्थात् गुरुजनों को पहले सम्मान देना। सीनियर के पहले जूनियर को सम्मान प्रदर्शित नहीं किया जायेगा। सरकार ने जो ग़लती की है, संगीतकारों का दायित्व है कि उस भूल को सुधारना। इसीलिए जब मेरी बारी आयी मैंने कहा कि तुम भूल कर रहे हो, मैं यह अलंकरण नहीं लूँगा।

अगर मुझे पहले भारत रत्न दिया जाता तो मैं क्या करता? बिलकुल नहीं कहता कि रविशंकर जी के साथ मुझे दिया जाय। क्यों ग़लत है? मैं क्या यह कहूँगा कि सुजात और मुझे एक साथ दिया जाय? अली अकबर साहब को अगर दिया जाता तो मैं अपनी ज़ुबान नहीं खोलता। क्योंकि अली अकबर ख़ाँ साहब का क्षेत्र था सरोद का क्षेत्र। मेरा तो सितार का क्षेत्र है। तो सरोद का मामला अगर मेरे सामने आता तो मैंने जिस आधार पर एवार्ड नकार दिया है उसी आधार पर मैं यह कहता कि सरोद के मामले में अली अकबर ख़ाँ साहब को पहले दो, उसके बाद मुझे देना। तुम भूल कर रहे हो, किन्तु मैं भूल नहीं करूँगा। तुम लोग अज्ञानी हो, तुम लोग तो देश ही चलाना नहीं जानते हो, तुम मुझे क्या एवार्ड दोगे? हाय, हाय, हाय।

आज तुम यह जान लो कि अब मुझे उस अर्थ में कोई रिएक्शन नहीं होता है। जो पुरस्कार या उपाधि देते हैं वे इतने इगनोरेंट अथवा अज्ञानी हैं कि मैं भी दिन-दिन उन सब सम्मान-टम्मान के मामले में उदासीन होता जा रहा हूँ। उन सब सरकारी लोगों को इगनोरेंट कहकर मैंने ख़ारिज कर दिया है। और उनकी अज्ञता से जो असम्मान आता है, जिसके प्रति कोई रिएक्शन नहीं होता, इसीलिए और भी गहराई में कहीं शायद कोई दु:ख के रूप में ध्वनित होता रहता है, मेरे सितार में ही बाद में वह बज उठता है। वही बजाते वक़्त उद्भासित हो उठता है। हज़ार बार आ जाता है। मैं किसी भी प्रकार अपने को कसूरवार नहीं मान रहा हूँ कि मैं बार-बार रेडियो, टी.वी. के अवार्ड इत्यादि अस्वीकार करता आया हूँ। कारण, इसमें मेरा कोई सचमुच का दोष नहीं है। जो कुछ दोष है वह राजनीति का है।

आज मैंने इतना भर जो-जो कहा है, उस पर तुम ध्यानपूर्वक विचार करो, तो तुम देखोगे कि इसके पीछे जो रीजन है, जो तर्क हैं, उन्हें तुम आसानी से ढूँढ़ पाओगे। सरकार की अपेक्षा अधिक दोष मैं रविशंकर जी का देख रहा हूँ। उन्हें ही तो उचित था कि मुँह खोलकर, दिल खोलकर कहते कि किसे पहले मिलना चाहिए था और किसे बाद में। उन्होंने तो सितार बजाने के अलावा भी अपना बड़ा नाम कर लिया है। सितार के नाम पर अपना नाम बड़ा कर लिया है। मैंने अपने नाम की अपेक्षा सितार का नाम बड़ा किया है। उन्हें यह कहना चाहिए था, 'सुनो, I have been very good in fusion music, in dance, in Beatles music, in so many other things —अर्थात् मैं मिश्रित संगीत में बहुत अच्छा रहा हूँ, जैसे नृत्य में, बीटल्स म्यूज़िक में तथा अन्य अनेक चीज़ों में। मैं बहुत कुछ किये बैठा हूँ। अगर मैं प्लेन पर बैठूँ तो एयरहोस्टेस भी मुझे पहचान लेती हैं, रास्ते में चलते हुए पान वाला भी पहचान लेता है, मैं बहुत कुछ करता रहता हूँ। किन्तु, सितार के क्षेत्र में एक व्यक्ति है जिस पर मैं श्रद्धा करता हूँ।' उम्र में मैं रविशंकर से छोटा हूँ, किन्तु, स्टेज पर मैं उनसे काफ़ी बड़ा हूँ। इसीलिए उन्हें कहना चाहिए था कि 'सितार में मुझसे एक व्यक्ति काफ़ी सीनियर है, मेरी अपेक्षा एक व्यक्ति बहुत अच्छा सितार बजाता है। सितार। सितार! मुझसे उसका घराना ऊँचा है। इसलिए उसके पहले यह पुरस्कार लेना मेरे लिए उचित नहीं है। तुम लोग गाने-बजाने में कुछ नहीं जानते हो, इसीलिए यह ग़लती कर रहे हो। किन्तु मैं एक बड़ा संगीतज्ञ हूँ, मुझे मालूम है कि किसे क्या मिलना चाहिए। इसलिए मेरे लिए यह उपाधि लेना सम्भव नहीं है।'

किन्तु, रविशंकर जी ने वह तो किया नहीं। 'भारत रत्न' की जैसे ही घोषणा की गयी उसे स्वीकार कर लिया, बाद में कहा विलायत को भी मिलना चाहिए। अच्छा किया, नहीं ली। उन्हें पहले क्यों नहीं दी?' अरे बाबा, यह बात तो उन्हें अवार्ड लेने के पहले कहनी चाहिए थी। कहाँ, तब तो कुछ कहा नहीं। जो भूल की वह तो पहले कर चुके थे। अब इन सब बातों का क्या मतलब होता है, बोलो तो? नहीं, नहीं, उनके इस कथन के पीछे मैं कोई युक्ति नहीं देख पा रहा हूँ। हाः हाः हाः।

सर्वश्रेष्ठ वाद्यकार

हाँ, याद है, तुमसे एक बार कहा था कि बीसवीं शताब्दी में भारतीय संगीत के श्रेष्ठ वाद्यकार चार लोग कहे जा सकते हैं। बिस्मिल्ला ख़ाँ साहब, अली अकबर ख़ाँ साहब, रविशंकर जी और मैं। फिर भी बात हो रही थी कि मैंने राजनीतिक दृष्टि से बहुत कुछ कह दिया है। पहले इस तरह की बहुत-सी बातें कह चुका हूँ। किन्तु, दिल खोलकर इस समय जो कहना चाहिए वह तुमसे कह रहा हूँ। जब मेरी प्राणपण से इन्सल्ट की गयी है।

इसीलिए इस समय कह रहा हूँ, वाद्य यन्त्रों में शामिल करना होगा सरोद, शहनाई, वीणा, सुरश्रृंगार, सुर बहार और सितार। इन्हीं सब पर विचार कर इन्हीं में से श्रेष्ठ वाद्यकार तय करने होंगे। अगर श्रेष्ठ बजाने वाले का चुनाव करना हो, तो किन-किन वाद्य यन्त्रों को उसमें शामिल करना होगा इस पर भी तो विचार करना होगा। उसके बाद इस शताब्दी को किन-किन वाद्य यन्त्रों की वजह से लोग याद करेंगे, इसे भी तो विचार के अन्तर्गत लाना होगा। यदि प्रसिद्धि की दृष्टि से देखा जाय तो यह देखने को मिलेगा कि सबसे अधिक अगर किसी का नाम फैला है तो वे हैं नुसरत फते अली, लता मंगेशकर। इस पर तुम्हारा कहना है कि ये हैं कण्ठ संगीतकार अर्थात् गायक। दरअसल, मैंने इनका नाम सिर्फ़ ख्याति और नाम के प्रचार की दृष्टि से लिया है।

किन्तु, जब तुम महानता की बात कहोगे, तो मैं तुम्हें अपने घर की दीवार पर पंक्तियों में टँगी हुई महान गुणीजनों की तसवीरों को देखने के लिए कहूँगा। उन लोगों की उन तसवीरों की वजह से मेरा घर एक मन्दिर अथवा मस्जिद हो गया है। आ हा हा। क्या अवदान है इन लोगों का भारत की संगीत संस्कृति में। तसवीरों की यह वीथिका ही बता देगी कि मैं किस स्वभाव का आर्टिस्ट हूँ। मेरा घराना तो है ही, किन्तु मेरे घराने के अलावा भी अन्य नाना घरानों में बड़े-बड़े गुणीजनों ने जन्म लिया है। और ऐसे बड़े-बड़े सब जिन गुणीजनों ने जन्म लिया है, उन्हें देखकर, रोज़ सुबह-शाम तथा रात में उन्हें देख-देखकर सदा मन में यही विचार आता रहा है कि मैं आज भी कुछ नहीं हूँ।

८

बड़े ग़ुलाम अली साहब

जब श्रेष्ठ लोगों की चर्चा चल पड़ी है, तब बड़े ग़ुलाम अली ख़ाँ के प्रसंग पर आता हूँ। इस शताब्दी में जितने बड़े-बड़े गुणीजन जन्मे हैं, फिर वे चाहे वादन कला में हों या गायन कला में, उनमें यही बड़े ग़ुलाम अली ख़ाँ एकदम सबसे ऊपर हैं। तुम्हें तो पता है, मैं उनको परी कहता हूँ। परी। वे मुझे किस दृष्टि से देखते थे, वह मैं तुम्हें कैसे समझाऊँ। उस दृष्टि से मैं सच कह रहा हूँ कि मैं ख़ूब भाग्यशाली हूँ। अब मुश्ताक हुसैन ख़ाँ साहब की ही बात लीजिए। मुझे देखते ही पुकार उठते थे, 'अरे आओ विलायत ख़ाँ, यहाँ आकर बैठो।' उसके बाद हाफ़िज़ अली ख़ाँ साहब को लीजिए। उनके साथ मेरा कितना प्रीतिपूर्ण मिलना-जुलना था, यद्यपि उम्र में वे मुझसे कितने बड़े थे। इतना बन्धुत्व, किन्तु मैं उन्हें सदा 'ख़ाँ साहब', 'उस्ताद जी', 'काका', 'जेठा', यही सब कहते हुए बुलाया करता था। बड़े ग़ुलाम अली ख़ाँ साहब को भी मैं 'ख़ाँ साहब' कहकर ही सम्बोधित किया करता था, किन्तु उनकी स्त्री यही कुछ दिन पहले मर गयी है—उनको मैं परन्तु, काकी माँ कहा करता था। यद्यपि बड़े ग़ुलाम अली ख़ाँ साहब मेरे लिए बराबर 'ख़ाँ साहब' ही बने रहे थे। उस बुलाने, उस सम्बोधन के माध्यम से मैं उनके प्रति अपनी श्रद्धा व्यक्त किया करता था। और वे, आहा रे, कितना भाग्यशाली हूँ मैं। मुझसे उम्र में इतने सीनियर होते हुए भी मुझे ख़ूब इज़्ज़त दिया करते थे। देखते ही कहते, 'अरे! विलायत ख़ाँ, कहाँ थे? अरे, बैठो, बैठो। देखो, ख़ाँ साहब के एक समकालीन आर्टिस्ट होते हुए भी, मैं किन्तु अपने को उस तरह से एक ही तराजू में तौल कर नहीं देखता हूँ। सच बात यह है कि मैं अपने को

उनसे बहुत ही छोटे रूप में मानता हूँ, फिर अमीर ख़ाँ साहब के साथ तो मैं खेला-कूदा हूँ। गुल्ली-डण्डा खेली है, किन्तु वे मुझ पर बड़ी श्रद्धा किया करते थे, भैया कहकर बुलाया करते थे। बड़े ग़ुलाम अली ख़ाँ साहब के समकालीन के रूप में मैं अपना उल्लेख किया करता था, इस सम्बन्ध में एक प्रसंग की बात बताता हूँ। तैंतालीस-चवालीस में, तुम्हें पता तो है, एक ही कॉन्फ्रेंस में ख़ाँ साहब और मेरा नाम एक ही साथ प्रचारित हुआ था। बॉम्बे में।

स्मृति

अपनी बातें कह रहा हूँ, यादों की बातें बता रहा हूँ, इसलिए यह भी सोचता जा रहा हूँ कि कैसे वर्णन करूँगा इन सब बातों को, जो तुम्हें इस समय बैठकर सुना रहा हूँ। इसे क्या मैं भारतीय शास्त्रीय संगीत के प्रति मोह-मुग्धता कहूँगा? उर्दू अथवा हिन्दी में अगर कहना हो तो कहना पड़ेगा 'गये हुए मौसकार और मौसिकी (बीते काल और व्यक्तियों) की बातें।' अर्थात् व्यतीत काल और उस ज़माने के व्यक्तियों की बातें ही मैं तुम्हें सुना रहा हूँ। फिर, अपने को मैं एक व्यतीत काल का मनुष्य मानता हूँ। हाँ, निश्चय ही, और इस समय तो मैं और तीव्रता से मान रहा हूँ। आजकल की म्यूज़िक से मैं बहुत दूर चला आया हूँ। जेनरेशन गेप (पीढ़ियों में अन्तर) की बात अगर कर रहे हो तो वह दूरी तो बनी ही हुई है, और वह दूरी दिन-दिन बढ़ती ही जा रही है। आज भी बेटे सुजात और हिदायत के साथ मेरा सम्बन्ध है, किन्तु जीवन के सभी क्षेत्रों में जो नयी लहरें आती जा रही हैं, एक के बाद एक, एक नया समय तैयार होता जा रहा है, उससे मुझे पता नहीं है, एक समय ये लोग कहाँ चले जायेंगे। इसीलिए मैं भी सोच रहा हूँ कि जब तक म्यूज़िक की ट्रेडीशन को जीवन में सुरक्षित रख पा रहा हूँ, तब तक रखे रहूँ, फिर उनका भी तो नये युग के साथ संगति बिठाकर चलने में कोई दोष नहीं है। सदा-सर्वदा दरवाज़े में सिटकनी लगाकर वे क्यों बैठे रहेंगे? कलकत्ता से इतने दिन हुए चले गये हैं, म्यूज़िक के लिये, बाबा के साथ मेल-मिलाप बनाये रखने के लिये म्यूज़िक एसोसिएशन के लिये, पुराने इतिहास की तसवीर के साथ समय बिताते हुए अतीत के अनुकूल अपने को बनाये रखने के लिये

समय-समय पर वे लोग यहाँ लौट-लौटकर आते हैं, यहाँ कुछ समय बिताकर घर और घर के मिज़ाज को समझेंगे। उसी बीच में वे शायद बन्धु-बान्धवों के साथ थोड़ा सिनेमा-टिनेमा देखने जायेंगे। समय तो बहुत बदल गया है इसीलिए तो ? अपनी तरफ़ से मुझे यही कहना है कि मैं तो पुराने ज़माने को लेकर ही पड़ा हुआ हूँ। मेरे बाद अगर वे भी स्मृतियों के इस संसार को अक्षुण्ण रखना चाहते हैं तो अच्छा है। नहीं तो भीड़ के धक्के से इस देश के म्यूज़िक के घराने तो सब पूरी तरह बदल कर साफ़ हो जायेंगे। तुम लोग हो सकता है यह चीज़ इस समय देख भी पा रहे हो। क्या नहीं देख पा रहे हो ? चूँकि मैं अन्य सब गवैये-बजइयों के लड़के-लड़कियों के कार्यकलाप देख रहा हूँ, इसीलिए यह बात कह भी पा रहा हूँ। मेरे लड़के ख़ूब मॉडर्न टाइप के हैं, गाड़ी के शौक़ीन हैं, हर वर्ष एक नयी गाड़ी ख़रीदने की प्रवृत्ति है उनकी, इस समय उनके पास BMW गाड़ी है। शौक़ की सारी चीज़ें उनके पास हैं। फिर मैं जो समन्वय की एक चेष्टा कर रहा हूँ—ईश्वर को धन्यवाद। किन्तु, वे लोग उसी मार्ग पर हैं, वे अत्यधिक आधुनिक और अत्यधिक परम्परावादी। उन्हें स्वयं भी पुराने और नये का मेल ख़ूब अच्छा लग रहा है और वे उसे आत्मसात् भी कर पा रहे हैं। और इस समय नामी कलाकारों के बच्चों की ओर जब देखता हूँ, तो पता चलता है कि उनमें से अधिकांश लड़के PR (व्यक्तिगत सहायक की नौकरी) की ओर चले जा रहे हैं। बड़े-बड़े फ़िल्म स्टारों और गाने-बजाने वालों के लड़के-लड़कियाँ PR बनने के लिए जो कर रहे हैं, वैसा मैंने अपने बच्चों को नहीं करने दिया है। परम्परा और आधुनिकता दोनों में सन्तुलन बनाकर चलने का जो जीवन है, वही मैं उनके द्वारा ग्रहण कराना चाहता हूँ। सम्भवतः तुम्हें पता है, क्योंकि तुम्हें पहले बता भी चुका हूँ कि जब मैं दरबारी, तोड़ी अथवा इमन का राग रूप और गम्भीरता लेकर मेहनत करता मर रहा था, उस समय भी मैं गाड़ी के कलपुर्जा लेकर पसीना-पसीना हो रहा था, अपनी मर्सिडिस गाड़ी की देखभाल और परवाह कर रहा था; मेरे सामने अगर मर्सिडिस गाड़ी के हर पुर्जे को खोलकर रख दिया जाय तो मैं उसे संगीत की पूर्णलय की तरह पुनः फिट कर दूँगा। गाड़ी के बारे में मैं इतना जानता हूँ, और इतना ही उसे चाहता हूँ। I was always like this —मैं सदा से ऐसा ही रहा हूँ। इसीलिए आज की पीढ़ी के लिए भी मेरा यही सन्देश है—करो, जो युग का धर्म है उसका पहले पालन करो। समय के अनुसार पीछे क्यों पड़ जाओगे ?

हरिदास स्वामी क्यों बन जाओगे? तानसेन और बैजूबावरा के समय तो यह अलगाव नहीं था, उस समय तो सिनेमा, टी.वी. था नहीं। राजे-रजवाड़े थे, किन्तु आज की यह राजनीति की पौध तो थी नहीं, मिथ्याचार का यह खेल, झूठवाजी भाई, इतिहास में और कभी क्या थी? तो इन्हीं सब के बीच इन लड़के-लड़कियों को अपने आपको बनाना होगा। फलस्वरूप आधुनिक और अतीत को मिलाकर ही उन्हें विकसित होना होगा। तो फिर अतीत रक्षा करेगा आधुनिकता की और आधुनिकता भी हाथ पकड़कर अतीत को ले जायेगी भविष्य की ओर। भावी पथ पर।

गाड़ी का शौक़? हाँ, है। आजकल मैं उनका गाड़ी का शौक़ देख रहा हूँ और आनन्दित हो रहा हूँ। गाड़ी तो अब मैं ख़ुद चलाता ही नहीं हूँ। वे चलाते हैं और मैं उस पर बैठकर आनन्द मनाता हूँ। मैं बस उसमें चुपचाप बैठा रहता हूँ। तुम एक बात सुनकर अवाक् हो जाओगे। वह बात यह है कि पन्द्रह-बीस वर्ष हुए, मैंने अपने हाथ से एक रुपया भी नहीं छुआ है। मैं रुपयों को हाथ नहीं लगाता। अगर रुपया लेने-देने की वजह से हस्ताक्षर करने पड़ें तो हस्ताक्षर का देता हूँ। मेरी स्त्री और मेरा छोटा बेटा जानता है कि कितनी आमदनी हो रही है, कितना जमा हो रहा है और कहाँ ख़र्च हो रहा है। उससे कितना आ रहा है और कितना फालतू में जा रहा है, उन्हें हर चीज़ का पता है, मुझे किसी बात का पता नहीं है, मैं इसकी परवाह भी नहीं करता, मुझे खाने को दो, मुझे स्वस्थ रहने दो, तालीम देने दो, मैं इसी में ख़ुश हूँ। मेरा इतने से ही चल जायेगा। गत बरस, जैसे लड़के ने ज़िद पकड़ ली, मुझे फिर नयी गाड़ी ख़रीदनी है, कोई एक गाड़ी उसे ख़ूब पसन्द थी। मैंने कहा—'बहुत अच्छा।' उसके बाद मेरे जन्मदिन पर उछल-कूद मचाता हुआ ख़ुशी से गाने लगा 'हैप्पी बर्थडे टू यू' - जन्मदिन मुबारक हो। और कहने लगा - 'बाबा, आकर जरा देखिए! आप के लिए बहुत सुन्दर एक उपहार लाया हूँ।' बाहर आकर देखता हूँ मर्सिडिस गाड़ी के प्रति मेरी झोंक देखकर उसका एक बहुत सुन्दर मॉडल ख़रीद कर घर के सामने लाकर खड़ा कर दिया है। समझ लो—उसके बाद उस पर बैठकर देखा कि उसको चलाना कितना सरल और उसमें कितना सुखद है यात्रा करना। और बैठना। किन्तु मन-ही-मन मैं उन्हीं पुराने दिनों में लौट गया, जब सितार बजाने और मर्सिडिस गाड़ी का स्टेयरिंग घुमाने के बीच ही मेरा जीवन घूमता रहता था। आ हा हा!

इस समय तुम्हारे सामने इस रायचौक में इण्डिया का पर्व शेष होने के बाद फिर प्रिंसटन चला जाऊँगा। वह न्यू जर्सी में है, उसी में एक फेमस यूनिवर्सिटी टाउन एलबर्ट आइन्स्टीन साहब के नाम विख्यात घर से मात्र पाँच मिनट की दूरी पर मेरा डेरा है। आइन्स्टीन साहब के सामने मेरी छवि? हाँ, यदि तुम चाहो तो ठीक यहाँ पर खड़े होकर अपनी तसवीर खिंचवा कर तुम्हें भेज रहा हूँ। तो फिर यह समझ लो कि एक बड़ा आदमी दुनिया से चले जाने के बाद भी किस तरह से अपनी बात लोगों को सोचने को मजबूर कर सकता है। उस विज्ञान में शक्ति है, कला में शक्ति है, और संगीत में शक्ति है—ये सब एक ही मामले हैं।

मुझे किस रूप में लोग याद रखेंगे? इस मामले में मैं क्या कह सकता हूँ? यह वाद्य और उसे बजाना मैं छोड़े जा रहा हूँ, यही तो मेरा परिचय है। मेरा चेहरा है। मेरी शक्ल, मेरा मुख। और अगर पूछो कि मैं ख़ुद क्या चाहता हूँ तो मैं यही कहूँगा कि विलायत ख़ाँ में एक आर्टिस्ट पैदा हुआ था, सितार की हिस्ट्री में उसने सितार को बहुत अच्छी नयी शक्ल दी। सितार का एक नया अंग दुनिया के लिए छोड़ गया है। यह एक नयी दिशा है हिस्ट्री में, इससे ज़्यादा वह कुछ चाहता भी नहीं है कि सितार को लोग इज़्ज़त दें, अमीर खुसरो को याद करें, सितार में दुनिया को बड़े-बड़े आर्टिस्ट को याद रखें, और थोड़ा यह भी सोचें कि सितार में मैंने क्या किया और सितार के बारे में मुझे भी थोड़ा याद करें। और यह मेरा ख्याल है कि सितार के मामले में लोग मुझे याद करेंगे —अब किसी दूसरे प्रसंग पर चलें। बताओ किस प्रसंग पर बात करें? प्रेम? पहला प्रेम किससे हुआ?

१

प्रेम

पहली बार प्रेम में तभी पड़ा था जब मैं जवान था। तब कितनी होगी मेरी उम्र ? यही कोई अठारह-बीस की। तुम कह सकते हो मैं एक मस्त-मौला लड़का था। तुम कह सकते हो एक dandy, I was in Bombay in 1951—अर्थात् मैं एक आत्ममुग्ध और प्रदर्शनप्रिय व्यक्ति था १९५१ ईस्वी में बम्बई में। मुझे अच्छे कपड़े पहनना और लोगों को अपनी ओर आकर्षित करना बहुत अच्छा लगता था। ब्रिटेन के उत्सव में मैं जब गया तो वहाँ से एक (Jaguar) जेगुआर कार ख़रीद लाया, जैसा कि मैं बॉम्बे में फ़िल्म स्टार की तरह एक Playboy—मस्त-मौला लड़का था, लाल स्ट्रिप और सितारे जड़ी फ्रेंच बुश्शर्ट पहनकर प्ले सीट वाली उस जेगुआर स्पोर्ट्स कार लेकर जब निकलता था तो लोग मुझे देखते रह जाते थे। कहना नहीं चाहता, मैं ख़ूब ख़ुश भी हो जाता था कि लोग मुझे एक सितारे की दृष्टि से कम, एक मस्त-मौला लड़के की दृष्टि से अधिक देखा करते थे। जैसा कि आजकल के अभिनेता कर रहे हैं, उनकी अपने विषय की ओर नज़र और लोगों का आकर्षण कम होता है, एक प्रदर्शनप्रिय, आत्ममुग्ध व्यक्ति के रूप में उनके कार्यकलाप और खिंचाव अधिक होता है। तो फिर मैं जो Playboy था उसको लेकर मुझे कोई गर्व नहीं है, और उसको लेकर कोई बड़ी बात भी नहीं सोचता हूँ। कारण, धीरे-धीरे जब मेरे विचारों में एक परिवर्तन आया, तब मैंने यह देखा कि रोज़ के रोज़ मेगज़ीन में ख़बर निकलना और गाने-बजाने के इतिहास में स्थान होना दोनों में बड़ा अन्तर है। मैं समझ गया मेरी चाहत इतिहास में नाम करने की है, रोज़-रोज़ मेगज़ीन और अख़बारों में अपने को उजागर करने की

अपेक्षा मेरे मन में इतिहास में थोड़ी जगह बना लेने की इच्छा बन गयी। धीरे-धीरे मेरा मिज़ाज और मन उसी दिशा में चला गया। फिर भी जानने की बात यह है, उसी समय जब मैं एक आत्म-प्रदर्शनप्रिय और आत्ममुग्ध व्यक्ति था, और ख़ूब सपनों में उड़ता रहता था, उस समय भी, और ईश्वर को धन्यवाद, आज भी सितार की ओर से अपने मन को मैंने जरा भी नहीं हटाया। सितार मेरी देह और आत्मा का अंग सदा बना रहा। Sitar has always been a part of my body and soul.

बाङ्ला

जब प्रेम की बात उठ ही आयी है तो कलकत्ते की चर्चा भी कर लूँ। इस शहर को भी मैं प्यार करता हूँ। कलकत्ते में रहा हूँ उनतालीस और चालीस में। पिता की मृत्यु हो गयी और उसके बाद डेढ़ वर्ष के लिए वहाँ से चला गया। फिर वापस आया तैंतालीस-चौवालीस में। और तभी से आज तक—कहना चाहिए तीन-चार वर्ष पहले तक—हर वर्ष तीन-चार महीनों के लिए शीतकाल में कलकत्ता आता ही रहा हूँ। और गत कई लम्बे वर्षों से यहाँ इसी घर में रह रहा हूँ। यही जो तुम मुझे यहाँ बैठा देख ही रहे हो...

मेरी बाङ्ला भाषा, बाङ्ला ज़ुबान की बात कह रहे हो? तुम सोच रहे हो इस रोज़मर्रा की बाङ्ला को मैं अब तक कैसे बचाये हुए हूँ। अरे, मेरी बाङ्ला तो बहुत ख़राब हो चुकी है। इतने समय तक उसके अभ्यास के अभाव में। पहले मेरी बाङ्ला बहुत अच्छी थी। तुम्हें भी याद होगा। मेरी बाङ्ला बोली का यह सर्वनाश कलकत्ता से बाहर रहने के कारण घटित हुआ है, नहीं तो एक समय ऐसा था, जब मैं बहुत अच्छी बाङ्ला बोलता था और लोग उसे महत्त्व भी बहुत देते थे। मैं बंगाली हूँ। अनेक बंगाली मुझे एक बंगाली के रूप में ही जानते, पहचानते हैं और प्रेम करते हैं। अपने को बंगाली के रूप में परिचय कराने के लिए अनेक लोग बहुत कुछ करते हैं, मैं उस सम्बन्ध में कुछ कहना भी नहीं चाहता, फिर मुझे तो कुछ करना नहीं पड़ता है, मैं गोरीपुर, कलकत्ता में घुल-मिल कर रह रहा हूँ। बहुतों की अपेक्षा मैं अत्यधिक बंगाली हूँ।

फिर अगर तुम यह पूछो कि मेरी उर्दू ज़ुबान कैसे तैयार हुई तो फिर मुझे अपने वंश और मैं कहाँ से आया उसकी उत्पत्ति की बात बतानी पड़ेगी। मूल रूप से हम लोग यू.पी., उत्तर प्रदेश के व्यक्ति हैं। इसीलिए हमारे घर में उर्दू और बाङ्ला समान रूप से बोली जाती थी, और परम्परा की ख़ूब रक्षा की जाती थी। आज भी उर्दू और बाङ्ला दोनों को हमारा परिवार बरकरार रखे हुए हैं। It is not so easy to keep both when all of us are travelling so much all over —जब कि हम लोग पूरे भारत और विश्व में सदा घूमते रहते हैं, तब दोनों भाषाओं को बरकरार रखना इतना सहज नहीं है। तुम्हें पता है मेरे बाबा कितनी अच्छी बाङ्ला बोलते थे। रवीन्द्रनाथ? मुझे उनकी एक बात याद है—एकदम इतिहास! उस समय मैं कितना बड़ा होऊँगा। मुश्किल से छह, सात या आठ वर्ष का।

रवीन्द्रनाथ ठाकुर

पथुरियाघाट वाला घर। घर का नम्बर आज भूल गया हूँ। ७ नम्बर अथवा ८ नम्बर। हो सकता है ३ नम्बर हो। याद है उस घर के बाहर मैं खेल रहा था, उस वक़्त मैं बहुत छोटा था। मन्मथ बाबू (घोष) बुला रहे थे, जैसे कोई छोटे भाई को बुलाता है। भीतर बैठे हुए थे रवि ठाकुर, भूपेन बाबू और मेरे अब्बा। भूपेन बाबू जरा दूर, घर के एक कोने में बैठे हुक्का पी रहे थे। और रवि ठाकुर की अधबनी एक तसवीर—भैंरों की—यह मेरा कहना है—वहाँ पर शोभित हो रही थी। मैं रह-रह कर उस घर के भीतर आ रहा था, तसवीर के सामने खड़ा होता था, उसके बाद चला जाता था। तो सहसा मुझे सुनायी दिया कि रवि ठाकुर मुझे बुला रहे हैं—उनकी आवाज़ बहुत पतली और सुरीली थी, बीन की तरह—वे मुझे बुला रहे थे, कह रहे थे, 'ओ खोका! तुम क्या देख रहे हो?' इस पर मैं डर गया। किन्तु, उन्होंने कहा, 'नहीं, नहीं, डरो नहीं, यहाँ आओ।' मेरे आगे जाते ही बाबा बोले—'क्या देख रहे हो? बताओ! क्या देख रहे हो बार-बार भीतर आकर?' मैंने इस बार धीरे-धीरे कहा—'यह तो भैरव की तसवीर है।' बाबा ने पूछा—'क्या? भैरव का क्या है इसमें?' तब मैंने अधिक न कह कर सिर्फ़ यह कहा—'अब्बा! आपने मुझे नहीं बताया था कि भैरव की एक आँख है,—तीसरी आँख और वह जो आँख है वह ऋषभ की है?

तो यह आँख देकर मुझे ऐसा ही लगा कि वह भैरव की आँख ऐसी दिखायी देती है। और यह जो आँख है—'न...म म रे सा'।' कहकर सुना दिया। रवि ठाकुर ने तब बगल की ओर मुँह फिराकर कहा, 'सुना इनायत् ख़ाँ! इस लड़के को सम्हालकर रखना।' ये सब बातें मुझे याद हैं।

रवि ठाकुर का प्रभाव मेरे जीवन में कितनी तरह से व्याप्त है, इसे क्या समझाया जा सकता है? उनका 'भेंगे मोर घरेर चावि'—मेरे घर की चाबी टूट गयी है, यह बाउल गान तो मैंने बजाया ही है। व्यक्तिगत रूप से तो उनको देखा ही है, उनकी छाप तो मेरे ऊपर है ही। इसके अलावा उनकी कविता के बारे में चिरकाल से इतना सुनता आ रहा हूँ, सारी दुनिया उनके बारे में जानती है, मैं इससे अधिक उनके बारे में क्या कह सकता हूँ। उनका चिन्तन, उनके विचार तो हैं ही, अपनी कविता के माध्यम से नये-नये विचार प्रस्तुत कर उन्होंने लोगों को विचार करने के लिए बाध्य कर

दिया, किन्तु उन विचारों को भी उन्होंने नयी भाषा में व्यक्त किया है, हम लोग उनकी दो कड़ियाँ सुनकर ही कहने लगते हैं, हाँ यही हैं रवीन्द्रनाथ। हम लोग संगीत के घराने की चर्चा करते हैं, वे देखो किस तरह का चिन्तन और भाषा का एक घराना तैयार कर गये हैं। उनकी कविताओं के अनेक भावों को शायद पहले के कई शायरों ने अपनी शायरी में व्यक्त किया है, किन्तु, उन भावों को एक नये शब्दों के विन्यास और बन्दिश में रवि ठाकुर ने पेश किया है कि दुनिया के लोगों के भीतर से एक 'वाह' की ध्वनि निकल पड़ती है। कविता के शब्द, अल्फाज़, कविता के कोमा, पूर्ण-विराम, अर्धविराम के बीच में भावों का एक सूक्ष्म कर्म रहता है उनके गीतों की लय और सुर की तरह जिससे कवि या गायक की 'जात' की पहचान होती है। किन अक्षरों से निर्मित शब्द किस स्थान पर रखा जाय, कहाँ प्रयुक्त होगा, वह गीत के सूक्ष्म अलंकार की तरह एक पूर्णता का दावा करता है। रवि ठाकुर ने उस काम को कैसे सिद्ध किया है, उसे व्यक्त करना मेरा प्रयोजन नहीं है, क्योंकि इसे दुनियाभर के लोग जानते हैं। इसलिए, इस तरह के एक व्यक्ति ने, जिसे दुनिया जानती है, उसने किस तरह से हमें प्रभावित किया है। यह बताना सहज नहीं है। कृष्ण जी की प्रशंसा आप किस तरह से करेंगे? एक कहावत है ना? जो आँखें कृष्ण जी को देख रही हैं, उनके तो वाणी नहीं है, बात करने के लिए, और जो वाणी उनका वर्णन करना चाहती है उसके आँखें नहीं हैं देखने के लिए। दुनिया में कुछ चीज़ें इतनी अच्छी होती हैं, जिनकी प्रशंसा करने की स्थिति में भी हम नहीं आ पायेंगे। रवि ठाकुर ऐसे ही एक व्यक्ति हैं, जिन्हें मनुष्य कहिये, जिनका काम कहिये, जिनके कार्य-कलाप कहिये अगर आप कह सकते हों।

शंकरबाबू, इस समय मैंने जो कुछ कहा, इस सन्दर्भ में मैं गाने, गायक, कवि और कविता के बारे में एक बात कहूँगा। देखो, बात क्या है, आपके कान में आँख लग जाय, दिमाग़ में सुर या वातावरण आ जाय, नाक से आप स्वाद लेने लगें, ज़ुबान में ख़ुशबू आ जाय—ये सब चीज़ें मिलकर एक बिन्दु पर आ जायें, तब एक अच्छा संगीतकार या एक अच्छा कवि बन सकता है। हम सुरों को ऐसे लगाते हैं कि आपके कान में आँखें लग जाती हैं। तब आप सुर को देखने लगते हैं। सुर को सुर में बजाते-बजाते-बजाते सुर दिखायी देने लगता है। फिर भी बजाते-बजाते-बजाते, गाते-

गाते-गाते सुर में से निकलकर सुर कान में बैठ जाते हैं। जब आर्टिस्ट में यह चीज़ पैदा हो जाती है, तब वे ख़ुद ही श्रोता बन जाते हैं। अपने ही सुर के श्रेष्ठ श्रोता स्वयं आर्टिस्ट हो जाते हैं। उनकी दृष्टि ऐसी बन जाती है कि कौन सुर कैसे, कहाँ लगायें, कितना लगायें कि पूर्णता आ जाय। ऐसे एक बहुत बड़े कवि या परफेक्शनिस्ट का नाम रवीन्द्रनाथ है।

संगीत में उन्होंने एक ऐसी सुरीली दिशा का सन्धान किया जिसको आप किसी भी नाम से पुकारें, किन्तु यह सच रहेगा कि वह एक नयी दिशा है। तो हर संगीत के स्टाइल की तरह यह एक रवीन्द्र संगीत बन गया। लेकिन रवीन्द्र संगीत जब बना तब वह क्लासिकल में था। अत्यन्त शास्त्रीय संगीत के अन्दर ही रहा। क्लासिकल के अन्दर रहकर उसमें थोड़ी-सी स्वर ध्वनि वाली चीज़ को मिलाकर उन्होंने क्या अनमोल क़िस्म की रचना की है। विहाग विहाग ही रहा, मगर उसमें थोड़ी-सी शंकरा या काफ़ी की झलक लायी गयी। मल्हार की ऐसी शक्ल बनी कि जिसे रविमल्हार कहना पड़ा। शास्त्रीय संगीत के आश्रय में रहकर रवीन्द्र संगीत की सृष्टि हुई। और बड़ी सावधानी से दूसरी बात मत करो सिर्फ़ पोयेट्री के नाते एक सौ वर्षों में यह एक रवि ठाकुर पैदा हुआ।

भटियाली

'भेंगे मोर घरेर चाबी'—मेरे घर की चाबी टूट गयी है, यह गीत जो मैं बजाता हूँ, यह मुझे कहाँ से मिला? असल में यह भटियाली नहीं यह 'बाउल' गान है। इसका नाम मैंने बदल दिया एक मशहूर नाम लाने के लिए, ऐसा कि आदमी सोच के रह जाय कि क्या यह भटियाली है? और यह मैंने इसलिए किया कि बाहर की, और राजस्थानी की, और लाउनी की, और किस-किस क़िस्म की चीज़ें मैंने लीं अपनी म्यूज़िक में। और उसमें मैंने बंगाल की जो चीज़ ली उसे भटियाली नहीं तो क्या कहा जाय? उसी कनेक्शन का मैंने उपयोग किया। मैंने तो बहुत रिसर्च भी की इस अन्दाज़ में और यह जो टुकड़ा निकला वह 'बाउल' गीत है। 'भेंगे मोर' गीत बाउल है शंकर, लेकिन मैंने उसे 'भटियाली' कहकर पुकारा एक मतलब से, बंगाल के बाहर थोड़ा उसे मशहूर करने के लिए। हेः हेः हेः।

और यह सोचो शंकर कि माँदों के अन्दर कितनी माँदें हैं। सरमा की माँद है, गरमा की माँद है, विरायत की माँद है तो विंध्यावली की माँद है, कितनी माँदें हैं। एक सौ पहाड़ियाँ भी हैं। इसी तरीक़े से एक सौ से ऊपर लावनियाँ हैं। इसी तरीक़े से बाउल, भटियाली में भी चीज़ें हैं, इन तमाम सारी चीज़ों में बहुत नज़दीकियाँ भी पैदा होती हैं, मूड और फिलोसफी के प्रभाव से। इसीलिए कह रहा हूँ कि भटियाली मैं ऐसे ही कह रहा हूँ, दरकार समझकर, वैसे वह है बाउल ही।

१०

ठुमरी

मेरा यह भी कहना है कि 'भेंगे मोर घरेर चाबी'—मेरे घर की चाबी टूट गयी है, इस गीत को वास्तव में मैंने रवीन्द्रनाथ के गाने को सुनकर नहीं लिया है, सीधे-सीधे बाउलों से ही लिया है। 'डरा ड डट्रा डरा डरा डट्रा डरा' इसको देखकर यह भी नज़र रखो कि हिन्दी में एक पुराने क़िस्म की बिलकुल इसी तर्ज पर एक ध्वनि है। बाउल गानों में भी यह ध्वनि सुरक्षित बनी हुई है। जैसे—डड्डा ड डरा डडडा डाँ आआ डा आ ड्डडा...इसे तुमने सुना तो है ? यह ध्वनि तो हिन्दी फ़िल्मों में भी आ गयी है। मगर असल में यह एक पुराना गाना था जो यूपी में सुना जाता था। यूपी में एक पंजाबी लड़की हुआ करती थी, वह मेरे पास आया करती थी। बेबे उसका नाम था। वह किसी के प्रेम में पागल हो गयी थी। तो वो पंजाबी में एक गाना गाती थी और उसके साथ-साथ बहुत रोया भी करती थी। कोई कहता कि बेबे ज़रा गाना तो सुना दे। तो वो कहने लगती, 'दुनिया ना मारो, सानू तीर लागे—तीर लागे रे राजा। 'दुनिया ना मरो'—यह पुराना गाना है, उस गाने को लेकर मैंने उसे ठुमरी में भर दिया। ऐसी भी काफ़ी चीज़ें हैं, जिन्हें मैंने सुन-सुनकर, अपने सितार में उन्हें ग्रहण कर पूरे देश में फैला दिया है। यह मैंने किया है उन ध्वनियों के प्रेमवश। शंकर बाबू, तुम अगर मेरे सुरों की विविधता और वैचित्र्य की बात करो, तो उसके पीछे काफ़ी मेहनत लगी है।

वह जो बेबे थी ना ? वह पागल थी। तो जब उससे मैं कहता था, 'आ, एक गाना तो सुनाओ', तब वह अपनी छाती पर, हाथ रखकर, पता नहीं

उसे क्या हो जाता था, 'सानू तीर लागे' कहती हुई छाती पर हाथ रखकर रो पड़ती थी। उसके बाद जब वह गाना समाप्त करती थी जल्दी-जल्दी कह उठती थी, कुछ देना हो तो दो, नहीं तो मैं चली, मुझे यहाँ खड़े रहने का समय नहीं है। यह कहकर उसे यदि कुछ मिल जाता तो ले लेती, नहीं तो चली जाती, रोते-रोते वही गाना गाती हुई। और उसी गाने को वह बराबर गाती-गाती चली गयी।

मैंने उसे जब देखा था, तब उसकी उम्र कितनी होगी ? यही कोई छत्तीस-सैंतीस। उसके गाने में इतना दु:ख था, फिर भी उसकी चाल-ढाल पर कोई अगर हँस पड़ता तो वह नाराज़ हो जाती थी और कहती थी, 'कुछ देना हो तो दो नहीं तो मैं चली', वह जाने के लिए अपने क़दम बढ़ा देती थी। और आज भी मैं यही सोचता हूँ कि उसको कितना दु:ख था और क्यों था। मैं यह सोचता रहता हूँ और आँखों के आगे उद्‌भासित हो उठती है उसकी तसवीर। और जब मैं अपना सितार बजाता हूँ, तब उसकी यह छवि, उसका वह दु:ख उतर आता है, मेरे सितार पर। मैंने, 'दुनिया ना मारो' को बदल कर 'ताना ना मारो मोहे तीर लागे रे राजा' कर दिया है। 'दुनिया ना मारो' मेरे लिए 'ताना ना मारो' हो गया है। 'ताना तीर इतना कौन भाये, मोहे नयनों के तीर लागे रे राजा।' जो कहना है इस फन्दे में वो है कि जो आँखों का तीर लगता है, नयनों का तीर लगता वह ज़्यादा लगता है, मुँह से बोलने में नहीं लगता है। मिश्र गारा में मैंने श्रोताओं को जो ठुमरी दी, उसे नौशाद की संगीत-रचना में तुम लोगों को 'मुग़ल-ए-आज़म' में इस रूप में मिली—'मोहे पनघट पे नन्दलाल छेड़ गयो रे' —वह मेरे मामा के पास से मिली थी। ग़ुलाम मोहम्मद, 'पाकीज़ा' फ़िल्म के म्यूज़िक 'डायरेक्टर' थे और उन्होंने अपनी फ़िल्म के लिए इसे मुझसे सीखा था। इसे सुनकर उन्होंने नौशाद साहब से कहा—'नौशाद भाई, यह चीज़ मैं अपनी फ़िल्म में लाऊँगा'। तब उन्होंने भी उनसे कह दिया, 'हाँ! सिर्फ़ चार आदमी इस राज को जान पायेंगे।' कहना नहीं चाहता मेरे अनेक गाने फ़िल्मों में आ गये हैं। मेरा एक मिश्र खम्वाज में गाना था—रविशंकर जी और अली अकबर ख़ाँ साहब और मैंने नाइन्टीन फिफ्टी टू में उसे एक साथ बजाया था—डाडर डाडिर डारा डारा डा डाडिर डारा डा —यह सिनेमा में जाकर हो गया, 'तोरा मन बड़ा पापी सँवरिया रे' तो इस तरह से यदि मैं याद करने बैठूँ तो हिन्दी फ़िल्मों में मेरी कितनी धुनें गीतों

के रूप में फैली हुई हैं। मदन मोहन ने भी मेरी कई धुनों का उपयोग किया है। और 'कादम्बरी' फ़िल्म में तो मैंने स्वयं ही संगीत दिया है। बातें भूले जा रहा हूँ, 'जैसे अम्बर की'। आशा ने इसे गाया था और कहा था— 'अपने जीवन में गाये सभी गानों में मैंने यह सबसे कठिन गाना गया है।'

शौक़

थोड़ी देर पहले तुमने प्रेम के बारे में पूछा था। सच कहने में कोई हर्ज नहीं है, प्रेम जैसे एक अत्यन्त निजी और व्यक्तिगत विषय को व्यक्तिगत और गुप्त रखने में मैं विश्वास करता हूँ। मेरा प्रेम, मेरा सितार, मेरा व्यक्तिगत इतिहास ये सब गुप्त रहने में ही भलाई है। ठीक है ना? अनेक कलाकार इन चीज़ों को सार्वजनिक बना देते हैं, यह उनकी मर्ज़ी है। मुझे अच्छा लगता है कि इन सब चीज़ों को अपने में ही चुपचाप समेट कर रखा जाय। यौवन में प्रेम-टेम तो हुआ ही था और क्या! किसी से अगर अधिक नहीं था, तो किसी से कम भी नहीं था। तो भी उन सब चीज़ों को खोलकर कहने या लिखने में क्या फायदा है। प्रेम के बारे में ही अगर मुझे कहना हो तो मैं सितार के प्रति जो प्रेम है उसी को लेकर कहूँगा। कारण वह आज भी है, कल भी था और भविष्य में भी रहेगा। सितार के प्रति प्रेम कितनी बड़ी प्रेम कहानी है, इसके बारे में एक बार जरा सोच करके तो देखो!

रशियन चित्रकार के द्वारा अंकित मेरे चित्र को देखकर तुम्हें पाकिस्तानी क्रिकेटर शोएब अख्तर का चेहरा याद आ गया। शायद मेरा चेहरा उस जैसा होगा। तुम मेरे हीरे की अँगूठी और मेरे बटनों की बात कर रहे हो? वे सब बातें ख़ूब याद हैं। हीरे के प्रति मेरी बराबर कमज़ोरी रही है। मैं हीरे को इस तरह रखता था जिससे मुझे उसका स्पर्श मिलता रहे। मेरा राशिचक्र हीरे के स्पर्श को अनिवार्य बनाता है। अपनी देह से हीरे को अगर मैं अलग कर दूँ तो मेरा स्वास्थ्य एकदम बिगड़ जाता है।

मेरे शौक़ों की बात कर रहे हो, मेरा पोशाक-ओशाक के प्रति क्या कम शौक़ था। तुमसे मैंने पहले कहा था कि रेनकिन के सूट का मुझे बेहद शौक़ था। जीवन में चार-पाँच बार याद आ रहा है, दर्जनों सूट मैंने आत्मीयजनों अथवा इस-उसको बाँट दिये हैं। और अब तो संगीत के

जलसों को छोड़कर उस तरह से कभी सजता-बजता नहीं हूँ। किन्तु, हाँ, वह शौक़ भीतर-भीतर आज भी बना हुआ है। कारण, सितार के स्टाइल को लेकर सोचूँगा, जीवन के स्टाइल को लेकर सोचूँगा, पोशाक-ओशाक का स्टाइल क्या उसके बाहर है? It is all part of my life and character—यह तो मेरे जीवन और चरित्र का एक हिस्सा है। मुझे तो इत्र का भी बहुत शौक़ है। यहाँ अथवा विदेश में मनुष्य के कोलन और इत्र का मेरा बहुत अच्छा कलेक्शन है। ब्राई नाम का एक इत्र आजकल मुझे बहुत आकर्षित कर रहा है। और भारत के इत्रों में मेरा प्रिय इत्र है कस्तूरी। और गुलाब। सर्दी में कस्तूरी और गर्मियों में गुलाब मुझे बहुत पसन्द है। गन्ध में एक प्रकार की झंकार होती है, एक प्रकार का सुर। अपनी प्रिय सुगन्ध का सुर पहचान लेने पर ख़ुश और स्वस्थ रहना बड़ा सरल हो जाता है। अन्त में मैं अपने एक शौक़ की चर्चा और करना चाहूँगा। अगर आप अच्छा संगीत बजाना चाहते हैं तो आपको अच्छा भोजन बनाना भी आना चाहिए। मेरे बच्चों का भी पाक-विद्या में बहुत मँजा हुआ हाथ है। भोजन को भी संगीत की तरह सुरीला होना चाहिए, भोजन से भी संगीत की मीठी ध्वनि निकलनी चाहिए— Because it is all in the mind and heart—क्योंकि इसकी अवस्थिति मन और हृदय में रहती है, अगर आप अच्छा और स्वादिष्ट भोजन नहीं करते हैं, तो क्या आप अच्छा गा-बजा सकते हैं? अच्छी बिरियानी का स्वाद बिना समझे क्या अच्छे गाने-बजाने का स्वाद समझा जा सकता है। वह इसी तरह से है जैसे आप अच्छे संगीत का स्वाद ले ही न पाते हों।

अच्छी बिरियानी की जब चर्चा चल पड़ी है तो अपने घर की बिरियानी की चर्चा तो करनी ही पड़ेगी। और अपने घर की बिरियानी के बाहर की बिरियानी की चर्चा करने पर सबसे पहला नाम लूँगा लखनऊ की बिरियानी का। नाम लूँगा मुर्शिदाबाद की बिरियानी का। और The best बिरियानी जो पूरे हिन्दुस्तान में मशहूर है, The best बिरियानी जिसे आप लोग नहीं जानते हैं, वह है कलकत्ते की। यहीं बनती है—इसे आप नहीं जानते हैं, यही अचरज है। फिर वह चाहे मुर्शिदाबादी स्टाइल की बिरियानी हो अथवा हैदराबादी स्टाइल की, फिर वह लोगों के घर की हो अथवा होटल-रेस्तराँ की लेकिन वह होनी चाहिए इसी कलकत्ता में बनी हुई। इसका उदाहरण तुम मुझसे ले सकते हो—आज भी मैं 'सीराज़' होटल से

बिरियानी मँगवाया करता हूँ। उनकी बिरियानी सचमुच में बहुत अच्छी होती है और अगर थोड़ा पहले से आर्डर देकर बनवायी जाय तो फिर कहना ही क्या है। मैं उनसे बड़ी याद और जतन से कह देता हूँ कि हंड़िया के नीचे से खुरच कर कितनी बिरियानी आप हमें दे सकते हैं, वे हमें वैसा ही करके बिरियानी देते हैं। तसलदा और बिरियानी और चाँप आज भी 'सीराज़' होटल का ही बड़ा अच्छा होता है। हाँ, बिरियानी बनाने के स्टाइल में बड़ा परिवर्तन आ गया है, यह ठीक है और वह तो दिन-दिन आयेगा ही, फिर भी कहूँगा 'सीराज़' आज भी बहुत अच्छा भोजन बनाता जा रहा है। और देखो, सिर्फ़ 'सीराज़' होने के कारण नहीं, कोर्मा, कबाब, पसन्द की बिरियानी, ढाकाई पराँठा (आजकल इसका नाम ढाकाई पराँठा हो गया है, किन्तु असल में यह है मुर्शिदाबादी पराँठा) चाँप लच्छी-पराँठा। इन सब में से एक-एक किसी-किसी जगह विशेष स्वाद और सुगन्ध के साथ विशेषत्व लेकर तैयार होता है, इसे आप अस्वीकार नहीं कर सकते हैं। फिर भी ये सब चीज़ें एक साथ श्रेष्ठ स्टाइल में और स्टैण्डर्ड के साथ जहाँ तैयार होती हैं वह जगह है कलकत्ता।

जब खाने-पीने की चर्चा हो रही है, तब इस समय बार-बार याद आ रहा है बड़े ग़ुलाम अली ख़ाँ साहब के यहाँ बने खाने का स्वाद। अहाहा! आहा, कैसा ग़ज़ब का स्वाद। और कैसी क्वालिटी, बढ़िया गुणवत्ता—उसे भुलाया नहीं जा सकता। याद पिया की आये—हाः हाः हाः। ख़ाँ साहब की पत्नी चाचीजी के हाथ में कैसा जादू था रसोई बनाने में कि मैं तुम्हें भाई समझा नहीं सकता। उनके हाथ के बनाये कोड़ीले कबाब विशुद्ध जादू के बने होते थे। जैसे विशुद्ध संगीत हो। मैंने अपनी स्त्री को उनके यहाँ ले जाकर कहा था—चाची, अपने हाथ के उस गुण का थोड़ा-सा स्पर्श इसे भी दे दो। तो वे इसके साथ ही कहने लगीं—हाँ, हाँ, ज़रूर। क्यों नहीं बेटा। ज़रूर सिखाऊँगी इसे, फिर उन्होंने सिखाया भी इसे।

११

ख़ाँ साहब तो अक्सर कहा करते थे, बेटा अच्छी तरह से खाओ, तभी तो गान्धार मध्यम में रस भर पाओगे। और कैसा स्वर लगा गये ये सब भद्रपुरुष पूरे जीवन ख्याल, ठुमरी, भजन को मिलाकर और स्वाद, स्वाद, कैसा स्वाद तैयार कर गये स्वर का। और भाई प्रशंसा करूँगा करामत ख़ाँ साहब के बेटे साबिर ख़ाँ और मशकूर के घर के खाने की। गहराई है, मन भर खाया जायेगा। मैं तो अपने बेटे हिदायत से कहता हूँ, बेटा सीख रहे हो सीखो, तालीम ले रहे हो, लो। तो भी इसके साथ-साथ टेस्ट भी विकसित करते चलो। कारण अन्त में तुम्हें उसी की ज़रूरत पड़ेगी, because that is the essence —कारण वही सार वस्तु है जीवन की। इसीलिए अच्छे खाने का स्वाद और रुचि को भी विकसित करते रहो। वह भी तुम्हारे म्यूज़िक में काम आयेगा।

मुझे तो सब कुछ खाना पसन्द है। मैं तो सब कुछ खाता हूँ। फिर भी आजकल मैं ख़ूब हल्का भोजन करता हूँ। यह जो सवेरे के पूरे समय बजाना-टजाना कर एक-डेढ़ बजे के बीच खाने बैठ जाऊँगा यही मेरा दिनभर का खाना होता है। फिर मैं नहीं खाता हूँ। भोजन में मसाला वग़ैरह रहता ही नहीं है, यही थोड़ा भात, थोड़ी दाल, थोड़ी सब्ज़ी। पहले के दिनों का जो बहारदार खाना रहता था, अब मैं उसमें नहीं हूँ। एक समय तो मैं खाने का बहुत शौक़ीन था, अब भी अच्छे, स्वादिष्ट खाने को मैं बहुत पसन्द करता हूँ, फिर भी अब काफ़ी चीज़ें कम कर दी हैं, मात्रा और कई बार खाने की दृष्टि से। नहीं तो दाल, भात, मछली, मांस, मुर्गा, सब्ज़ी, सलाद किसमें मेरी रुचि नहीं है। और कलकत्ते में आकर मिठाई के बिना किसी भी तरह काम चलेगा ही नहीं, खाऊँगा ही। उसके बाद लीजिए

दही। शहर की हर दुकान पर अपने अलग-अलग स्वाद का दही होता है। जितनी दुकानें, उतनी ही प्रकार का दही होता है। खाने-पीने, गाने-बजाने, शिल्प कला को मिलाकर मेरे ऊपर कैसा जादू कर रखा है, इस शहर ने कि क्या बताऊँ। इसके अलावा पुराने दिनों की स्मृतियाँ तो हैं ही। यहाँ आते ही शान्ति मिलती है।

बजाना

अब कम क्यों बजाता हूँ यह पूछ रहे हो? देखो मैं गाना व बजाना भीड़-भाड़ में करता नहीं हूँ। जैसे-तैसे रुपया बनाने के लिए भी नहीं करता हूँ। बजाने में यदि तन्मय न हो जाऊँ तो बजाने का कोई मतलब नहीं होता है। यह जो डाली सजा कर देगा, वे लोग तुम्हारे बजाने की आन्तरिक कथा क्या जानें, वे तुम्हारा आनन्द, तुम्हारी व्यथा कैसे जान सकते हैं? किसी सभा में बाजा बजाना एक बहुत बड़ी प्रतिश्रुति होती है, श्रोताओं के साथ संगीत-शिल्पी का वह एक प्रेम का सम्बन्ध होता है। गया, बजाया और रुपया लेकर चला आया, यह कैरियर हो सकता है म्यूज़िक नहीं।

तो फिर तुम्हें आजकल की म्यूज़िक कल्चर की एक कहानी सुनाता हूँ। वर्ष सात-आठ हुए होंगे, बॉम्बे में। हो सकता है तुमने वह घटना पेपर में पढ़ी भी हो। आलाप ले रहा था, सहसा इधर-उधर तालियों की आवाज़ सुनायी दी, 'आहा' ही नहीं, 'बहुत ख़ूब' ही नहीं, 'क्या बात है' ही नहीं सिर्फ़ तालियाँ वह भी ग़लत जगह जिससे शिल्पी का मिज़ाज बिगड़ जाय। जो-सो ऐसा क्यों कर रहे थे, मुझे इसका भी पता नहीं था। बाधा देने के लिए कर रहे हों, ऐसा भी हो सकता है कि यह सब योजना बनाकर कर रहे हों। एक-आध बार तो मैंने उस पर ध्यान नहीं दिया किन्तु जैसे ही तीसरी बार किया मैंने सितार नीचे रख दिया, बाद में सितार लेकर उठ ही गया, जाने के पहले उनसे कह भी गया, Thank you very much—आपको बहुत-बहुत धन्यवाद, शायद मेरा बजाना आपको अच्छा नहीं लग रहा है। आपको जिसका बजाना पसन्द है अब आप उनका ही बजाना सुनिये। मुझे अब जाने दीजिये।

आर्गनाइजर, अरे-अरे कहते हुए दौड़े आये। मुझे पुनः मंच पर बैठने की

तद्वीर करने लगे। किन्तु, मुझे जो कहना था, साफ़-साफ़ सुना दिया। मैंने कहा - इतनी देर बजाता रहा उसके लिए कुछ देना हो दे दो। अगर न भी दो तो कुछ आता-जाता नहीं है, यह लो अपने रुपये, मैं तो चला। इसके बाद आप चाहे जितनी फीस मुझे दें। यहाँ तक कि आकाश से चाँद भी धरती पर उतार लायें, मैं यहाँ कभी नहीं आऊँगा।

मेरे जीवन का सबसे यादगार संगीत अनुष्ठान कौन-सा है? जब अली अकबर ख़ाँ साहब, रविशंकर जी और मैंने एक साथ बजाया था दिल्ली में। सितार बजाने की उस घटना को भुलाया नहीं जा सकता है। वह त्रि-संगीतकारों का एक साथ बजाना था। और अगर एकल प्रस्तुति के बारे में पूछो तो कहूँगा—बेलगाँव में सितार बजाने का एक प्रसंग। वहाँ पर मैंने लगातार ग्यारह घण्टे सितार बजाया था। रात नौ बजे से सवेरे आठ बजे तक। कलकत्ते में जितनी बार सितार बजाया उनमें से याद आता है उस्ताद हाफ़िज़ अली ख़ाँ मेमोरियल कॉन्फ्रेंस में शाम को बजाया गया सितार। ठीक-ठाक यह तो याद नहीं है कि कौन-सा राग बजाया था, फिर भी बहुत अच्छी प्रस्तुति रही थी। साँझगिरी बंदिश? हाँ, वह हो सकती है। दो जुगलबन्दियों की भी बात याद आती है। एक अली अकबर ख़ाँ साहब के साथ कलामन्दिर में—हम लोगों ने इमन और विहाग बजाया था और दूसरी नेताजी इन्दौर स्टेडियम में बिस्मिल्ला ख़ाँ साहब के साथ। सितार बजाना क्या कम हुआ है इस जीवन में। इस समय वे सब बातें याद भी नहीं आ रही हैं। बताओ तुम्हें ही एकाएक तमाम बातें याद आ जाती हैं, उसी वजह से मुझे भी याद आ जाती हैं, श्रोताओं की स्मृति के कारण बजाना बचा हुआ है, एक शिल्पी तो वादन कला को जन्म ही दे सकता है। उसे बचाये रखने का काम तो लोगों का ही होता है और लोगों ने अपना वही प्रेम मुझे दिया है शंकर बाबू। लोगों की स्मृति में मेरा बजाना सुरक्षित है। मुझे टी.वी., रेडियो की ज़रूरत नहीं है। मेरे बाबा को गाने-बजाने से प्रेम था, वे सितार से प्रेम करते थे, उन्होंने विलायत ख़ाँ को ढूँढ़ लिया था।

तुमने फिफ्टी टू की वही झिंझोटी राग की रिकार्डिंग सुनी है, जिसमें लोगों का कहना है, एक जगह मैंने Fret दबाकर (सितार के गर्दन का एक तार) कोकिल की आवाज़ निकाली थी? सुनी है। अगर वह रिकार्डिंग मिल जाती तो अच्छा रहता, लोग उसे सुन सकते थे। डेविड वोंक्ट्राख के बारे

में तुम कह रहे हो, कि क्या उसके एक पीस में पक्षी की बोली वायलिन में निकली थी ? कहना नहीं चाहिए इस तरह के कला कौशल के अनेक काम मेरे सितार बजाने में बिखरे पड़े हैं। सितार वाद्य से प्रेम कर बहुत कुछ उससे पाने का प्रयास किया है। प्रेम से हाथ फैलाकर कितनी कुछ भिक्षा माँगी है अपनी इस प्रेमिका से। इसे कितना मनाना पड़ा है, कितनी परवाह करनी पड़ी है, प्रेम से इसे दुलराना पड़ा है, तभी अन्त में इससे—एक-आधी चीज़ मिल सकी है। जब इसे मना नहीं पाया तब साँप जैसा दंश इसने मारा है। किन्तु, मैंने इससे प्रेम करना नहीं छोड़ा। इससे प्रेम न करूँ तो मैं एक दिन भी जीवित नहीं रह सकूँगा। मैं जो कुछ भी हो सका हूँ, सब उसकी कृपा से। वह मेरे लिए अल्ला का आशीर्वाद है। मैं स्वयं कुछ नहीं हूँ। महफ़िल में समाँ बाँधने वाली मेरी जिन तानों की तुम बात कर रहे हो वे इनायत् ख़ाँ साहब के हाथों और भी सुन्दरता से उतरती थीं अथवा सपाट तानों की बात ही लीजिए। आजकल तो कितनी स्पीड और तैयारी का खेल उस दृष्टि से चल रहा है। किन्तु कहाँ है वैसी सपाट तान जो इतिहास में रह जायेगी ? जैसे एक सपाट तान इनायत् ख़ाँ ने खींची थी अपनी भैरवी में। वैसी तान तो अब कभी नहीं खींची जा सकेगी। ख़ूब ध्यान देकर सुनो वह तान कहाँ से उठी और कितनी दूर तक गयी और फिर किस तरह से पुनः लौट आयी। सौन्दर्य की दृष्टि से इसकी पूर्णता इसके एक ही स्ट्रोक से हो गयी। बस। और स्ट्रोक देने का कोई कारण नहीं है। तो उसी ऊँची परम्परा का मैं भी अन्तिम प्रतिनिधि हूँ, अगर ऐसी बात कोई कहे, यह मैं नहीं चाहता हूँ। बड़े-बड़े उस्ताद लोग पहले ज़माने में थे, अब आगे नहीं होंगे, ऐसी बात सुनना मुझे बिलकुल अच्छा नहीं लगता है। क्योंकि यह भावना और विचार एकदम हद की सीमा तक निषेधात्मक है— Because it is so negative a feeling and thought. शास्त्रीय संगीत का यह धर्म भी नहीं है। कुछ-कुछ चीज़ें पूर्णता की सीमा में पहुँच जाती हैं, इससे एक अध्याय पूरा हो जाता है— Fine. बहुत अच्छा है। तो फिर अब नये पत्ते खोलो। शास्त्रीय संगीत पहले भी था, आज भी है और कल भी रहेगा। यह लुप्त होने का नहीं है। बात यह हो रही है कि वह बना कैसे रहेगा। और इसीलिए हज़ार-हज़ार आकर्षणों में मैं चुपचाप सितार लिए बैठा हुआ हूँ। अतीत से मैंने जो पाया है, उसी को और फैलाकर, विस्तार देकर भविष्य के हाथों जब तक न पहुँचा लूँ तब तक मेरा काम पूरा होगा नहीं। इतने बड़े घराने का यही तो दायित्व है कि

उसकी गतिशीलता बनी रहे—उसकी dynamism.

तो भी शंकर बाबू, तुमसे पहले भी कहा था और अब भी कह रहा हूँ कि अगर ट्रेडीशन—परम्परा को बचाना हो तो उसके लिए भी व्यक्तिगत प्रतिभा की बहुत ज़रूरत है। पहले के ज़माने का पन्द्रह घण्टों का समर्पित (devoted) रियाज़ आज और सम्भव नहीं भी हो सकता है, क्योंकि संसार ध्यान बटाने वाली तमाम चिन्ताओं से ग्रस्त है, तो क्या संगीत के प्रति समर्पण और भक्ति नहीं रह जायेगी ? तो फिर क्या और एक ग़ुलाम अली ख़ाँ साहब अथवा अमीर अली ख़ाँ साहब भविष्य में नहीं होंगे ? तब फिर हम लोग किसकी ओर आशा लगाये हुए बचेंगे ? यह सोचते ही मन निराश हो जाता है। टेलेण्ट अथवा जीनियस (निपुणता और प्रतिभा) के दिन तो अब ख़त्म हुए ? इसी जगह आकर मैं बड़े संकट में पड़ जाता हूँ। सैद्धान्तिक रूप से शास्त्रीय संगीत तो कभी रुक नहीं सकता। संगीत में नयी प्रतिभा, नया कौशल तो आना ही चाहिए। किन्तु, वैसा तो हो नहीं रहा है। टेलेण्ट हो या न हो सभी प्रयास कर रहे हैं अमीर ख़ाँ, ग़ुलाम अली ख़ाँ बनने की। उनकी कीर्ति उनका लक्ष्य नहीं है, लक्ष्य है उन उस्तादों की ख्याति - Fame - और वह बड़े दुःख की बात है। आजकल बहुतों को यह कहते हुए सुनता हूँ कि फैयाज़ ख़ाँ साहब और अमीर ख़ाँ साहब कण्ठ संगीत के संसार में एक चीन की दीवार की तरह खड़े हुए हैं। उनको लाँघा नहीं जा सकता। यह बात ग़लत भी नहीं है, किन्तु यही तो चेलैंज है शंकर बाबू!

१२

आज के ज़माने और पहले के ज़माने के गाने के बीच जो विशाल अन्तर निर्मित हो गया है, यही नहीं पुराने उस्तादों का काम और उसकी गुणवत्ता एक दीवार की तरह खड़ी हो गयी है, उसी को तो एक बड़े चेलैंज के रूप में लेना चाहिए शंकर बाबू। हाँ, उन्हीं से ही तो सीखेंगे, उन्हीं के रास्ते पर चलूँगा। किन्तु हमें भी तो अपनी तरह आगे बढ़ना होगा। क्लासिकल गाना-बजाना तो भाई, एक ही जगह पर खड़ा नहीं रहता है। फैयाज़ ख़ाँ साहब, ओंकारनाथ ठाकुर जी ये सब खड़े हुए थे एक स्थान पर एक पीरियड में, उसके बाद एक जगह पर खड़े हुए हैं ग़ुलाम अली ख़ाँ साहब और अमीर ख़ाँ साहब। उसके भी काफ़ी समय बाद आ गये भीमसेन जी...ये सब लोग एक-एक कीर्ति स्तम्भ की तरह क्लासिकल संगीत के रास्ते में खड़े हुए हैं, इन्हीं के पास से फिर एक नया रास्ता निकलेगा। अब इन्हीं को लीजिए, जो भीमसेन जोशी जी हैं, इनका जो अवदान है, उसका तो हम में से कोई ख्याल ही नहीं कर रहा है, हालाँकि बिचारे पचास-साठ बरस हो गये तब से कितना सुन्दर गाना गाते आ रहे हैं, और विचार करो गाने में कैसा तो एक वैयक्तिक वैशिष्ट्य हमारे सामने उपस्थित कर रहे हैं। पूरे जीवन कितने मुश्किल और कठिन सुरों में गाया है उन्होंने। एक मिनट से भी ऊपर एक ही साँस में एक तान जो खींचते रहे हैं, तुम मुझे एक दूसरा नाम बताओ जिसे उनके बराबर रखा जा सके। हम लोग ईमानदार नहीं रहे हैं, जिससे जो कुछ मिलता है ले लेते हैं और फिर उसे भूल जाते हैं। और हमारी स्मृति और कृतज्ञता का अगर यही हाल रहा तो नयी जेनरेशन किस तरह से आगे बढ़ेगी? अनेक योग्य और अच्छे-अच्छे बच्चे और नौजवान गायन-वादन संगीत में गा-बजा रहे हैं, किन्तु तीन

P उन्हें रोके हुए हैं—Priarity, Projection, Politics—अर्थात् प्राथमिकता, अपनी छवि प्रस्तुत करना और राजनीति—इसके अलावा भी छोटे-छोटे और भी हज़ार बाहरी आकर्षण हैं, जो उन्हें उधर, इधर, इस दिशा में, उस दिशा में खींचते रहते हैं। देखो भाई अगर तुममें कोई गुण होगा तो दुनिया तुम्हें खींचेगी, तुम्हें चाहेगी, तुम भी दुनिया को छोड़कर न रह सकोगे, श्रोताओं और अनुरागियों को छोड़कर तो गाना-बजाना होता नहीं है—फिर भी तुम्हें अपनी जड़ें जमाकर अपने स्थान पर जमे रहना पड़ेगा। दुनिया तुम्हारे पास आती है तो आये, किन्तु तुम्हें रहना होगा अपने में समाहित होकर। किन्तु क्लासिकल म्यूज़िक का यही धर्म है। किन्तु, आज के बच्चे लोग अपना गाना-बजाना और अपने आप में समाहित होकर कितना रह पा रहे हैं, बताओ तो। मैं दुनिया को छोड़ने के लिए नहीं कह रहा हूँ किसी से, मेरा तो कहना है कि पहले अपने को तो खोज कर बाहर कर लो। तुम पहले अपने को प्राप्त करो, दुनिया तुम्हें अपने आप खोज लेगी।

यह मैं जो सब कह रहा हूँ, वह किसी दु:ख अथवा नाराज़गी के कारण नहीं। अल्ला की मेहरबानी से इस जीवन में अनेक सम्मान मुझे भी मिले हैं, उन सबके बारे में अपनी ज़ुबान से न बतलाऊँ यही अच्छा है। बताऊँ तो जैसे, रानी एलिजाबेथ के सामने बर्किंघम पैलेस में मुझे सम्मान दिया गया, ईरान के शाह ने अपने देश के श्रेष्ठ पुरस्कार को मुझे दिया, अफगानिस्तान के शाह के सामने मैंने गाना-बजाना प्रस्तुत किया है, उनके पूरे परिवार ने मेरा शिष्यत्व ग्रहण किया था, गाना-बजाना किया है चेयरमैन माउत्से तुंग के सामने बैठकर, यही एक सप्ताह पहले भी इण्डोनेशिया के प्रेसीडेंट के सामने जकार्ता में गाना-बजाना कर आया हूँ। मैं गया था सिंगापुर, वहाँ पर सुना इण्डोनेशिया के प्रेसीडेंट साहब ने किसी से कहा था, 'सुना है विलायत ख़ाँ साहब सिंगापुर में हैं। तो उन्हें लेकर आओ जिससे गाना-बजाना सुना जा सकेगा?' निमन्त्रण पाकर सिंगापुर से जकार्ता चला गया, दो घण्टे का रास्ता था—जब मैंने प्रेसीडेंट साहब से हाथ मिलाया, सुना तब वे कह रहे थे, 'It is after twenty years that I am seeing you, and I am also going to hear you. It is a memorable day.' मैं तुम्हें बीस वर्ष बाद देख रहा हूँ और मैं अब तुम्हारा सितार सुनने जा रहा हूँ। इसलिए यह दिन एक यादगार वाला दिन है मेरे लिए। उस भद्रलोक को आँखों से दिखायी नहीं देता था, पता नहीं उसकी आँखों को क्या हुआ था, किन्तु उनकी वे सहानुभूति और संवेदना भरी बातें सुनकर

मैंने अपने को बड़ा सम्मानित महसूस किया, किन्तु यह सम्मान मुझे अपने देश के नेताओं, कर्त्ताधर्त्ताओं आदि से तो कभी मिला नहीं है जो दुःख का विषय है—किन्तु फिर कह रहा हूँ यह मेरा निजी, व्यक्तिगत दुःख नहीं है, मुझे जो नाराज़गी है, वह इस वजह से नहीं है। देश की परिस्थिति ही दुःखजनक है, मुझे दुःख नहीं है, कारण सारे देश के लोगों ने मुझे जो प्रेम दिया है, और देते जा रहे हैं, उसकी कोई तुलना नहीं है। इस जैसे छोटे टुकड़े से भी एक शिल्पी का जीवन धन्य हो जाता है। इच्छानुसार पूरी दुनिया को रौंदता हुआ घूमता रहा हूँ और अन्त में इसी कलकत्ते में आकर डेरा जमाया है। मेरे बाबा को, मुझे और मेरे पूरे परिवार को इस शहर ने जो प्रेम दिया है, वह ऋण कभी चुकाया नहीं जा सकता है। इस शहर के एक कोने में मैं जो चुप्पी मारे आकर बैठा हुआ हूँ, उसके बाद भी क्या कम बुलाहट आती है देश के इस-उस स्थान से? न बजाकर चुपचाप विदेश चला जाऊँगा, ऐसा कभी होने का नहीं है। इस प्रेम के परे और मैं क्या चाहूँगा? और क्यों चाहूँगा?

सत्यजित् बाबू

सत्यजित् बाबू के साथ मेरा सम्बन्ध कैसा था, यह पूछ रहे हो? उन्होंने चलचित्र बनाना शुरू किया इसके पहले से ही उनके साथ मेरा सम्बन्ध था। वे मेरे पार्क सर्कस वाले घर में अनेक बार आये थे। आते थे, बैठा करते थे, बातचीत हुआ करती थी। अन्त में मैंने ही उनसे एक समय कहना शुरू कर दिया था, मानिक बाबू, कृपाकर अपनी फ़िल्में बनाना शुरू कीजिये। आपकी विचारधारा, चिन्तन की पद्धति इतनी अच्छी है, इतनी चमत्कारपूर्ण है तो फिर तुम बिना फ़िल्में बनाये रह कैसे पा रहे हो? उनका इतना गहरा मित्र था मैं कि उनके चलचित्र निर्माण को लेकर मैं स्वयं ही उत्तेजित हो उठता था। इसीलिए तो कह रहा हूँ हमारा उनके साथ जो सम्पर्क है, वह उनके फ़िल्म बनाने के पहले से ही है।

फिर भी उनके साथ फ़िल्मों में काम करना शुरू किया 'जलसाघर' से। हाँ, आज भी किसी हॉल-टॉल में देखता हूँ, कई बार उनकी फ़िल्मों को देखा है। उन दिनों मानिकदा आते थे, बैठकर मेरा सितार सुना करते थे,

उसके बाद एक के बाद एक मेरी बन्दिशें सुनते-सुनते किस तरह से उन्हें एक बिहारी धुन पसन्द आ गयी अपनी फ़िल्म के लिए, यह बात तो आज सबको पता है। उन दिनों सुव्रत भी आया करता था। सुव्रत मित्र। वह था जोनदा का छात्र अर्थात् मेरे छात्र का छात्र।

रविशंकर जी

आप अमियकान्ति भट्टाचार्य के बारे में पूछ रहे हैं ? उनका सितार बजाना ख़ूब सुना है, आहा, क्या सितार बजाते थे। वास्तव में अमियदा को सुनकर ही रविशंकर जी सितार के प्रति प्रेरित हुए थे। और रविशंकर जी ने पहले कई बार सोचा था कि इनायत् ख़ाँ साहब के पास जाकर सितार सीखूँगा। फिर भी, अलाउद्दीन ख़ाँ साहब उनको ज़बरदस्ती अपने यहाँ ले गये। कारण, अलाउद्दीन ख़ाँ साहब उदयशंकर जी की नृत्य की टोली में थे और फिर महियर स्टेट के बैंड मास्टर भी थे अलाउद्दीन ख़ाँ साहब। तो उन्होंने उन्हें ज़बरदस्ती करके यहाँ, मेरे बाबा के पास नहीं आने दिया। नहीं तो रविशंकर जी इनायत् ख़ाँ साहब के ही गण्डा बाँधे हुए शिष्य होते, क्योंकि जिन अमियकान्ति के सितार को सुनकर उन्होंने एक सितारिया बनने का सपना देखा था वह इनायत् ख़ाँ साहब का ही बजाना था। यह नाइन्टीन थर्टी थ्री-थर्टी फोर की घटना है।

अमियबाबू का बजाना? अहाहा, क्या चीज़ थी! बहुत सुन्दर सितार बजाया करते थे, एक अच्छे सितारबाज थे। 'दिड्दिड्' तो वैसी और हो ही नहीं सकती है।

मैंने अपने बाबा के अलावा उनके ज़माने के कई सितारियों के सितार सुने हैं। इन्दौर में एक सितार वादक थे बाबू ख़ाँ साहब। दिल्ली में एक थे हैदर हुसैन ख़ाँ साहब। कलकत्ता में थे जलपाई गुड़ी के बाशिन्दे एक सितार वादक—जिनका नाम मैं भूल गया हूँ, वे बहुत बड़े सितारिये थे, मेरे बाबा के ही समकालीन। और मुश्ताक अली ख़ाँ साहब तो मेरे मामा हुआ करते थे, और अगर उनके बारे में कहा जाय तो वे इनायत् ख़ाँ साहब की कार्बन कॉपी थे।

जयपुर घराने के किन संगीतकारों को मैंने सुना है ? हैदर हुसैन ख़ाँ साहब

को। उस घराने के और भी कई लोगों को सुना है। दाहिने हाथ का उनका काम ख़ूब मजबूत था। और मैं जो कभी-कभी सितार पर काम करता था, वह होता था दाहिने और बायें दोनों हाथों का काम, किन्तु दोनों में सन्तुलन बनाकर, एक बैलेन्स रखकर, एक सुन्दर सन्तुलन ले आता था। और इस सन्तुलन को ले आने के बाद भी बायें हाथ के काम को प्रमुखता देता था, जब अपने सितार बजाने में मैंने ख्याल अंग की प्रतिष्ठा कर ली। लेकिन जब मैं तन्त्रकारी का अंग बजाता हूँ, तब मैं अपने दाहिने हाथ को प्रधानता देता हूँ। क्योंकि ख्याल के अंग की गायकी ही मेरे सितार का मूल रूप है इसलिए बायें हाथ की थोड़ी प्रमुखता है मेरे बजाने में। मेरे घर के बजाने की चर्चा चलने पर चूँकि लोग गायकी अंग की बात उठाते हैं, उनसे मेरा कहना है, आज के घरानों पर विचार कीजिये उनकी जो रिकार्डिंग म्यूज़िक प्राप्त है उसके आधार पर। तो फिर उन सब घरानों की वादकी की रूपरेखा आपको मिल जायेगी। इमदाद हुसैन ख़ाँ साहब के रिकार्ड से हमारे घराने के चार पुरुषों के रिकार्डिंग म्यूज़िकल दस्तावेज़ आपको मिल जायेंगे और दूसरी तरफ़ अगर मैं अपनी माँ के पक्ष पर विचार करूँ तो बन्दे हुसैन ख़ाँ साहब से लेकर तीन पुरुषों के गाने तुम्हें मिल जायेंगे। तो फिर एक तरफ़ हैं तीन पुरुष और दूसरी तरफ़ हैं चार पुरुष। बन्दे हुसैन ख़ाँ साहब का गाना आप सुनेंगे ? ७८ आर पीएम में मिल जायेगा मालकौंस, कामोद, ललित,...जिन्दे हुसैन ख़ाँ साहब का मिल जायेगा जौनपुरी, देश। फिर भी अपने घराने की बात इतने विस्तार से कहने के बाद भी तुम मेरे घर को घूम कर देखो, किस तरह से देश के सारे घरानों के लोगों को मैंने अपने सिर पर टाँग रखा है। ये सभी मिलकर मेरा सहारा हैं, ये सब लोग हैं इसीलिए संगीत का घराना, संगीत का जगत् इतना बड़ा, इतना गम्भीर है।

इसके बाद भी तुमसे एक बात कहता हूँ शंकर बाबू। चार पुरुषों, तीन पुरुषों के रिकार्डिड म्यूज़िक की मैंने चर्चा की है। किन्तु, उनके घरानों का संगीत तो उनसे भी बहुत पहले का है। तो रिकार्ड में न भरने से वे सब गाने और बजाना कोई लुप्त नहीं हो जायेंगे। यह तुमने जो कहा—मेरा म्यूज़िक रिकार्ड, सीडी, कैसेट अथवा आरकाइव्ज द्वारा किये गये टेप में सुरक्षित रखा हुआ है—यह है लगभग एक सौ घण्टे का। ठीक है, I am fortunate—यह मेरा सौभाग्य है कि मैं जब नहीं रहूँगा, तब यह सब बजाना मेरी ओर से मेरे मन की बात लोगों से कहता रहेगा। किन्तु जिन

मियाँ तानसेन की एक भी रिकार्डिंग नहीं है, किन्तु वही तानसेन चार सौ वर्षों से आज तक बड़े समारोह के साथ अच्छी तरह बचे हुए हैं। संगीत में खाँटी वस्तु की कभी मृत्यु नहीं होती है, क्योंकि विशुद्ध और खाँटी वस्तु को, एक अच्छी वस्तु को बचाकर रखता है मनुष्य। इस देश के युवा लोग माइकेल जेक्सन को लेकर चाहे जितने पागल बने रहें, वे सब लहरें जब सूख जायेंगी, तब वे इन्हीं तानसेन जी की कुछ चीज़ों अथवा आज के दिन, हमारे जैसे किसी-किसी के संगीत को लेकर पागल बनेंगे। बिना मग्न हुए रह न पायेंगे। यही होता है, इसीलिए मैं आज की प्रवृत्ति (trend) को देखकर डरता नहीं हूँ। पता है, हम लोग हैं, और रहेंगे भी। यह विश्वास अगर न हो तो क्या गाना-बजाना किया जा सकता है? विदेश में भी तो पोप संगीत की आँधी चलती ही रहती है। उससे क्या हुआ? मोत्ज़ार्ट साहब, स्ट्राउस साहब अच्छी तरह से बने हुए हैं। दिन-दिन उनके रिकार्ड, सीडी और कन्सर्ट और फैलते जा रहे हैं। वियना में तो मैं गया भी था, वहाँ अपना सितार बजाया भी था। स्ट्राउस के घर भी गया था, उसकी मूर्ति के पास खड़े होकर तसवीर भी उतरवायी थी। मोत्ज़ार्ट के वियना के घर के अलावा साल्जकुर्ग में उसकी जन्म-भूमि में भी गया हूँ। शोप्याँ वाले जन्म-स्थान के अलावा भी उसके कवर-स्थान में भी गया हूँ, वहाँ सितार भी बजाया है। पता है कितनी तस्वीरें हैं मेरी उस यात्रा की पता नहीं कहाँ, किस-किस जगह पड़ी हुई हैं। देखता हूँ, कहीं से जुगाड़ कर वे सब तुम्हें दूँगा, अगर तुम उन्हें छापना चाहो।

१३

निखिल बनर्जी एक बहुत अच्छा सितार बजैया था। निखिल बंद्योपाध्याय। जोनदा का छात्र था। जोन गोमेस। वेंजू का बाबा। उनसे पहले सीखा था, बाद में वह मेरे पास सीखने आया करता था। उसने मुझे दो रुपये दक्षिणा दी थी। गुरुदक्षिणा कहा करता था उसे। इस पर मैं बोला, अरे यह क्या कर रहे हो? तब स्तब्ध होकर धीमी आवाज़ में बोला, दादा आज मुझे यह काम करने दें। वह मुझे 'दादा' पुकारा करता था। फिर भी मैंने उससे कहा—क्यों? यह क्यों कर रहे हो? तब वह कहने लगा— दादा, जैसे ही आँख खोलता हूँ सदा तुम्हें ही देखता हूँ। उसके बाद वह जर्मनी चला गया। उसके भी दो मास बाद अन्तिम यह काम कर गया। किन्तु, क्यों? मैंने उससे पूछा था—वह बोला, प्लीज दादा, यह मुझे करने दें। जैसे ही निहारता हूँ, तुम्हें ही देखता हूँ। इसलिए यह करना पड़ रहा है।

यादगार

अरे भाई, यह जो सब मैं कहे चला जा रहा हूँ, इससे कितनी ही स्मृतियाँ भीड़ लगाकर मन में आ रही हैं, कि मैं उन्हें बता नहीं पा रहा हूँ। भीतर-ही-भीतर स्मृतियों का जुलूस, शुरू हो गया है। इसे क्या कहूँ? पुरानी यादें। पुरानी स्मृतियाँ। शायद जो चीज़ें मैं उर्दू ज़ुबान में कहना चाहता हूँ, उसका अगर अन्य किसी भाषा में अनुवाद किया जाय तो उसी अर्थ को उसमें उतार दिया जाय यह सदा तो होता नहीं है। इसीलिए, हम लोग सदा लफ़्ज़ों, शब्दों को लेकर खेलते रहते हैं। जैसे इस समय मुझे लग रहा है

अपनी इन स्मृतियों की इस छुअन का वर्णन 'पुरानी यादगार' के नाम से किया जा सकता है। कारण, जो सोच रहा हूँ, बता रहा हूँ, यह सब तो बीते दिनों की खण्ड-खण्ड छवियों के अलावा और कुछ नहीं है। यादों को एक के बाद एक मिलाने से फिर से मानो वही दिन लौट आये हों।

पुरानी यादगारों की धारा में जैसे कभी-कभी माँ याद आ जाती है और कभी फैयाज़ ख़ाँ साहब। इसी शहर में हीरेन राय की दुकान के सामने घोष बाबू नाम के एक सज्जन रहते थे। उनके घर फैयाज़ ख़ाँ साहब का गाना हुआ था। याद है वह घर सफ़ेद रंग का था। उस घर के दो भाई मुश्ताक अली साहब के शागिर्द थे। तो उस दिन उस गाने को सुनने के लिए उपस्थित थे पहाड़ी सान्याल, ज्ञान प्रकाश घोष, राधिका मोहन मैत्र, बंगाल के पुराने-पुराने सभी समझदार लोग। मुश्ताक अली साहब के शागिर्द वे दोनों भाई तो थे ही और मैं भी था। और अन्तिम दिन ख़ाँ साहब ने गाया था गौड़ मल्हार। पता है शंकर, आज भी मैं उस जलसे को आँखों के सामने उद्‌भासित होता हुआ देख रहा हूँ। करामत ख़ाँ साहब बैठे हुए थे तबले पर। फैयाज़ ख़ाँ साहब के उस व्यक्तित्व से महमहा रहा था वह जलसाघर, और उन्होंने गौड़ मल्हार राग गाना शुरू कर दिया और समय किस तरह से बीता जा रहा है, इस तरफ़ किसी को होश ही नहीं था। गौड़ मल्हार के ख़तम होते ही ख़ाँ साहब ने शुरू कर दिया राग दरबारी। उस पूरी शाम को वही गौड़ मल्हार और दरबारी, उस शाम का पूरा माहौल आज भी मेरे मन पर छाया हुआ है। उस शाम के प्रति मेरे मन में जो विषाद मिश्रित आनन्द का नशा है वह कभी दूर नहीं होगा। ये हैं पूरी तरह से पुरानी यादगारें।

ऐसी ही एक स्मृति की महफ़िल मेरे भीतर बड़ी सुघरायी से वर्षों से सो रही है। वह घटना घटी थी सहारनपुर में। नाइन्टीन थर्टी सिक्स या सेवन की बात है। उस घटना के नायक थे इनायत् ख़ाँ साहब। सहारनपुर में तो मेरे बाप-दादा-नाना की घर-बाड़ी थी। हम लोग गये तो गाने-बजाने के लिए सब इकट्ठे हो गये, उसके ऊपर और भी सब जो-जो गवैये-बजवैये थे वे भी आ गये थे। तो वहाँ पर यह ख़बर फैल गयी कि कलकत्ते से इनायत् ख़ाँ साहब आ गये हैं, तो सभी लोग चलें जिससे अच्छी तरह से गाना-बजाना हो जाय।

तो उस बार आ गये गाने के लिए अब्दुल वाहिद ख़ाँ साहब। आ गये गफूर

ख़ाँ साहब, जो थे शकूर ख़ाँ साहब के बाबा। यहाँ के जो संगीत शिल्पी मशकूर अली ख़ाँ, उनके नाना। तो वाहिद ख़ाँ साहब और गफूर ख़ाँ साहब वहाँ पर हाजिर। आठ-नौ बज गये होंगे, उन लोगों ने फरमाइश की, इनायत् ख़ाँ साहब अब सितार उठाइए। तब अब्बा बोले—मैं क्या बजाऊँगा, मैं तो आज सुनने आया हूँ। इसके अलावा, वाहिद ख़ाँ साहब, आपका गाना सुने हुए भी तो काफ़ी दिन हो गये, तो आज आपका गाना सुनकर ही अपने मन को तृप्त कर लूँ।

पता है, उस ज़माने में ऐसा ही हुआ करता था। आजकल के दिनों में चलने वाली यह सब फोरमेलिटी के लिए उस समय कोई जगह नहीं थी। मेरे अब्बा कहते ही जा रहे थे कि अगर बुरा न मानें तो एक बात कहूँ कि अगर आपका जी चाहता हो तो आप ही कुछ सुनाइए। तब वाहिद ख़ाँ साहब भी कहने लगे, ठीक है, तो मैं ही कुछ गाता हूँ। और उनके यह कहते न कहते तानपूरा आ गया। किन्तु देखा गया कि तानपूरे की आवाज़ ठीक नहीं है। तब इनायत् ख़ाँ साहब ने कहा, 'भैया, अगर आप इज़ाज़त दें तो उस तानपूरे को मैं बजाऊँ?' वाहिद ख़ाँ साहब तुरन्त राजी हो गये, अरे हाँ-हाँ। इसके बाद इनायत् ख़ाँ साहब ने उस तानपूरे को लेकर उसके तारों को इस तरह मिलाया कि एक तानपूरे से चार तानपूरों की आवाज़ फैलने लगी। वहाँ पर इतनी अधिक ध्वनि तैयार हो गयी कि पूरा कमरा उसकी ध्वनि, उसके सुरों से भर गया। और फिर वाहिद ख़ाँ साहब ने अब्बा की ओर घूमकर कहा—'अरे इनायत् ख़ाँ भाई, तुमने कहा है तो मुझे तो अब गाना गाना ही पड़ेगा। किन्तु, तुमने तानपूरे को इतनी अच्छी तरह मिला दिया है कि उससे गाने का मिज़ाज तैयार हो गया है। अहाहा। इस समय सचमुच गाना गाने का वही भीतरी खिंचाव अनुभव कर रहा हूँ।'

इसके बाद ख़ाँ साहब ने मारवा बजाना शुरू किया। अरे बस, ग़ज़ब हो गया। कैसा मारवा था भई, उसे तो मैं आज भी भूल नहीं पा रहा हूँ। क्या कभी भूल सकता हूँ। आज भी जैसे ही सितार पर गौड़ मल्हार या दरबारी बजाना शुरू करता हूँ तो वही फैयाज़ ख़ाँ साहब मेरे सामने आकर उपस्थित हो जाते हैं। और अगर मारवा बजाऊँ तो आ ही जाते हैं उस्ताद वाहिद ख़ाँ साहब। यह सब भी एक यादगार है। ऐसा मारवा सुना है कि इस ज़िन्दगी में दुबारा उसे कभी नहीं सुन सकेंगे।

रज़ब अली ख़ाँ

जब स्मृतियों की ही बात हो रही है, तब और एक स्मृति की बात कहता हूँ। वह है रज़ब अली ख़ाँ की याद। एक बार मैं इन्दौर गया हुआ था। महाराज चिरकृति राव के आतिथ्य में वहाँ के लालबाग़ पैलेस में ठहरा हुआ था। तो वहाँ दो-चार दिन रहने के बाद एक बार महाराज से कहा— अगर आपकी आज्ञा हो तो एक बार देवास जाना चाहता हूँ। वे जानना चाहते थे कि मैं देवास क्यों जाना चाहता हूँ। मैंने कहा— मेरे चाचा रज़ब अली ख़ाँ वहाँ रहते हैं। तब उन्होंने हाँ में सिर हिलाते हुए कहा— 'हाँ-हाँ ज़रूर जाइए।' और एक गाड़ी का भी बंदोबस्त उन्होंने कर दिया। तो मैं देवास चला गया। वहाँ पर दो स्थान हैं—एक का नाम है कच्ची तापी, दूसरे का नाम है पक्की तापी। तो देवास की पक्की तापी में पहुँचते ही तो बच्चों की वहाँ भीड़ लग गयी, गाड़ी में कौन आया है देवास में। तो उन्हीं में से एक व्यक्ति को पकड़कर पूछा—यहाँ पर कहीं रज़ब अली ख़ाँ साहब रहते हैं। एक सज्जन बोले, कुएँ के पीछे जो घर है ख़ाँ साहब वहीं रहते हैं। But by the time I could reach the place—मैं वहाँ पहुँच पाऊँ उतने समय में किसी-न-किसी ने उस घर में यह ख़बर पहुँचा दी कि गाड़ी से कोई सज्जन आये हैं और रज़ब अली ख़ाँ साहब का ठिकाना पूछ रहे हैं।

उन दिनों वहाँ पर दिनकर राव नाम के एक सज्जन रहते थे, जिन्हें रज़ब अली ख़ाँ अपने पुत्र की तरह ही मानते थे, मुँहबोला बेटा असल में इसीलिए था दिनकर राव देवास में। उसी ने शायद जल्दी-जल्दी जाकर ख़बर दे दी थी कि विलायत ख़ाँ आये हैं रज़ब अली ख़ाँ से मिलने। तब वह कुर्ता पहनकर गेट पर बैठ गये मेरी प्रतीक्षा में, मुझे देखने के लिए। और वहाँ जाकर जब ख़ाँ साहब के चरणों में प्रणाम किया, तब देखा कि उस्ताद ख़ूब ख़ुशी की स्थिति में हैं। फिर भी उनका स्वभाव था कुछ उल्टा-सीधा कह देना, नहीं तो कुछ गाली-गलौज कर देना। उस दिन भी वे यह-वह, ऐसा-वैसा कुछ कह गये। वह सब इतना मुझे याद भी नहीं है। जैसे उन्होंने कहा—पता है, मैं इतना बड़ा गवैया हूँ कि तेरा बाप भी मुझसे डरता था? इसी तरह का और भी कुछ।

किन्तु, यह सब मैंने सुना क्यों? कारण, मेरा एक अन्य उद्देश्य था।

हालाँकि उसका ज़िक्र मैंने उनसे नहीं किया था, फिर भी उसका थोड़ा अन्दाज़ लगाकर उन्होंने कहा—हाँ-हाँ। तुम मेरे पास रुको और देशी घी खाओ, ज़रा और मुर्गा खाओ, तब छाती में ताक़त आयेगी। ख़ाली गाना-बजाना ऐसे ही थोड़ी आ जाता है।

यह जो उन्होंने कहा ना 'घी खाओ, मुर्गा खाओ, मेरे पास रहो' यह सब सिर्फ़ कहने भर के लिए नहीं था। असल में वे बहुत चाहते थे कि मैं वहाँ रहूँ। इस पर मैंने कहा—अच्छा साहब! फिर रुक भी गया।

इसके बाद उन्होंने तो देवास महाराज को भी ख़बर भेज दी। और महाराज ने भी बदले में ख़बर भिजवा दी कि जब विलायत ख़ाँ साहब यहाँ आ ही गये हैं, तब फिर उन्हें तो सुनना ही होगा। इसके बाद रज़ब अली ख़ाँ साहब ने मुझे बुलाकर कहा—भैया, महाराज साहब ने तो आर्डर निकाल दिया है, अब तैयार हो जाओ। तब बाध्य होकर मुझे कहना पड़ा—हुजूर बजाऊँगा क्या। मैं तो सितार ही यहाँ नहीं लाया हूँ। तब गाड़ी को वापस भेजा गया मेरा सितार लाने के लिए। और वह सितार जब आ गया तब मेरा समय हो गया तैयार होकर महल पहुँच जाने का।

क्या कहूँ, शंकर बाबू, दुनिया के कितने सचमुच में बड़े-बड़े लोगों को देखा है, जिनकी बातें याद आते ही आँखों में आँसू आ जाते हैं। यही जैसे रज़ब अली ख़ाँ साहब को लीजिए। पैलेस में पहुँचकर गाने-बजाने के लिए तैयार हो रहा था कि देखता हूँ ख़ाँ साहब अपने तानपूरा के तार चढ़ाकर गाने के लिए तैयार हो चुके हैं। तब मैंने उनसे अर्ज किया, हुजूर मुझे पहले बजा लेने दीजिये। आप बाद में बजाइये। इस पर वे बोले, नहीं रे, यहाँ के दरबार का दस्तूर ही यह है कि जो आतिथ्य दे रहा है अर्थात् जो host है, उसी को पहले गाना-बजाना पड़ता है। इसीलिए मैं ही पहले गाऊँगा। किन्तु, मैं भी उन्हें छोड़ने वाला व्यक्ति नहीं था, मैंने कहा—मेरा भी एक दस्तूर है हुजूर! मेरे जो पूज्य हैं, नमस्य हैं, श्रद्धेय हैं, जो उम्र में बड़े हैं, अपने गुणों के कारण महान हैं, उनके बाद मैं बजाने नहीं बैठता।

पर उसका भी कोई नतीजा नहीं निकला, रज़ब अली ख़ाँ साहब जोर-ज़बरदस्ती, मेरी किसी भी बात की परवाह किये बिना गाने बैठ ही गये। उसके बाद, शंकर बाबू, ख़ाँ साहब ने इतना बढ़िया वसन्त राग गाकर सुनाया जो चिरकाल तक एक प्रबल मधुर स्मृति के रूप में मेरी यादों में

रह गया। और उसके बाद से ही पूरे जीवन जैसे ही वसन्त बजाने बैठता हूँ, वैसे ही रज़ब अली ख़ाँ साहब की वह मूर्ति मेरी आँखों के सामने आकर खड़ी हो जाती है। ऐसा ही एक वसन्त राग गाया था उस्ताद ने उस शाम को।

ऐसी और भी सब स्मृतियाँ, यादें दिमाग़ में सारे क्षण घुमड़ती रहती हैं।

देवास की जब बात चली तो कुमार गन्धर्व जी की भी याद आ ही जा रही है। उनका गाना बहुत अच्छा लगता था। फिर भी रज़ब अली ख़ाँ साहब, अब्दुल वाहिद ख़ाँ, फैयाज़ ख़ाँ, भास्कर राव, दिलीपचन्द्र वेदी ये लोग एक अन्य स्तर के शिल्पी थे।

रविशंकर जी से तुमने जो कहानी सुनी है, मेरे परबाबा इमदाद ख़ाँ साहब के बारे में वह घटना तथ्यपूर्ण और शत-प्रतिशत सच है। मेरी एक बुआ थीं अर्थात् उनकी एक कन्या मरणासन्न थी, किन्तु दादू रियाज़ छोड़कर उठे नहीं। परिणाम यह हुआ कि बुआ की मृत्यु के पहले परबाबा उसे अन्तिम बार देख नहीं सके। तो फिर मैं आगे जो कह रहा हूँ उसे सुनिये।

१४

मेरे बाबा की तीन बहनें थीं उनमें से एक की मृत्यु की वह घटना है। वास्तव में ख़ाँ साहब चार मोमबत्तियों का रियाज़ किया करते थे—ख़ाँ साहब का अर्थ इमदाद ख़ाँ साहब से है। उस समय घड़ी-बड़ी का मामला कुछ था ही नहीं। एक-एक मोमबत्ती दो से अढ़ाई घण्टे तक चला करती थी। इसीलिए उस समय के लोग मेरे परबाबा को बजाने के लिए बैठते देखकर कहा करते थे, अरे उससे बात मत करो, उसका चार मोमबत्तियों का रियाज़ है। किसी-किसी के बारे में कहा जाता था उसका तीन बत्तियों का रियाज़ है। तो इस तरह से उन दिनों मोमबत्तियों को रखकर समय की गणना की जाती थी।

इमदाद ख़ाँ साहब शाम को पाँच-छह बजे से सुरबहार लेकर बैठ जाते थे। और रात जब दो या तीन को छूने लगे तब तक रियाज़ करते रहते थे। उसके बाद रात के तीन बजे तक थोड़ा-बहुत खाकर सो जाते थे। तो मेरी वही बुआ, जिसकी चर्चा हो रही है, काफ़ी दिनों से बीमार चल रही थी। उस दिन रात के दस या ग्यारह बजे घर के भीतर से किसी ने ख़बर दी, बुआ जी आपको बेसब्री से देखना चाह रही हैं। उन्होंने जवाब दिया, मैं अभी आता हूँ। मेरी रियाज़ की गिनती पहले ख़तम हो जाय। इसके बाद काफ़ी समय बीत गया, फिर भीतर से आदमी आया, फिर उन्होंने वही बात दुहराई, और इसी तरह से चलते-चलते परबाबा के रियाज़ छोड़कर उठने के पहले ही बुआ जी ने अपनी देह छोड़ दी। किन्तु, परबाबा ने तब तक उनके रियाज़ की जो गिनती थी उसे बन्द नहीं किया। और जब बुआ मर गयी तब वे बजाना छोड़कर उठ आये। और कहने लगे—इसी गाने-बजाने के रियाज़ की वजह से मैं अपनी बेटी को उसके अन्तिम क्षणों में

न अपना मुँह दिखा सका और न उसका मुँह देख सका। यह मेरे जीवन का सबसे दुखद क्षण बनकर रह जायेगा।

किन्तु, देखो तो वही घटना तो इतिहास बन गयी। आज तक वही घटना तो लोगों की ज़ुबान पर घूम रही है। गाने-बजाने से मनुष्य किस हद तक प्यार कर सकता था, उसके लिए जीवन का कितना कुछ दिया जा सकता है, उसका एक द्रष्टान्त बनकर रह गया इमदाद ख़ाँ साहब के जीवन का वह दर्दनाक क्षण।

रियाज़

जब रियाज़ अथवा बजाते समय कोई उसमें डूब जाता है, तब उसको क्या होश रहता है कि दुनिया में कहाँ क्या हो रहा है ? पूरी दुनिया ही उस समय छोटी हो जाती है, बहुत कुछ 'शतरंज' के खिलाड़ी के शतरंज के नशे में डूबे उन मनुष्यों की तरह मेरे अपने जीवन में भी ऐसा ही घटित होता रहा है डेढ़-दो वर्ष तक। मुझे ऐसा जुनून सवार हो गया था कि पूरे दिन में थोड़ा-बहुत सो लेता था, खा भी लेता था, रेडियो स्टेशन की ड्यूटी भी अंज़ाम दे लेता था और रात में जैसे ही दस-साढ़े दस बजे वैसे ही मैं दरवाज़ा बन्द कर सितार लेकर बैठ जाता था। उसके बाद एक, दो, तीन, चार घण्टे लगातार रियाज़ चलता रहता था। उसके बाद सम्भवत: एक अण्डा अथवा एक मग दूध पी लेता था, फिर सितार लेकर रियाज़ चलता रहता था। फिर रियाज़ अगर चला तो चलता रहता था दूसरे दिन दोपहर बारह बजे तक। सदा शरीर साथ देता था, ऐसा भी नहीं है। कई बार तो सर्दी-खाँसी बनी रहती थी, कभी हाथों-पैरों में दर्द होता रहता था, बुखार से कभी-कभी देह काँपती रहती थी, फिर भी बारह-तेरह घण्टे के उस रियाज़ से अपने को कभी रियायत नहीं दी। किन्तु उन सब बातों की कभी चिन्ता नहीं करता था, उस समय जो कुछ सोचा करता था, वह इस प्रकार है – जन्म जब हुआ है तो उसके बाद जीवन-भर अच्छा-बुरा दोनों को लेकर ही तो जीवन-यापन करना पड़ेगा। और उसी अच्छे-बुरे के बीच रियाज़ चालू रखना ही तो उचित है। सदा ही तो जीवन में अपनी मर्ज़ी के अनुसार होता नहीं है। इस वजह से अगर रियाज़ में कोई कमी रहे तो

वह तो नहीं चल पायेगी। अपने मन को मैंने तब यही समझाया। और आज भी यही सोचता हूँ।

मेरा रियाज़ चिरकाल कैसा बना रहा, इसका पता है तुम्हें! वही एक स्कॉलर का किताबों में डूबे रहने की तरह नहीं था। बहुत कुछ उस प्रेमी की तरह था जो किसी के प्रेम में दीवाना हो गया हो। फिर समय का ज्ञान ही नहीं रहता है। जिस दिन पल्टा कर रहा हूँ, तो पल्टा ही कर रहा हूँ, झाला कर रहा हूँ तो झाला ही करता जा रहा हूँ। सरगम कर रहा हूँ तो सरगम ही निकाले जा रहा हूँ। अगर एक राग लेकर सितार बजाना शुरू किया तो घण्टों उसी राग को लेकर पड़ा रहता हूँ, उसके बाद कब एक समय ऐसा आया जब राग पलट कर अन्य एक राग लेकर उसी राग पर पूर्व की तरह घण्टे, दो घण्टे, तीन घण्टे बजाता रहता हूँ। दाहिने और बायें हाथ को सितार पर ऊपर से नीचे कितनी पूर्णता के साथ चलाकर राग निकाल पाता हूँ यही सब सोचते-सोचते मेरे यही सब दिन बीत गये हैं। और इसी रियाज़ के बीच मेरी रागों की तालीम हो गयी और गाने की भी तालीम हो गयी।

इसके बाद भी जब मैं बहुत छोटा था, तब गाने-बजाने के जो पोथी-पत्रे थे उनका भी मैंने अभ्यास किया था। घर में गाने-बजाने से सम्बन्धित किताबें मेरी माँ पढ़ा करती थीं। और उसी ने मुझे पढ़ायी भी थीं। हाथों के रियाज़ के साथ-साथ मन का रियाज़ भी चालू था। राग का चलन, उसका विकास और भावना लेकर रोज़ विचार करता था और उसका चेहरा तैयार करता रहता था। हाँ, यह ज़रूर है उन दिनों मेरे पास कौन-कौन लोग थे? दादू, काका, मामा और माँ। शायद मैं कर रहा था रि रे ने ना आ आ आ आ रे रे आ आ ना ते रे ना आ आ—सहसा वहाँ से दादू ने सुन लिया, और उन्होंने मामा से कहा, जाओ उस बेवकूफ़ को समझाओ यह राग केदार का मध्यम नहीं है। उसे मध्यम आता भी नहीं है। तब मामा आकर मुझे गाकर सुनाते थे, रि रे ने र इत्यादि फिर बताते थे केदार का मध्यम किस तरह से आता है। मैं तब क्या किया करता था? मैं कर रहा था रि रे, न आ आ, रे न तब दादू ने फिर मामा को उस कमरे से बुलाया, और मामा फिर दूसरे कमरे में गये, वहाँ से घूमकर आकर कहने लगे, ना रे ना। यह ध म म ध नहीं है यह ध म प ध म होगा अर्थात् रि रे नहीं ... प ध प म म ... और मैं उसके स्थान पर पहले कह रहा था ध ा ा म -

दूसरी बार कर रहा था ध-म—तीसरे दौर में कर रहा था ध । । । । । । म। Actually this is the real madhyam of Kedar —असल में यह है सचमुच में केदार का मध्यम। केदार जान लेने पर धैवत से मध्यम खींचने में फिर कुछ नहीं लगता है, यह जानना होगा कि बीच में कौन-कौन सुर आयेंगे और सौन्दर्य बोधात्मक दृष्टि से कैसे आयेंगे यही प्राणपण से समझने की बात है। इसी तालीम से गाने-बजाने की तैयारी होती है, यह स्कूल-कॉलेज की शिक्षा नहीं है, इसे दिल में बैठाना पड़ता है।

अगर तुम अब यह पूछो कि गाने-बजाने में पोथी-पत्रों का काम कितना है तो मैं कहूँगा शास्त्रीय संगीत में दस प्रतिशत लिखने-पढ़ने का और नब्बे प्रतिशत काम का स्थान होता है। जो तजुरबा, एक्सपीरियेंस, प्रैक्टिस करने, रियाज़ करने अपनी उम्र और जीवन से समय काट कर दिल में उतर जाता है, वह पुस्तकों से नहीं आता है। आज तक मैंने अपने जीवन में किसी ऐसे बड़े आर्टिस्ट को नहीं देखा है, जो स्कूल-कॉलेज में पुस्तकों से सीखकर आर्टिस्ट बना हो। यह जो मैंने रेडियो छोड़ दिया है, उसके पीछे भी तो यही कारण है। यह जो संगीत विशारद, संगीत सुधाकर, संगीत आकाश, संगीत पाताल, थोड़ा स्कूल-कॉलेज से संगीत सीखकर आकर बैठ गये चेयर पर और बड़े-बड़े आर्टिस्टों की सुर-परीक्षा लेनी शुरू कर दी। उन लोगों से मुझे बस यही कहना है आप जो बड़े-बड़े आर्टिस्टों की श्रुति-परीक्षा लेंगे उसके पहले तानपूरे को तो सुर में मिला दें। हाथ से मात्रा गिनकर एकताल, तीन ताल, झपताल करके दिखा दें, इन्हीं तालों को थोड़ा बजाकर सुना दें कि किस अँगुली से तिरकेट निकलता है। इसे तो आप जानते नहीं हैं और आप आबिद हुसैन ख़ाँ साहब, थिरकवा ख़ाँ साहब का ऑडीशन ले रहे हैं। इसी को लेकर मेरा उनसे झगड़ा-झंझट था— सिर्फ़ आँख में अँगुली डालकर उन्हें यह दिखा देना कि जिनमें योग्यता ही नहीं है, जो श्रुति परीक्षा लेने के पात्र नहीं हैं, वे श्रुति परीक्षा एक ऐसे व्यक्ति की ले रहे हैं, जिनकी योग्यता का निर्णय करना इतना सरल काम नहीं है, न कोई मज़ाक़ है और जब से रेडियो में यह राजनीति, इधर-उधर से फर्जी तरीक़े से डिग्री लेकर म्यूज़िक पर नियन्त्रण करना शुरू किया है, तभी से गाना-बजाना ख़राब होना शुरू हो गया है। एक समय ऐसा था जब हम लोग स्वतन्त्र नहीं थे। ब्रिटिशों के आधीन थे। तब राजे-महाराजे थे उस समय, उन लोगों को गाने-बजाने से प्रेम था,

कभी-कभी ख़ुद संगीत सीखकर—शिल्पी का सम्मान कर उन्होंने एक संस्कृति तैयार कर ली थी। गाने-बजाने के द्वारा अपनी सभा की भी मान-मर्यादा, उसके स्तर की भी उन्नति करने के बारे में सोचा करते थे। और जब हम ब्रिटिशों की अधीनता से मुक्त हुए कि सहसा सब कुछ चला गया, सब कुछ मर गया।

तबला

किसके तबला की संगत से मुझे आनन्द मिला? तो फिर मैं फिर उसी प्रसंग पर आ रहा हूँ। आज मैं इसी शाम को चाय-वाय पीकर सितार लेकर बैठा था। तब एकाएक ऐसा लगा कि शुद्ध कल्याण बजाऊँ। आज किस तरह से मन शुद्ध कल्याण में ही पड़ा हुआ है—उसी में मग्न है। उसके दूसरे दिन भी सितार लेकर सोचने लगा अच्छा तो शुद्ध कल्याण ही बजाता हूँ। किन्तु, जैसे ही बजाना शुरू किया कि समझ में आया कि शुद्ध कल्याण में मन नहीं लग रहा है। तब लगा— No, this is not Shuddh Kalyan – नहीं यह शुद्ध कल्याण नहीं है। अर्थात् कल मेरा जो मिज़ाज, मनोभाव, भावना, आवेश शुद्ध कल्याण के लिए था, आज वह नदारद था। उसी तरह से करामत ख़ाँ साहब, अनोखेलाल, शामता प्रसाद, अल्ला रक्खा ख़ाँ साहब, कण्ठे महाराज, थिरकवा ख़ाँ साहब, आबिद हुसैन ख़ाँ साहब, तरल्ले ख़ाँ साहब, मुट्टू ख़ाँ साहब, काले ख़ाँ साहब, शमसुद्दीन ख़ाँ साहब, जिन्होंने पूरे जीवन अब्दुल करीम ख़ाँ साहब की संगत की है—इसी तरह के कितने बड़े-बड़े लोगों के बजाने की बात मन में भीड़ लगाकर आती है, और भी अनेक नाम हैं जो इस क्षण याद नहीं आ रहे हैं, शायद अरे हाँ याद आ रही है—किशन महाराज की बात भी। इन सब बड़े-बड़े लोगों के साथ मेरा गाना-बजाना हुआ है। इस समय कैसे बताऊँ शंकर बाबू तुम्हें कि इनमें कौन बड़ा है, कौन उतना बड़ा नहीं है। बताओ मैं कैसे बताऊँ कि इनके साथ मेरा बजाना अच्छा हुआ और उनके साथ ठीक-ठीक नहीं उतरा।

किस गुणी तबलिया से क्या पाया, कैसी संगत मैं प्राप्त कर सका, यह सोचने बैठता हूँ तो यही लगता है कि मेरा सितार और संगतकार का तबला

दोनों परस्पर एक-दूसरे पर निर्भर थे जिसे अँग्रेज़ी में रेसीप्रोकल कहते हैं। एक व्यक्ति के बजाने की Strength and beauty के ऊपर निर्भर होती है अन्य व्यक्ति के बजाने की strength और beauty किस तरह से और कितनी प्रस्फुटित होगी इस पर। The first concert of my life on stage – was with Ustad Ahmedjan Therkua Sahab and the last concert of Ustad Ahmadjan Therkua Sahab's life was with me in Jullandar, अर्थात् मेरे जीवन का स्टेज पर पहला संगीत समारोह था उस्ताद अहमदजान थिरकवा के साथ और अहमदजान थिरकवा साहब के जीवन का अन्तिम संगीत-समारोह मेरे साथ हुआ था जालंधर में। मेरे जीवन के पहले स्टेज कार्यक्रम में उन्होंने मेरा हाथ पकड़कर स्टेज पर मुझे बैठाया और मुझे आकाश की ऊँचाई तक उठा दिया। फिर एक दिन ऐसा आया जब उनकी काफ़ी उम्र हो गयी थी, एकदम बुढ़ापा, यह विशद्ध, गहरी अतीत की यादगार घटना है, मेरे मन पर सदा छायी रहने वाली—घोषणा हो चुकी थी कि थिरकवा ख़ाँ साहब विलायत ख़ाँ साहब के साथ तबले पर संगत करेंगे और जब हम दोनों लोग एक साथ स्टेज पर चढ़ रहे थे, तब देखा कि ख़ाँ साहब मेरी ओर घूमकर कह रहे हैं, बेटा मेरी इज़्ज़त रख लेना, हाँ? तब मैंने उनका हाथ पकड़कर कहा—मैं आपकी इज़्ज़त कैसे सम्भालूँगा ख़ाँ साहब? चाचा आप ही मेरी इज़्ज़त सम्भालियेगा। आप बड़े थे, बड़े हैं और बड़े रहेंगे। और उस समय वे बहुत बूढ़े हो गये थे। वे लगभग नब्बे वर्ष के थे। एकदम गिरने-गिरने को हो रहे थे, कमर झुक गयी थी। उस दिन मैंने उन्हें ले जाकर अपने सितार को ऐसी जगह ऊँचाई पर उठाया—अन्तिम शक्ति युक्त तेज़ लय निकाली कि मैं वहाँ अन्तिम आघात करने वाला था पर मैंने अपने हाथ को इसलिए रोक लिया जिससे ख़ाँ साहब तबले पर अन्तिम थाप मार सकें और उन्होंने वही किया तबले पर अन्तिम थाप मारी। तब सभी लोग तुमुलध्वनि कर उठे- ख़ाँ साहब उठकर खड़े हो गये—श्रोताओं की वाह-वाह के साथ उनकी प्रशंसा उन्होंने स्वीकार की। उस समय मैं चुपचाप बैठा रहा और उन्होंने उठकर सबका सम्मान, सबसे इज़्ज़त प्राप्त की। यह एक वैसी ही स्मृति है जिसके साथ मेरे जीवन का बहुत सारा प्रेम और श्रद्धा मिली हुई है। इसकी क्या कोई क़ीमत है शंकर बाबू?

१५

तबला के गुणीजन

तबले के द्वारा मैंने किससे क्या पाया उसे बताने की चेष्टा कर रहा हूँ। जैसे उदाहरण के लिए शामता प्रसाद के तबले की टोनल-स्वर की गुणवत्ता—वह और किसी के हाथ में नहीं मिलेगी। सितारखानी में ना धिनधिन ना का जो एक मज़ा है वह किशन महाराज जैसा और किसी भी तबला वादक में नहीं है। अर्थात् एक स्वरीय गुणवत्ता देखेंगे और एक 'ना धिनधिन् ना' देखने पर। फिर एक-एक अँगुली से 'ना धिन् धिन् ना' किस श्रेष्ठ स्तर पर जा सकती है वह देखने को मिलती है अनोखे लाल में कायदा, दोषरहित कायदा वह था करामत ख़ाँ साहब के तबले में। और Odd – अर्थात् विषम जगह से ऊपर उठकर सम पर चले आना, इस तरह की चक्करदार तिहायी—वह थी अल्लारखा ख़ाँ साहब के तबले की विशेषता। और जिसका तबला सुनकर ऐसा लगता है जैसे हम गाना सुन रहे हों, वह विशेषता थी कण्ठे महाराज में। और तबले में मौसम, मिज़ाज, अपनी एक रुचि और अपने मार्ग का तबला, यह विशिष्टता थी अहमद जान थिरकवा में। तो देख रहे हो ये सब लोग एक-एक रास्ते पर चलते हुए एकदम उस मार्ग की अन्तिम बात कहे दे रहे हैं। और उस मामले में वे किसी के भी साथ मिलते नहीं हैं। जिसे कहते हैं स्टाइल, पूर्णता, वैयक्तिक जीवन अपनी-अपनी जगह पर अपना काम सजाये हुए बैठे हैं।

तबले की चर्चा से सितार की और एक बात याद आ गयी। वह यह है कि पहले के ज़माने में यन्त्र वादक अपने वादन में कुछ-कुछ विभागों में विशेषज्ञता प्राप्त कर लेते थे। किसी को गत् में, किसी को आलाप में, किसी को झाला में विशेषता प्राप्त रहती थी। लय के एक-एक पर्व पर

एक-एक व्यक्ति की विशेष नज़र या ध्यान रहता था। किन्तु मेरे घर में मुझे जो मिला वह सितार का पूर्ण Panormic Scope – विशाल क्षेत्र वही आलाप, जोड़, झाला से होता हुआ अति विलम्बित से विलम्बित मध्य से होते हुए अति द्रुत पर्यन्त सभी गतियों में सितार के जितने भी काम हो सकते हैं उनका पूरा विस्तार और अभ्यास। अर्थात् सितार जहाँ पर एक पूर्ण संश्लिष्ट उपकरण है। वाद्य यन्त्र के सभी कामों को जहाँ निचोड़कर बाहर लाया जाता है। जिसे सरोद के माध्यम से दिखाया करते थे अली अकबर ख़ाँ साहब। हमारा यह सितार वाद्य यन्त्र इसीलिए तो एक मधुर स्मृति युक्त मोह है।

ओहो! एक नाम तो छोड़ ही गया। जाकिर हुसैन का। बड़ा आनन्द मिला था उनके साथ सितार बजाकर! अल्ला करे उस बच्चे को ख़ूब लम्बी उमर दे। बहुत सुन्दर बजाता है। चाहता हूँ कि वह और भी अच्छा बजाये और अनेक, अनेक उम्र तक बजाये। इसके तबला बजाने का जो सौन्दर्य है उसके बारे में कहने का मैं सही व्यक्ति नहीं हूँ—I am not the right person to say—तबले में अभी बहुत कुछ करने को पड़ा है उसके लिए, हालाँकि हमारे साथ बजाने में वह इतना सामंजस्य बिठाता है कि और किसी के साथ इतना करते कभी नहीं देखा है। वह जिनके साथ बजाता है वह दिखा देता है कि वह एक कलाकार है—He shows he is the Artist, और जब मेरे साथ बजाने बैठता है तब तबला और सितार को मिलाकर इतने ऊपर ले जाता है जहाँ पर लोग समझ जाते हैं कि उसकी संगीत सम्बन्धी प्रतिभा किस स्तर की है। I have the greater affection and love for this lovely genius – मेरे मन में इस प्रिय प्रतिभाशाली कलाकार के प्रति सर्वोत्कृष्ट स्नेह और प्रेम विद्यमान है।

तुम जानना चाहते हो कि थोड़ी देर पहले जिन महान तबला वादकों की मैंने चर्चा की है उनके साथ जाकिर हुसैन की बराबरी है या नहीं? तो फिर एक बात कहता हूँ उसे सुनिये। मेरे पास एक रिकार्डिंग है। उसमें उसने इतने सुर में बजाया है कि ऐसा लगता है जैसे गाने-बजाने की एक सौ प्रतिशत घटना घट रही है। कोई मुँह बनाने जैसा व्यापार नहीं हो रहा है, सुन्दर समझदारी से भरा और प्रेमयुक्त गाना-बजाना हो रहा है। किन्तु एक जगह जाकर जाकिर ने ऐसी एक चीज़ बजायी है, जिसे थिरकवा ख़ाँ साहब बजाया करते थे और थिरकवा साहब के बाद उनसे बहुत कुछ

आयत्त किया था शामता प्रसाद ने। और शामता प्रसाद से ग्रहण किया जाकिर ने। फिर भी इस दो घण्टे, अढ़ाई घण्टे के कैसेट को सुनने के बाद जाकिर ने जब यही चीज़ बजायी तब ठीक-ठीक यह समझ में आ गया कि कहाँ अहमदजान ख़ाँ साहब, कहाँ शामता प्रसाद और कहाँ जाकिर हैं। वे लोग इतने ऊपर हैं। अल्ला! अल्ला! उन सब चीज़ों को याद करके ही विषादपूर्ण मोह-नोस्टेल्जिया होता है।

अमजद का सरोद? अमजद बहुत अच्छा बजाता है। अली अकबर ख़ाँ, बिस्मिल्ला ख़ाँ साहब के साथ मेरी जुगलबन्दी? बिस्मिल्ला ख़ाँ साहब के साथ आज (जब यह पुस्क लिखी गयी- २००३) भी कभी-कभी सितार बजाना हो जाता है, यही जैसे डेढ़-दो वर्ष पहले उनके साथ बजाना हुआ था। एक वर्ष पहले भी बजाना हुआ था। हाँ। अली अकबर ख़ाँ ने तो कह ही दिया था कि किसी के साथ यदि जुगलबन्दी करनी हो तो विलायत ख़ाँ साहब के ही साथ बजाऊँगा, और किसी के भी साथ नहीं बजाऊँगा। और अगर ऐसा नहीं हो पाता है और आपको मेरा बजाना सुनना हो तो मुझे अकेले में सुनिये। और सभी को उन्होंने इस सम्बन्ध में मना भी कर रखा था। और उनके साथ बजाने जाकर मैं गाना भी शुरू कर देता था, फिर पूरा कार्यक्रम ही ख़ूब जम जाता था। मेरे बजाने के क्रम में इसीलिए गाने का एक चेहरा भी फूट उठता है।...आ आना आआ देरे...नज़र देख ले ओ, चलति दिया न जल भर देख ले ओ...डडडड डडडाआआ आ डाँआआ डाँआआ...वास्तव में वे भी और मैं भी—दोनों लोग जब जो बजा रहे हों...चलति दिया न जल भर देख ले...यह गाना सोचकर, बनारस अंग का गाना सोचकर, ठुमरी अंग में कहाँ क्या हो सकता है यह सोचकर जो करने को होता था, हम लोग वही कर लेते थे—इसी वजह से उन्हें ठीक-ठीक पता होता था कि मैं क्या सोच रहा हूँ, और मैं यही सोच लेता था कि वे क्या सोचकर कहाँ चल रहे हैं। अर्थात् जिस तरह से सचमुच का गाना-बजाना हो सकता है (हम लोग वही करते थे)।

महान संगीतकार

किसी गवैये के साथ मिलकर कभी सितार नहीं बजाया यह सत्य है। फिर

भी, हमारे ज़माने में, जब मैं छोटा था, उस समय कलकत्ते में ऑल इण्डिया म्यूज़िक कॉन्फ्रेंस, ऑल बंगाल कॉन्फ्रेंस इत्यादि ख़ूब हुआ करती थीं। और उस समय हिन्दुस्तान के सभी विख्यात म्यूज़ीशियन आ जुटते थे यहाँ। और चूँकि मेरे बाबा यहीं रहते थे इसीलिए संगीत समारोह के मौसम में रोज़ ही मेरे घर में पार्टी चलती रहती थी। मेरी माँ घर के नौकरों के साथ मिलकर रोज़ घर में इतना सब खाना बनाया करती थीं। और सवेरे नौ-दस बजे से रोज़ सब गवैये-बजैये घर में आ जाते थे। मुझे याद आ रहा है उस समय अब्दुल अज़ीज़ ख़ाँ साहब, हाफ़िज़ अली ख़ाँ साहब, थिरकवा ख़ाँ साहब, फैयाज़ ख़ाँ साहब सभी आ जाते, बैठते, और गाना-बजाना किया करते थे। नाइन्टीन थर्टी फाइव—अथवा थर्टी सिक्स में आये थे अब्दुल करीम ख़ाँ साहब। ये लोग सभी एक घेरे में घर में बैठे हुए थे और गिलास वग़ैरह सब रखे हुये थे—खाना-वाना भी चखने के लिए रखा हुआ था। फिर शुरू हो गयी भैरवी, ए बनबारी, हम परदेसी लोग—एक व्यक्ति गाना गा रहा है, फिर उसके बाद अब्दुल अज़ीज ख़ाँ साहब ने गाना शुरू कर दिया, उनके बन्द करते ही हाफ़िज़ अली ख़ाँ साहब ने सरोद उठा लिया, एक व्यक्ति अगर बन्द कर रहा है तो दूसरा शुरू कर दे रहा है, और इसी तरह से एक राग एक महान गायक के बाद दूसरे महान गायक के साथ घूम रहा है और इसी बीच में गाना शुरू कर दिया अब्दुल करीम ख़ाँ साहब ने। उनके रुकते ही कोई कह उठा, अरे भाई इनायत् ख़ाँ, सितार ले लो। इसी तरह से उन्होंने सितार पर भैरवी बजानी शुरू कर दी और उनके कुछ सुर लगाते ही, अब्दुल करीम ख़ाँ साहब कह उठे—अरे ए भाई इनायत् ख़ाँ। बंगाल के जादूगर, इतनी देर में बजाने बैठा और एक मिनिट में जादू कर दिया। अब्दुल करीम ख़ाँ साहब ने इनायत् ख़ाँ साहब से कहा। आज ये सब चीज़ें अतीत की बार-बार याद आने वाली चीज़ें हैं—यह सभी तो इतिहास है। और इन सब चीज़ों को सोचने पर अब मन बहुत ख़राब हो जाता है। ये सब लोग म्यूज़िक के जाइन्ट्स (Giants of Music) थे। सभी एक साथ बैठकर खा-पी रहे हैं, गा-बजा रहे हैं, बैठे हुए हैं। ये सब दृश्य अब कहाँ मिलेंगे, इस जीवन में शंकर बाबू, इन सबके बारे में सोचते ही मन ख़राब नहीं हो जायेगा? बड़ा अकेलापन लगता है कि आज चारों ओर क्या देखने को मिलता है? किसे मारूँ, किसे पटक दूँ, किसे झटक कर अलग कर दूँ, किस पर तुरुप का पत्ता चला दूँ—यही सब दिमाग़ में आता है। यही ट्रम्प कार्ड मारना क्या गाने-बजाने

का काम है ? गाने-बजाने का काम है प्रेम करना। अच्छा सुना देना, अच्छे विचार करना। और यह सब मिलाकर सिर्फ़ एक बात—प्रेम करना।

इस शताब्दी की श्रेष्ठ महिला ख्याल गायिका? केशरबाई, रौशनारा, सिद्धेश्वरी। किन्तु इनमें कोई रेटिंग करने का मेरा मन नहीं होता है। जीवन में यही रेटिंग करने के मामले को मैं सदा नज़रंदाज़ करके चला हूँ। यही सब करके तो देखा है कि किस तरह से संगीतज्ञों में एकेक दुःख की दीवाल खड़ी कर दी है लोगों ने। जो सचमुच में बड़े हैं वे तो बड़े हैं ही, उनके लिए बड़ा-छोटा क्या? जानना चाहते हो मृत्यु के पहले किस महिला का मैं गाना सुनना चाहूँगा ? तो फिर मेरा कहना है— इन सभी का।

इनमें से किससे मैं क्या पाना चाहता हूँ ? यह तो मैं न बता सकूँगा। कारण, इन सबसे इतना अधिक पाता रहा हूँ कि नया कुछ इनसे माँग नहीं सकता। इनमें से हरेक के कण्ठ से सुर का पूरा-पूरा संसार पाता रहा हूँ, इसलिए और क्या चाहूँगा, सोच ही नहीं पा रहा हूँ।

इसके बाद गाने में एक अन्य उदाहरण लीजिए—बेग़म अख़्तर। बेग़म अख़्तर मेरी छाया थीं। ग़ज़ल के जगत् में तीन ही तो हैं—बेग़म अख़्तर, मेहदी हसन और फरीदा खानम। ये तीन लोग ग़ज़ल के संसार में जितने अच्छे गायक हुए जीवन में और कोई वैसा न हो सकेगा। अनेक तो आ रहे हैं, किन्तु, ये जो थे, वही बने रहे। और बने भी रहेंगे। कारण, ये लोग ग़ज़ल को जो दे गये हैं उसके द्वारा ही ग़ज़ल का पहला और अन्तिम परिचय है। कहना हो तो कहना चाहिये ये लोग ही साकार ग़ज़ली हैं।

१६

बंगाली गुणीजनों का गाना जीवन में क्या कम सुना है ? भीष्मदेव बाबू का गाना—भीष्मदेव चट्टोपाध्याय। ख़ूब सुना है। तारापद बाबू का गाना—तारापद चक्रवर्ती—ख़ूब सुना है। और एक गायक है—ज्ञानेन्द्रप्रसाद गोस्वामी, आहा कितने सुन्दर गवैये थे। उनको भी ख़ूब सुना है। इन तीन लोगों को सुन कर ही यह अनुभव होता है कि बाङ्लादेश का गाना कितना ऊँचा उठ गया है। आहा! कैसे तीन लोगों के नाम लिए भाई! इन लोगों ने अच्छे विचार प्रस्तुत किये हैं संगीत में, बड़े-बड़े उस्तादों के गाने-बजाने का अंदाज़ सुनते ही हृदय पर चोट पड़ती है, रोंगटे खड़े हो जाते हैं। इन तीन जनों का गाना भी वही करता था, आज भी करता है। फिर कभी इन लोगों का प्रसंग उठाना, इनके गाने की कथा, स्मृतियों की कथा बताऊँगा।

किशोरी अमोनकर? ख़ूब अच्छा गाती है (उस समय जीवित थी - अनुवादक)। उससे कितने दिनों का सम्बन्ध है, बहन-भाई की तरह। वह तो मेरे ऊपर बड़े भाई अथवा बाबा की तरह श्रद्धा करती है। I am very greatful to her because she is a very bad tempered girl – मैं उसके प्रति बहुत कृतज्ञ हूँ क्योंकि वह बहुत जल्दी भड़क जाने वाली लड़की है। मेरे साथ वह बहुत ही शालीन और नम्रता का व्यवहार करती हैं। उसकी माँ को तो मैं बहुत समय से सुनता रहा हूँ। केशरबाई और किशोरी की माँ मधुबाई को मैं कितनी श्रद्धा करता हूँ, इसे मैं शब्दों में कहकर क्या समझा सकता हूँ ? केशरबाई तो कब की दिवंगत हो गयी हैं, फिर भी उनकी कथा, उनके गाने रह-रह कर याद आते हैं। और आज भी जब बोम्बे जाता हूँ और अगर मुझे समय मिलता है तो मधुबाई के यहाँ जाकर उन्हें प्रणाम कर आता हूँ। गंगूबाई का गाना सुना ज़रूर है, पर

अधिक सुने हैं केशरबाई, हीराबाई, सिद्धेश्वरी के गाने। केशरबाई को तो उनके अन्तिम दिन तक सुना है अगर कहा जाय तो, कारण, हम लोग तो एक ही सभा में गाना-बजाना करते रहे हैं, कभी यहाँ, कभी वहाँ।

ख्याति

यह तो मैं फिर स्टेज पर गाने-बजाने के प्रसंग पर आ गया हूँ। मेरा नाम जब 'हो हो' करते हुए सब ओर फैल गया फोट्टी थ्री, फोट्टी फोर में, उसके बहुत पहले से ही मैं स्टेज पर गाने लगा था। फोट्टी फोर में मेरा नाम आग की तरह फैल गया था यह ठीक है, किन्तु, उसके पहले ही पूरा हिन्दुस्तान मुझे एक आवाज़ में पहचान चुका था। I have become a name. दरअसल, १९३६ में मेरा संगीत में एक नाम हो गया था और १९३६ में मैं वास्तव में स्टेज पर आ ही गया था। '४०-'४१ से तो मेरा उत्थान शुरू हो गया था। और तुम लोग मुझे जो एक किंवदन्ती और स्टार कहने लगे प्रेमवश यह शुरू हो गया था '८० में। अस्सी-बयासी से। एक किंवदन्ती होने के लिए जीवनभर की एक महत्त्वपूर्ण उपलब्धि तो चाहिये ही। असाधारण बच्चा तो था ही, यह तो लोग उसी छत्तीस से ही मुझे कहते आ रहे थे, फिर भी ख्याल करके एक चीज़ तो देखो, वह है, हर आर्टिस्ट के जीवन में चार-पाँच वर्ष ऐसे आते हैं जो देखने योग्य होते हैं, जिन पर सभी की नज़र जाती है, इन वर्षों में वह एक छलाँग लगाता है, और ऐसा समय आता ही है, तभी तो कहा जा सकता है कि किसी ने सचमुच में विकास किया है, उत्थान किया है। उस दृष्टि से थर्टी सिक्स के बाद फोर्ट्टी-फोर्ट्टीवन, उसके बाद फोर्ट्टी फाइव, फोर्ट्टी सिक्स में फिर एक उछाल—यही तथ्य तो मेरे कैरियर में लक्षित करने योग्य है। उसके बाद फोर्ट्टी एट, फोर्ट्टी नाइन में भी फिर एक ऊँची कूद मेरे बजाने में देखी गयी है। उसके बाद दिल्ली में जब मैंने रविशंकर जी के साथ बजाया फिफ्टी टू में तब भी एक ऊँची उछाल मारी मेरे बजाने और मेरे कैरियर ने। इसी तरह से क़दम-दर-क़दम मैं ऊपर उठता आ रहा हूँ अपने जीवन के उसी स्थान पर जहाँ से लोग मुझे एक किंवदन्ती कह रहे हैं। लेजेण्ड तो कोई एक दिन में बन नहीं जाता है, दो-चार बार वाद्य-यन्त्र बजाने के बाद भी नहीं होता है। लेजेण्ड बनाऊँगा यह कहकर किसी को लेजेण्ड

नहीं बनाया जा सकता है, लेजेण्ड बनाता है मनुष्य अपनी दीर्घदिनों की श्रद्धा, प्रेम और अनुराग के द्वारा। लोकप्रिय, सफल तो बहुत लोग होते हैं, किन्तु लेजेण्ड होते हैं गिनती के। यह भगवान का दान है, मनुष्य का दान है, और ख़ूब भाग्यवान और महान शिल्पी का प्राप्य है। किसी ने ख़ूब नाम कमाया हो और वह लेजेण्ड हो गया हो, यह इतना सहज नहीं है।

बजाने के मामले में 'हाय रे, अगर इनके साथ बजा पाता।' अथवा, 'इन अथवा उनके साथ अगर थोड़ी जुगलबन्दी हो पाती।' इस तरह का कोई अफ़सोस मुझे नहीं है। फिर होगा भी क्यों ? मैं तो ईश्वर को धन्यवाद देता हूँ कि भारत के विख्यात से विख्यात को सुनता गया, बड़े से बड़े कलावन्तों के साथ गाना-बजाना कर सका, तुमसे सच-सच कह रहा हूँ शंकर बाबू कि मेरा जीवन हर क्षण सार्थकता से भरपूर रहता है, My birth is worth every moment – मेरा जन्म लेना सार्थक हो गया कि इतने बड़े-बड़े लोगों का मुझे सान्निध्य मिला, उनसे साक्षात्कार हुआ—भाई अरे बताओ तो एक जन्म में इससे अधिक भला क्या चाहूँगा ? अल्ला ने जब इतना दिया है, लोगों ने जब मुझे इतना प्यार किया है, तब फिर इससे अधिक चाहना क्या विलायत ख़ाँ को अच्छा लगेगा ? नहीं भाई, मैं और कुछ नहीं चाहता, लोगों को कुछ दे सकूँ उसी में मुझे तृप्ति मिलती है।

राग दरबारी

पूछ रहे हो किसकी प्रस्तुति मुझे अक्सर घेरे रहती हैं ? अच्छा, दरबारी राग की बात लीजिये—दरबारी राग मुझे सदा घेरे रहता है फैयाज़ ख़ाँ का। उसके बाद मुश्ताफ़ हुसैन ख़ाँ साहब का दरबारी। केदार और कामोद मेरे नाना बन्दे हुसैन ख़ाँ साहब का। मालकौंस बड़े ग़ुलाम अली ख़ाँ साहब का। एक बार मालकौंस राग में बड़े ख़ाँ साहब ने ऐसा गाया था कि जैसे भीतर उठे तूफ़ान से सब कुछ तहस-नहस हो गया हो। बापरे! कितना ग़ज़ब का गाना! भैरवी राग के प्रसंग में मैं नाम लूँगा अब्दुल करीम ख़ाँ साहब और इनायत् ख़ाँ साहब का। देश राग में एक बार पं. ओंकारनाथ ठाकुर को एक महफ़िल में गाते हुए इस तरह सुना था कि उस दिन के देश राग का सब करतब, उसकी सब गतियाँ, सब ब्यौरे एक चित्र की

तरह याद हैं। इसीलिए कहूँगा कि ओंकारनाथ जी का देशराग एक और ही देश है। बागेश्री राग में मेरी तालीम बहुत अच्छी हुई वाहिद ख़ाँ साहब अर्थात् मेरे काका के द्वारा। और उसके बाद मेरे बाबा इनायत् ख़ाँ साहब के पास।

एक रिकार्ड में उन्होंने बजाया तो था तीन मिनिट किन्तु उसे सुनते हुए ऐसा लगा जैसे कई घण्टे में बजाया हुआ गाना सुन रहे हो। विहाग? विहाग तो एक तरह से मेरे घर का ही राग है, इमन अथवा विहाग की सर्वश्रेष्ठ अदायगी मैंने सुनी है इमदाद ख़ाँ साहब की प्रस्तुति में। खमाज? फिर वही इनायत् ख़ाँ साहब का। जौनपुरी? इमदाद ख़ाँ साहब का सर्वश्रेष्ठ। अमीर ख़ाँ साहब का कौन-सा राग सुनने योग्य है? असल में उनसे मेरी इतनी मित्रता हो गयी थी कि अमीर ख़ाँ साहब की आवाज़, अमीर ख़ाँ साहब की भावना-चिन्ता, अमीर ख़ाँ साहब एक पूर्ण शिल्पी की दृष्टि से, एक विशिष्ट शख़्सीयत की दृष्टि से, अमीर ख़ाँ मानो एक समुद्र हैं, इस राग या वह राग के प्रसंग में बात करने का कोई मतलब नहीं है- उन्होंने जितने राग गाये हैं उन सब दृष्टियों से उनका व्यक्तित्व एक छाप छोड़ता हुआ चला गया है। इसलिए उन्होंने जो-जो राग गाये हैं उन सबके लिए मेरे हृदय में एक आसन बिछा हुआ है। और अगर तुम तिलक कामोद की बात करो तो मैं नाम लूँगा निसार हुसैन ख़ाँ साहब का। वे तिलक कामोद राग बहुत उम्दा गाया करते थे। और अपने बजाने में मैं किस राग को चिर स्थायी बताऊँगा? काल पात्र में रख जाना चाहूँगा विलायत ख़ाँ की एक महान प्रस्तुति को? यह बताना बहुत कठिन है शंकर बाबू।

मनुष्य की नियति यह है कि प्रत्येक दिन उसे एक नया जुआरी होना पड़ता है। वह रोज़ एक नया दाँव लगाता है। रोज़ एक नया जुआरी—समझ गये शंकर बाबू मामले को? एकेक दिन एकेक राग के ऊपर, एकेक राग की पूर्णता के ऊपर मनुष्य का मन लगा रहता है। थोड़ी देर पहले जो कहा ना? एक दिन शुद्ध कल्याण बजाया जी भर गया। दूसरे दिन फिर वही राग

लेकर बैठा, तो अच्छा ही नहीं लगा। ठीक इसी वजह से मैं किसी भी तरह यह न बता पाऊँगा कि मेरे इस राग में चेहरे और चरित्र में आप मुझे सर्वाधिक मानें।

आजकल तो ठुमरी में बिस्मिल्ला ख़ाँ साहब के अलावा और किसी को भी सुनना अच्छा नहीं लगता है और जो दिवंगत हो गये हैं अगर उनको लिया जाय तो उस्ताद अब्दुल करीम ख़ाँ, इनायत् ख़ाँ साहब—इनका नाम तो लेना ही होगा। और हाफिज़ अली ख़ाँ तो बहुत सुन्दर ठुमरी बजाया करते थे। अरे बाप रे बाप! फैयाज़ ख़ाँ साहब बहुत अच्छी ठुमरी बजाया करते थे। और सिद्धेश्वरी देवी की तो अति सुन्दर ठुमरी हुआ करती थी। इसके बाद भी तो उल्लेख करने योग्य नाम कुछ कम तो हैं नहीं। बड़ी मोती बीबी। हाय! हाय! रसूलन बाई। आहा! और अरे भाई, हमारे बड़े ग़ुलाम अली ख़ाँ साहब। जिन्हें सुनते-सुनते केवल यही लगता था कि ठुमरी गायन के और कितने अंग हो सकते हैं, जो इनके कण्ठ में नहीं हैं। एक पूरा आयाम ठुमरी के काम और अलंकार और आइडिया का। आज के शिल्पियों में एक बिस्मिल्ला ख़ाँ साहब की ठुमरी में एक विराट केनवास विद्यमान है। पूरवी अंग के साथ और भी कुछ मिश्रण विद्यमान है, इसलिए तो in it's own way a very broad Canvas of thumri – अपनी तरह से ठुमरी का एक विशाल क्षेत्र, लहजे में इतनी विविधता, इतना माधुर्य इतनी कल्पना कि कण्ठ को भी पीछे छोड़ जाती है।

फिर एक शिल्पी की बात और भी बताता हूँ। बरकत अली ख़ाँ साहब। ग़ुलाम अली ख़ाँ साहब के छोटे भाई हुआ करते थे। अहाहाहा! अगर मुझसे अपनी बात खुलकर कहने के लिए कहो तो मैं यह कहूँगा कि ठुमरी में वही एक व्यक्ति ऐसा है जो ग़ुलाम अली ख़ाँ साहब को भी पीछे छोड़ गया है।

रिकार्डिंग

मेरी अपनी रिकार्डिंग, अर्थात् पहले के दिनों की वह सब सितार बजाने की रिकार्डिंग, कितनी क्या सुरक्षित है या नहीं, इसे ठीक-ठाक बता नहीं सकता। यद्यपि मैं अपनी रिकार्डिंग कराने के बारे में बहुत ही सख़्त हूँ फिर

भी सख़्ती के बाद भी काफ़ी रिकार्डिंग मेरे सितार की हो गयी है, जिसका अधिकांश भाग चोरी चला गया है। शायद उनकी रिकार्डिंग क्वालिटी उतनी अच्छी भी नहीं थी, फिर भी मेरे सितार बजाने की शैली, विषय, सन्दर्भ तो उसमें है ही। और आजकल तो मैं स्वयं ही अपने अभिलेखागार के लिए जितना कर पा रहा हूँ, जितनी रिकार्डिंग मिल रही है, वहाँ से रिकार्डिंग करा कर ले आ रहा हूँ। क्योंकि मेरे सितार वादन को लेकर कोई यदि शोध कार्य करना चाहता है, कोई और काम करना चाहता है तो अच्छी तरह से उसके आधार पर कर सके। और इसके लिए उसे मेरे अभिलेखागार में आना पड़े ऐसा भी नहीं है, अब तो इण्टरनेट के कारण काफ़ी सुविधाएँ हो गयी हैं।

बन्दिश

मैंने पहले भी अपने इण्टरव्यू में कहा था और फिर भी कह रहा हूँ अपनी इस आत्मकथा के लिए कि भारतीय शास्त्रीय संगीत की मूल आत्मा बन्दिश है—The soul of Indian classical music is Bandish. निश्चय ही डे रे डा आ डे रे, डा डे रे डा डा आ आ आ, डे रे डा, डे रे डा आ डा। । । डा आ आ आ डे रे डा ... ता ना दिम ता ना दिम ता ना दिम दिम तोम, ता ना दे रे न ता दिम ता नोम, ता ना दिम ता ना दिम ता ना दिम जब तक एक तन्त्रकार (तार वादक) अच्छी तरह से गाना नहीं सीखता है, तब तक वह पूर्ण तार वाद्य बजाने वाला नहीं हो सकता है। सितार में हमारा जो गायकी का अंग है, उसका पूर्ण प्रतिफल मैं स्वयं हूँ।

एक अच्छा तन्त्रकार (वीणा आदि बजाने वाला) बनने के लिए अच्छी तरह से गायन करना सीखना होगा। स्थायी अन्तरा सीखनी होगी। राग का चलन कैसा है इसे सीखना होगा, उसका उच्चारण सीखना होगा, राग का शुद्ध रूप कैसा है, इसे जानना होगा, उसका रंग जानना होगा, उसका रस कौन-सा है, इसे समझना होगा और इसके साथ मिलाने के लिए रागों को भी जानना होगा, तभी तो अन्य रागों के परिवेश से इस राग को अलग कर उससे बाहर लाना होगा। कभी हाथ से बाहर लाना होगा कभी कण्ठ के द्वारा ---- डे रे डा। । । डे रे, डे रे डा डे रे - भोपाली। डे रे डा। । ।

डे रे – कल्याण। डे रे डा ा डे – इमन। तो फिर इन–उन बन्दिशों में राग के रूप, रंग, रस सब विद्यमान रहते हैं।

यह जो आजकल ख़ूब कहा जा रहा है कि ध्रुपद अंग का आलाप—क्या करना चाहते हैं समझना मुश्किल है। ध्रुपद अंग का आलाप इतना सरल नहीं है, न मज़ाक़ है। ठीक से एक भी गाने–बजाने की आदत तो है नहीं और ध्रुपद अंग का आलाप कर रहा है। सब झूठ बात है, बेवकूफ़ बना रहे हैं। ध्रुपद अंग का आलाप अभी कोई नहीं करता। सब झूठ बात है। मैं सामने बैठा हुआ हूँ, फिर मेरे सामने सितार, सरोद, वीणा लेकर बैठो और फिर मेरी आँखों से आँख मिलाकर कहो कि मैं ध्रुपद अंग का आलाप बजाने बैठा हूँ—तब मैं मानूँगा। सिर्फ़ मुँह से कहने से क्या होगा? ध्रुपद अंग का आलाप अन्तिम बार मैंने तीन लोगों का सुना था। जीवन में इन्हीं लोगों का सुना है, यह भी कह सकते हो। वे तीन लोग हैं मेरे काका वाहिद ख़ाँ साहब। श्री राग में। कहाँ से पार करते हुए 'म नि रे सा' कर रहे थे। जब ध्रुपद अंग कर रहे थे, तब एक भी मुड़की नहीं आयेगी, एक भी लहक नहीं आयेगी, एक भी जमजमा नहीं आयेगा, एक भी कृन्तन नहीं आयेगी। अगर आयेगी तो आलाप झूठा हो जायेगा। ध्रुपद अंग, ध्रुपद अंग, ध्रुपद अंग ख़ाली बकने से क्या होगा। आँख में आँख मिलाओ, सामने बैठो, सुनाओ --- तब न तुम्हें हम मानें।

और एक संगीत शिल्पी, जिनके ध्रुपदाङ्ग का आलाप मैंने सुना है, वे हैं नसीरुद्दीन ख़ाँ साहब। और उनके बाद जिन्हें मैंने अच्छे से भी अच्छे से सुना वे हैं नासिर मेनुद्दीन ख़ाँ डागर। यहीं बिड़ला अकादेमी में जो गुरु थे अमीनुद्दीन डागर साहब, उनके बड़े भाई। और एक व्यक्ति थे करामत हुसैन ख़ाँ—मेरे पास उनकी तसवीर है। एक सौ सत्रह वर्ष की उम्र में उनका देहान्त हुआ, मैंने जब उन्हें सुना था तब उनकी उम्र एक सौ आठ वर्ष थी। उनसे सुना है जिसे कहते हैं ध्रुपद का अङ्ग। ध्रुपद का यह अङ्ग इतना आदि युग से, इतना पुराना, इतना पुरातन अङ्ग है कि जो अब ख्याल, तराना, टप्पा, सादरा, ठुमरी, कत्तल, करदाना, नक्श इतने सब अङ्ग आ गये हैं। दसवीं अथवा ग्यारहवीं शताब्दी के बाद से। यह सब चर्चा तो इस समय चलती ही जा रही है अमेरिका में। मैंने तो वहाँ सारी बातें एक–एक शताब्दी को लेकर कही थीं। फलस्वरूप अब इतनी सब चीज़ें आ गयी हैं कि उसके बाद ध्रुपद अङ्ग का वह चेहरा आज नहीं रहा है। जो लोग

यह कह रहे हैं वे ग़लत बात कह रहे हैं। ध्रुपदाङ्ग के बाद आकर ख्याल के अङ्ग ने ही उसकी जगह ले ली। और ख्याल के उस अङ्ग की साधना करने के बाद भी आलाप के समय ध्रुपदाङ्ग अगर सुनना हो तो उसे सुना गये हैं फैयाज़ ख़ाँ साहब। हाँ।

१७

हम लोग तो बन्दिश के बारे में बातें कर रहे थे। Bandish as a soul of music— बन्दिश संगीत की आत्मा के रूप में। निश्चय ही गायन-वादन सीखने में बन्दिश बहुत ज़रूरी है। कोई भी तार वादक यदि गाने की बन्दिश नहीं भी जानता है तो उसे गत् की बन्दिश तो जाननी ही होगी। जैसे नवाब ख़ाँ, मुसीद ख़ाँ, रज़ा ख़ाँ और बाबू ख़ाँ साहब, हैदर हुसैन ख़ाँ साहब, जिन्होंने सभी बन्दिशें गा-गा करके संगीत को एक अद्‌भुत स्तर तक पहुँचा दिया है। इसीलिए एक तन्त्री वादक को गत् की बन्दिश जानना बहुत ज़रूरी है। इनमें सरोद की बन्दिश बिलकुल अलग है। और सितार की बन्दिश अलग है—इसी तरह से अन्य बन्दिशें भी हैं।

मेरा निर्माण काल

मेरे निर्माण के वर्ष? अर्थात् जब धीरे-धीरे मेरा निर्माण हुआ, मैं गढ़ा गया? तैयार हो रहा था? पूरी तैयारी तो अभी भी नहीं हुई है। फिर भी मेरे निर्माण की जो प्रक्रिया है वह आरम्भ हो गयी थी फोट्टी टू-फोट्टी थ्री से। जब से मेरी तालीम आरम्भ हो गयी थी, तभी से मेरी तैयारी भी आरम्भ हो गयी थी।

स्टेज पर जाने लायक मेरा व्यक्तित्व कब तैयार हुआ था इसे मैं नहीं जानता। Really I do not know—मेरा स्टेज पर कैसा व्यक्तित्व है, उसका क्या प्रभाव है, उस सम्बन्ध में मैं अधिक सचेत भी नहीं हूँ। किन्तु, चूँकि इस व्यक्तित्व की सभी लोग ख़ूब चर्चा करते हैं, और आज तुम भी

कह रहे हो, तो मैं इतना ही कहूँगा कि यह भगवतप्रदत्त है।

यही लीजिए, स्टेज पर बैठे-बैठे बजाते-बजाते एक समय अपना बजाना बन्द कर दिया और श्रोताओं से कुछ कहना शुरू कर दिया, वह कहना सोच-समझकर, प्लान बनाकर, समय निर्धारित कर नहीं था। तुम क्या सोचते हो, यह इसी तरह से एक ख़ाका खींचकर होता है ? ना शंकर बाबू। यह अपने-आप होता है। भीतरी भावात्मक दबाव से यह घटित हो जाता है।

फिर भी स्टेज के कायदे, स्टेज की उपस्थिति का अहसास आदि के बारे में यदि पूछते हो तो मैं कहूँगा कि मैंने आर्टिस्ट वर्ग को कायदे से कपड़े पहनना सिखा दिया है। यह तो मैं निश्चित रूप से जानता हूँ। देखा करता था, आर्टिस्ट लोग किस तरह से टाई-सूट-बूट पहने, चमकदार पोशाक में जलसे में चले आ रहे हैं, शिल्पियों को ही पीछे छोड़ती जा रही है उनकी साज-सज्जा की बहार। किन्तु, मैं ख़ूब सोच-समझकर, अपने व्यक्तित्व, अपना बजाना, अपने श्रोताओं की चाहत, जलसे का मिज़ाज सभी दृष्टियों से विचार कर अपनी पोशाक चुनता था। कारण, मेरे शब्दों की तरह, मेरे बजाने की तरह, मेरी पोशाक, उसको पहनने का स्टाइल भी तो मेरे सम्बन्ध में कुछ कहता है। वह मेरे मन का एक परिचय भी तो सामने ला देता है। जैसे कलकत्ते के उस्ताद हाफिज़ अली ख़ाँ की कॉन्फ्रेंस की बात लीजिए। पहली बार जब शाम के जलसे में मैंने अपना सितार बजाया, तब मैं एक गहरे मेरून रंग का कुर्ता पहनकर बैठा था। तुम्हें याद तो है ? और जब एक पूरी रात के अनुष्ठान में भोर में बजाने बैठा तब पहना था सफ़ेद, भकभका पजामा और कुर्ता। शाम के रंगीन जलसे में साँझगिरी, तब पहना था कत्थई रंग का कुर्ता और अन्तिम रात के वादन में एक प्रकार की तोड़ी बजाते समय आ गयी सफ़ेद पोशाक—समय और राग की आध्यात्मिक प्रकृति को उज्ज्वलता से प्रकाशित करने के लिए। मेरी पोशाक, इसीलिए कहना चाहता हूँ कि इन सबके प्रति बहुत सतर्क रहती थी। बजाने का समय क्या है, किस पोशाक में अपने को लोगों के सामने बैठाऊँगा, इसको लेकर मैं ख़ूब सोचता था और क्या।

और बजाने के बारे में विचार ? ओह। ख़ूब विचार करना पड़ता था। ख़ूब सोचता हूँ। बहुत पहले से ही सोचना शुरू कर देता हूँ कि आज क्या बजाऊँगा, उसका विकास किस तरह और किस-किस रास्ते से करूँगा,

उस बजाने में कोई नयी वस्तु दूँगा जो श्रोताओं के लिए एकदम नया अनुभव होगा ... तो फिर उस नयी वस्तु को लेकर भी तो दिमाग़ खपाना पड़ता है। और एक चीज़ को लेकर ख़ूब चिन्ता में रहता हूँ वह है प्रस्तुत करने की शैली। यह बड़े विचार का मामला भी है, कारण, इसमें ही उस दिन के बजाने की अपील (आवेदन), आकर्षण और सफलता निर्भर करती है। अगर कोई सफल संगीतकार होना चाहता है तो उसे अपने गाने, बजाने की सार-वस्तु और उसके विषय की तरह उसको प्रस्तुत करने के स्टाइल पर भी उसका ख़ूब दख़ल होना चाहिए। फिर एक शिल्पी को यह ख़्याल रखना बहुत ज़रूरी है कि जिस क्षण वह स्टेज पर चढ़ रहा है, उस समय उसे ऐसा लगना चाहिए कि जैसे वह किसी मन्दिर में पूजा करने के लिए प्रवेश कर रहा है। बजाने की स्टेज मन्दिर की तरह होती है, इसे दिमाग़ में रखने के बाद गाना-बजाना लेकर फिर कोई बच्चों जैसा खिलवाड़ करने का साहस नहीं करेगा। और जिस शिल्पी का यह मनोभाव रहता है, वह अपने आप स्टेज का एक सुन्दर व्यक्तित्व तैयार कर डालेगा। उसके बजाने की तरह उसका व्यक्तित्व भी श्रोताओं को समान रूप से आकर्षित करेगा।

मेरी ज़ुबान में मिठास, मीठी बोली माँ और बाबा दोनों से ही आयी है। मुझे लगता है मेरी बातचीत में जो मीठापन है, उसके लिए उर्दू भाषा का भी बहुत बड़ा अवदान है। मेरी बाङ्ला बोली में जो मिठास है वह कहाँ से आयी, पता नहीं है। फिर भी रवि ठाकुर की भाषा तो वैसे ही मीठी है, उसे जरा दिल से उच्चारण करते ही वह मीठी सुनायी देने लगती है। और अगर मेरे गले की आवाज़ की बात करो तो मैं कहूँगा यह एकदम मेरी अपनी है। बाबा की तरह अथवा माँ के घर की तरह नहीं है। एकदम मेरी ही है। मैं चिरकाल से यह सुनता आ रहा हूँ और आज तुम भी कह रहे हो कि मेरी वाणी-बोली ख़ूब रोमाण्टिक है। असल में बातचीत, गाना-बजाना सभी तो एक मनुष्य की अलग-अलग दिशाएँ होती हैं। इसलिए अगर मनुष्य रोमाण्टिक है तो उसकी अन्य चीज़ें भी धीरे-धीरे रोमाण्टिक हो जाती हैं। क्या ऐसा नहीं है?

और अपने बजाने को भी शंकर बाबू, मैं गढ़ लेता हूँ, कल्पना कर लेता हूँ जैसे मेरा यह बजाना श्रोताओं के साथ एक रोमाण्टिक संवाद है। यह करना पड़ेगा। यह करना उचित है। जैसे बेग़म अख़्तर अपने संगीत

समारोहों की रूपरेखा ऐसी बनाती थीं जैसे श्रोताओं के साथ यह एक रोमाण्टिक संवाद हो। मेरी तुलना में बेग़म अख़्तर इसे बहुत अधिक करती थीं। वे मुझसे उम्र में बहुत बड़ी थीं। काफ़ी बड़ी उम्र में वे मेरी शिष्या बनी थीं। और वे मुझसे कहा करती थीं, देखो, सारे जीवन मैंने बहुत कुछ सीखा है, और आप से यही सीखने को है कि किस तरह से सटीक, स्टाइल में उसे श्रोताओं के सामने व्यक्त किया जा सकता है। इस पर मैंने कहा—मैं आपको एकदम सटीक स्टाइल बतला दूँगा। आपका जो एक्सप्रेशन है! वे बोलीं—वह सब मैं कुछ नहीं जानती। आप मुझे समय दीजिये। मेरे साथ बातचीत कीजिये। गाइये-बजाइये। उससे मुझे जो सीखना है वह मैं ठीक-ठीक सीख लूँगी, मेरे साथ बैठिये। बातचीत कीजिये। गाना-बजाना कीजिये और मैं अपने आप सीख लूँगी। आप अपना सितार बजाइये, मुझे जो सीखना है, मैं ख़ुद सीख लूँगी। इसी बातचीत के साथ उनका मेरे घर आना-जाना शुरू हुआ। बॉम्बे में। यह सब सन् साठ की बात है, सत्तर के प्रारम्भ में तो उनकी मृत्यु ही हो गयी। थोड़े समय में ही एक के बाद एक चले गये—अमीर ख़ाँ साहब और वे। हाय अल्ला! मेरी बातों के जादू की बात तुम कह रहे हो—यह मुझे बहुत अच्छा लग रहा है सुनकर। इसे बार-बार कहो, हा हा हा। फिर मैंने भी कुछ अच्छी बातें सुनी हैं जीवन में, उसकी कुछ-कुछ स्मृतियाँ आज भी भूल नहीं पा रहा हूँ। देखता हूँ किसकी बातें इस समय याद आती हैं।

ग़ुलाम अली ख़ाँ साहब की बातें सुनकर बहुत अच्छा लगता था। आहा! उनकी बातों में कैसी जीवन्तता थी। उनके पास बैठकर उनकी सभी तरह की बातें जी भर कर सुनता था। वह फिर चाहे गाने की बात हो या और किसी विषय को लेकर बात हो। उनकी बातें सुनकर बड़ा आराम मिलता था, आनन्द आता था अमीर ख़ाँ साहब की भी बातें सुनकर। बहुत सुन्दर बातें किया करते थे फैयाज़ ख़ाँ साहब भी। उनकी बातें सुनकर यह स्पष्ट समझ में आ जाता था कि इस व्यक्ति की भी अपनी एक विचारधारा है। असल में ये लोग बड़े कलावन्त थे सिर्फ़ यही नहीं, बड़े मनुष्य भी थे। गाने-बजाने के अलावा भी अन्य पाँच विषयों में भी पारंगत, यह बात समझ में आती थी। और उनके गाने की तरह थी उनके मुँह की बोली। जैसे ही वे मुँह खोलते थे, वैसे ही यह बात समझ में आ जाती थी। फिर वे चाहे गाना गायें अथवा ऐसे ही कोई बात करें तो महफ़िल अपने आप

जम जाती थी। दुःख का विषय है कि उनके वे गाने ही सिर्फ़ नहीं खोये हैं, गाने को लेकर उनकी जो चिन्ताधारा और बातचीत थी वह भी खो गयी है।

मनुष्य तो मुझे सिर्फ़ स्टेज से ही बात करते सुनते हैं। थोड़ी देर पहले मैंने कहा था कि बजाते-बजाते बातें अपने आप आ जाती हैं। उन्हें ज़बरदस्ती नहीं लाना पड़ता है। ठीक उसी तरह बातों का जो माधुर्य है, जो विनय भरा चेहरा है, जो सौन्दर्य है, वह भी अपने आप आ जाता है। भीतर अगर प्रेम न हो तो जैसे गले और सितार में सुर नहीं आता है, वैसे ही बातचीत में भी सौन्दर्य नहीं आता है। एक शिल्पी से मनुष्य इससे अधिक और क्या चाह सकता है। दिल का दर्द लेकर गाना या बजाना और थोड़ी मीठी बात, यही तो देने की चेष्टा की है मैंने भाई और इसके बदले में मनुष्य मुझे अपना कितना प्यार देता है, उसे तो शब्दों द्वारा कहकर समझाया ही नहीं जा सकता है। भीतर-ही-भीतर उसे मैं महसूस किया करता हूँ।

शंकर बाबू, आज आपका बड़ा भाई होने के नाते आपके अवचेतन मन में एक बात डाल देना चाहता हूँ। और वह यह है कि जब आपका कोई यह लेख पढ़ेगा अथवा मेरा सितार बजाना सुनेगा, तब एक चीज़ हमेशा याद रखना, यह कोशिश कभी मत करना कि कौन बोल रहा है। यह याद रखना कि क्या बोल रहा है। अगर मैं हरवक्त यह याद रखूँ कि शंकर बाबू ने लिखा है तो वह अपने को दिखाना चाहेगा कि मैं शंकर बाबू को जानता हूँ। जब मैं यह भूल जाऊँ कि किसने लिखा है लेकिन क्या लिखा है, कौन बजा रहा है यह नहीं जानता हूँ। किन्तु, क्या बजा रहा है और क्या बज रहा है। यह चीज़ जब भी आप करेंगे तो उसका इफैक्ट ख़त्म हो जायेगा। हरवक्त यदि यही करूँ कि देखो जो बजा रहा हूँ, उसे मैं ही बजा रहा हूँ, यह देखो कि मैंने क्या किया, यह देखो कि मैं यह कर रहा हूँ, यह सब करने से तो फिर लाभ क्या होगा?

तुम ठीक कह रहे हो शंकर बाबू, आर्ट में शिल्पी अपने को ज़ाहिर नहीं करता है। वह अपने आत्म से पलायन कर जाता है। अपना सारा दर्द, अनुभूति, प्रेम को लेकर वह अपना शिल्प गढ़ता है, किन्तु, ख़ुद वहाँ से हट जाता है। तब वही कलाकृति मनुष्य को मुग्ध किये रहती है, शिल्पी स्वयं भी उन्हीं में से एक मनुष्य हो जाता है। जब मैं बजाता हूँ तब मैं तो अपने सितार का एक बिना शर्त श्रोता हो जाता हूँ। एक सुर लगाया, उसके साथ ही अपने आत्म से निकल कर, श्रोताओं में शामिल होकर मन-ही-

मन सोचने लगता हूँ ... अरे यह कैसा सुन्दर सुर निकला, कैसे इतना सुन्दर हो गया, क्यों हो गया? अर्थात् मैं ही बजा रहा हूँ और मैं ही सुन रहा हूँ। कैसा रहा इस पर विचार कर रहा हूँ, ज़रूरत पर तारीफ़ भी कर रहा हूँ। फिर शायद यह भी सोच रहा हूँ कि अमुक उस्ताद ने यही सुर किस तरह बजाया था।

मेरे सितार की आवाज़? अपूर्व गोल-गोल, घुमड़ने वाली आवाज़ कह रहे हो? अरे! यह तो अल्ला का दान है भाई। और अल्ला ने जो दिया है, उसे गढ़ने और उसकी रक्षा करने में पूरे जीवन की मेहनत लग जाती है। Nothing comes easy and free in the world of music—संगीत की दुनिया में कुछ भी सहजता और मुफ़्त में नहीं मिलता है। ख़ूब मेहनत लगानी पड़ती है, ख़ूब क़ीमत देनी पड़ती है। मैं तो आज भी दे रहा हूँ। और आज तुम मुझसे बातें कर-करके एक पुस्तक लिख रहे हो और मुझे याद आ रही हैं वही मेहनत के दिन की बातें। पता है, इसके पहले तीन-चार बार पुस्तक लिखने की बात सोचता रहा हूँ, फिर पीछे हट गया। यह सोचकर क्या लिखूँगा पुस्तक में? जो मैं लिखना चाहता हूँ, उससे तो और भी आगे बढ़ आया हूँ। दिन बीतते जा रहे हैं—मैं समय को पार करता जा रहा हूँ। तो फिर मैं किन दिनों की कथा लिखूँगा? फिर भी जीवन में एक समय तो ऐसा आता ही है जब पीछे मुड़कर देखना पड़ता है, उन्हीं सब बातों को जो आज स्मृतियाँ बन गयी हैं उन्हीं को मथित कर लोगों को सुनाने की भी इच्छा होती है। मान लीजिए उसी तरह के एक पर्व में यह बातचीत हो रही है। जिसे कहते हैं अतीत में आसक्ति। तो फिर उस वजह से पूर्णता का एक अभाव तो मनुष्य के मन में बना ही रहता है। रहना भी चाहिए, नहीं तो आर्ट और जीवन दोनों रुक ही जायें। तुम लोग जो मेरी आवाज़ की पूर्णता की बात करते हो, उसे सुनकर मुझे यही सब बातें याद आती हैं। और याद आती है इनायत् ख़ाँ साहब के सरोद की तान, अमीर ख़ाँ साहब की आवाज़। हाय! हाय!

मेरे सितार बजाने के जिस परफेक्शन की बात तुम कर रहे हो, उसे मैं आज समझ पा रहा हूँ। यहीं पर मुझे अपने बाबा की एक छवि याद आ जाती है। अल्ला! अल्ला! मैं भैरव बजा रहा था। साठ-सत्तर साल बाद मुझे फिर याद आयी कि अब्बा भैरव सिखा रहे थे।—कह रहे थे—अरे नहीं, ऋषभ ऐसे नहीं लगता है। फिर उन्होंने स्वयं गाना गाकर बताया।

और तब मैं मन-ही-मन सोच रहा था, क्यों मैं ठीक तो बजा रहा हूँ।

और उस दिन साठ वर्ष के बाद—बैठा हुआ था और ऋषभ फिर से आकर भैरव में ऋषभ सचमुच में थोड़ा अच्छी तरह लग गया। अच्छा लग गया। कितने दशकों बाद ऋषभ का यह चेहरा मैं पकड़ सका, मैंने आँखें उठाकर बाबा की तसवीर की ओर देखा। उन्होंने शायद इसी ऋषभ के लिए सिखाते-सिखाते मुझसे इतना कुछ कहा था। और शायद इसी ऋषभ के लिए वे ऊपर से मेरी ओर देखते हुए इतने दिनों से बैठे हुए हैं। आओ, तुम्हें बाबा की वही तसवीर दिखाता हूँ, आओ।

१८

यह देखो बाबा की वही तसवीर! जिसके सामने बैठकर उस दिन मैं भैरव के ऋषभ को समझ सका था। फिर सहसा ऐसा लगा कि वे सब देख पा रहे हैं, और थोड़ा-थोड़ा हँस भी रहे हैं। सचमुच में मुझे ऐसा लगा वे इस सुर को लगाना देखकर हँस रहे हैं। दरअसल, तसवीर में थोड़ी हँसी का भाव है। यह उनकी मृत्यु से बहुत पहले की तसवीर है।

और यह रही माँ! यह उनकी बहुत ही अल्प वय की तसवीर है। बाबा जब बने थे तभी की। उन जैसी सुन्दरी स्त्री तो आजकल देखने को ही नहीं मिलती है। मेरा चेहरा माँ की उनहार पर कह रहे हो? देखता हूँ कि बहुत से लोग यही कहते हैं, किन्तु सुन्दरता में माँ कहाँ और मैं कहाँ!

हाँ, यह ज़रूर है कि मुझे ऐसे बाबा और माँ मिले इसीलिए तो लोगों को इतना गाना-बजाना सुना सका। सचमुच में गाने-बजाने में कुछ करतब दिखा पाने में कई जन्म लग जाते हैं। कितने जन्मों से गाने-बजाने का शौक़ था और कितने जन्मों के बाद एक गायक-वादक होकर जन्म सका।

मेरी माँ चली गयीं नाइन्टीन सेबिन्टी सेविन, सेविन्टी-एट में। उनकी उम्र उस समय ऐट्टी फाइव-ऐट्टी सिक्स के क़रीब होगी।

हम लोग सुर लगाने की चर्चा कर रहे थे शायद? यहाँ पर एक बात बता दूँ। यही जो इतने-इतने वर्षों के बाद सहसा ऐसा लगा कि ऋषभ थोड़ा सुन्दर लग गया, वह सुन्दर क्यों लगा? बात हो रही थी परफेक्ट सुर लगाने की अथवा तुमने जो कुछ कहा मेरी तान के बारे में—यह सिर्फ़ हाथ के रियाज़ से आती है, ऐसा नहीं है। इसे सबसे पहले दिमाग़ में आना चाहिए, कारण तुम जिस सुर के बारे में सोच रहे हो, कल्पना में जिसे ला पा रहे

हो, चेतना में जिसे पकड़ पा रहे हो, उसी को तुम प्रयास करके हाथ या गले के द्वारा ला पाओगे। असल में मन को ही तो सुर मिलता है, उसके बाद ही तो गला या हाथ उसे छू पाता है, सुना पाता है। इसीलिए उस दिन मुझे जो सुर मिला, उसे असल में अपने दिमाग़ में ही पहले खोजा, उसका आविष्कार किया उस दिन यह तुम कह सकते हो। और यह आविष्कार ही रियाज़ की सिद्धि है।

सिर्फ़ कण्ठ अथवा तार वाद्यों की ही बात क्यों कहूँ, तबला में ही देखा शामता प्रसाद जी किस तरह जीवन-भर एक ही तान बरकरार रखे रहे थे। याद करो अली अकबर ख़ाँ साहब और मेरी उस जुगलबन्दी में उनकी संगत। अब जब वे चले गये हैं, तब हम समझ पा रहे हैं कि हमने क्या खो दिया।

कण्ठ संगीत में बड़े ग़ुलाम अली ख़ाँ की बात लीजिये। हम लोग सुन रहे थे और सोच रहे थे कितनी पूर्ण तान लगाते थे उस्ताद। और यह इसलिए हो रहा था कि उनके दिमाग़ में यही परफेक्ट सुर खेल रहा था। ऐसे भी तो जैसे ही वे सुर लगाते थे हम लोग 'हाय-हाय ग़ज़ब है' कर उठते थे। और सोचते थे ऐसा 'सुपर ह्यूमन' गला है उनका। किन्तु, विचार यह करना होगा कि कौन-सा सुर सोचकर और प्रेम कर वे गले में छुआते थे और यही उनके कण्ठ में जादू था।

अली अकबर ख़ाँ साहब को देखो ना, कहाँ से सब सुर लाकर वहाँ लगा देते थे और कैसा तो जादू हो जाता था हमारी अनुभूति में। जैसे कभी-कभी कहीं भी हम देखते थे कोमल निषाद की जगह कोमल निषाद से कुछ अधिक ही लगा रहे हैं।

गणित की दृष्टि से शायद वह कुछ अधिक दिख रहा हो, किन्तु राग की दृष्टि से, सौन्दर्यात्मक दृष्टि से वह पूर्ण दिखायी देता था। इसी वजह से ही तो शास्त्रीय संगीत एक अलग ही मामला है, यही लीजिये ... सा रे गा ... सा रे गा ... सा रे गा, गा पा मा गा, गा मा गा, सा रे गा पा, सा रे गा पा ... और वह गन्धार ही नहीं है, लेकिन तीव्र यह भी है, यह भी है, यह भी है, तीनों स्पष्ट हैं, तीनों का नाम अलग है, तीनों का बिम्ब अलग है।

तो परफेक्शन की बात हो रही थी? तो फिर बताता हूँ, आज भी इस उम्र

में आकर, हर अनुष्ठान के पहले बजाने की क़िस्म, विषय, उसका चेहरा सोच-सोच कर अपने को तैयार करता हूँ, भीतर ही भीतर काँपता भी रहता हूँ, क्योंकि हर अनुष्ठान एक प्रकार की नयी परीक्षा होती है मेरी। और यहीं पर यह बात भी तुम्हें बताता हूँ—बहुत कष्टों से मैं गाना-बजाना सीख सका हूँ। गाने-बजाने का बड़ा शौक़ था, और इसके लिए ऐसा कोई कष्ट नहीं था जो स्वीकार न किया हो। जिससे मैं और भी अच्छा गा-बजा सकूँ। इसीलिए जो लोग कड़ा कष्ट, बड़ा दुःख उठाकर बड़े शिल्पी हुए हैं उनके प्रति मेरे मन में बहुत बड़ा सम्मान है। यह जो तुमने अलाउद्दीन ख़ाँ साहब का नाम लिया—वे बड़े कष्ट सहकर बड़े हो सके थे। असल में यह भी सच है कि गाने-बजाने में कष्ट सहन किये बिना कुछ पाया नहीं जा सकता है। ख्याति, यश, रुपये-पैसे की बात मैं नहीं कह रहा हूँ—संगीत का असली रस, सौन्दर्य, गरिमा, महानता में है। अमीर ख़ाँ साहब की ही बात लीजिये ना! पूरे जीवन इस संगीतकार ने कितना कष्ट ही नहीं सहा जो वे होना चाहते थे या जो वे करना चाहते थे उसके लिए—to be what he wanted to be or do what he wanted to do. सच कहने में कोई हर्जा नहीं है, कि यह व्यक्ति जीवन-भर कष्ट ही पाता रहा। जीवन के अन्तिम दौर तक इस व्यक्ति ने आर्थिक दृष्टि से बड़ा संघर्ष किया। ग़ुलाम अली ख़ाँ साहब को देखा है कि इस व्यक्ति ने कितना रुपया कमाया एक ज़माने में, किन्तु, उसे संचित नहीं कर सके। दुनिया के लोगों को खिलाने-पिलाने के बाद जब जो बचा उसे भी ख़र्च कर गये।

फैयाज़ ख़ाँ साहब को अन्तिम दिनों में जिस हालत में देखा था उससे ऐसा लगा कि इससे अच्छा होता मैं उन्हें देखता ही नहीं। वही हृष्ट-पुष्ट शरीर टूटकर एकदम दुबला हो गया था। बड़ौदा में वे बहुत बीमार हो गये थे और मैं एक जगह से प्रोग्राम कर लौट रहा था, बड़ौदा में उतर गया था। सवेरे जाकर ख़ाँ साहब से मिला। देखा कि बहुत दुबले हो गये हैं। एकदम सफ़ेद बाल, कलपहलप कुछ नहीं है, देखकर बड़ा कष्ट हुआ। पता नहीं आर्थिक समस्या के कारण अथवा अन्य किसी वजह से किन्तु बीमारी आदि के कारण वे बहुत ही दुःखद स्थिति में थे। अपने अन्तिम दिनों में अब्दुल करीम ख़ाँ साहब ने भी बहुत कष्ट भोगा था।

और आज देखो दो-चार-पाँच वर्षों में ही संगीतकार कितना रुपया कमा लेते हैं। मेरी स्त्री, लड़के ये लोग मेरा रुपया-पैसा लेकर जहाँ अच्छा

समझते हैं, वहाँ जमा कर देते, हैं, इसीलिए मेरे पैसे बच जाते हैं। नहीं तो रुपया-पैसा कहाँ चला जाता इसका मुझे भी अन्दाज़ न रहता। गत पन्द्रह वर्षों से मैंने रुपया हाथ से छुआ नहीं है। और इतने दिनों से सितार बजाकर कितना रुपया कमाया होगा बताओ तो? आजकल के लड़के किस तरह से रुपया कमा रहे हैं कुछ सोच पा रहे हो? महीने में मैं कोई एक या दो प्रोग्राम तो करता नहीं हूँ। मेरी फीस देखने में बहुत बड़ी लगती है—पाँच लाख। किन्तु महीने में वह एक ही प्रोग्राम करता हूँ और वह पाँच लाख आमदनी कर लेता हूँ। और अगर दो प्रोग्राम करूँ तो दस लाख हुए और क्या? हालाँकि आजकल के कलाकार तो एक महीने में पचास लाख रुपया अर्जित कर रहे हैं। मैंने सारे जीवन जो आय की है उससे एक हज़ार गुना रुपया ये लोग कमा रहे हैं। किन्तु वे यह करें, उसके बारे में चिन्ता करने का कोई मतलब नहीं है। मैं तो बल्कि अपने पुराने सम्बन्धों को लेकर चिन्ता करता रहता हूँ, जिनके बारे में मैंने तुम्हें बार-बार बताया है। ग़ुलाम अली ख़ाँ साहब! अमीर ख़ाँ साहब जैसे लोग हैं। ये लोग म्यूज़िक की पोलिटिक्स में नहीं थे, उन्हें पीआरशिप (किसी का व्यक्तिगत सहायक) होने की कभी ज़रूरत भी नहीं पड़ी। किन्तु ये लोग म्यूज़ीशियन की एक आदर्श मूर्ति अपने पीछे ज़रूर छोड़ गये। इसीलिए पहले की बातें जितना सोचता हूँ और आजकल का हालचाल भी देखता हूँ। मैं बड़ी तीव्रता से एक आध्यात्मिकता के बारे में सोचता हूँ, बड़ी तीव्रता से अपने धार्मिक स्वभाव के बारे में सोचता हूँ।

इसका एक कारण भी है। बचपन से ही मैंने अपने बाबा को किस रूप में देखा है? रास्ते से जाते-जाते एक मस्जिद के सामने खड़े हो गये और सिर झुकाकर मन-ही-मन प्रार्थना करने लगे। फिर रास्ते में एक मन्दिर पड़ा उसके सामने भी चुपचाप खड़े हो गये। ठीक वैसे ही फिर खड़े हो गये किसी गिरजाघर के सामने। यही सब देखकर एक बार मैंने उनसे पूछा था— "अब्बा, आप तो मुसलमान हैं। तो आपने मन्दिर को सलाम क्यों किया?" इस पर बाबा ने जवाब दिया- मैं मन्दिर को मानने वाला नहीं हूँ। लेकिन मन्दिर के अन्दर एक कोई बैठा हुआ है, वह हमसे बड़ा था। और जो हमसे बड़ा है मैं उसको सलाम करता हूँ। कितना बड़ा है या नहीं है, यह नहीं मालूम, लेकिन वह हमसे बड़ा है। इतने सुन्दर ढंग से बाबा ने उस दिन मुझे यह समझा दिया कि जो तुमसे बड़ा है उसके सामने सिर झुकाओ।

११

भजन

बाबा की शिक्षाएँ आज भी मेरे काम आ रही हैं। सिर्फ़ जीवन में ही नहीं गाने-बजाने में भी। तुम कह सकते हो कि आपने ठुमरी में इतने डूबे रहने के बाद भी भजन गायन क्यों नहीं किया? तुम यह कह सकते हो—तुम्हारा यह कहना उचित भी है। और मेरा उत्तर भी सुनते जाओ—येई गोकुल ढूँढ़ी, वृन्दावन ढूँढ़ी, काहू से लग गयी प्रीत जमुना के तीर! यह भजन नहीं तो और क्या है? 'ऐ मुहम्मद रसूले करीम' क्या यह पुकार कर कहना पड़ेगा? इसीलिए कह रहा हूँ भजन का नाम छोड़ दो, नज़्म का नाम छोड़ दीजिये, फिर भी जितनी ठुमरी हैं गाने की दुनिया में, वे राधाकृष्ण को छोड़कर और किसके लिए हैं? ठुमरी नहीं गाऊँगा, भजन गाऊँगा यह कैसा विचार है? इस विचार में आध्यात्मिकता कहाँ है?

भजन तो ठुमरी से और भी बाद की स्थिति पर आया। जैसे ध्रुपद, धमार से नीचे उतरकर दादरा आया, उसके बाद बदलते-बदलते ठुमरी आयी, दादरा आया। इसके बाद और भी नीचे उतरकर भजन आ गया। और कव्वाल, कत्तल। तो कत्तल और भी आकर नीचे उतर गया। किन्तु मैं कत्तल गाता हूँ, कव्वाली नहीं। ठुमरी बजाता हूँ, भजन नहीं गाता। भजन और भी भावनापूर्ण, अधिक धार्मिक और कम रोमाण्टिक होता है। और बहुत से बड़े-बड़े गवैये-बजैये हैं जो स्टेज पर आकर भजन की प्रस्तुति करते हैं, धुआँ उठ रहा है, धूप जल रही है, आँखें बन्द कर कितना क्या कर रहे हैं, ऐसा लगता है जैसे वे समाधि में हों। मुझे यह सब करना अच्छा नहीं लगता। यह तो मनुष्य का व्यक्तिगत मामला है जो घर पर ही

शोभा देता है। स्टेज पर आकर यह सब दूसरों को क्यों दिखा रहे हैं ? स्टेज पर एक म्यूज़ीशियन का काम होता है सिर्फ़ सुर और अनुभूति, दर्द—इन्हीं सब चीज़ों के द्वारा। उन्हीं के द्वारा लोगों का मन आनन्द से भरने दो, आँखों में थोड़े आँसू भर लो।

नमाज़ तो रोज़ पढ़ता हूँ, किन्तु घर पर पढ़ता हूँ। दिन में पाँच बार नहीं पढ़ता because it is too much क्योंकि यह बहुत अधिक हो जाता है। इसीलिए मैं जो अच्छा कर रहा हूँ उसे कहता नहीं, किन्तु पाँच बार पढ़ नहीं पाता हूँ। एक बार, दो बार जब भी मन से कर सका पढ़ लेता हूँ। सुबह-शाम जब भी कर सका। रात में दो बजे भी कभी-कभी पढ़ लेता हूँ।

'ऐ माँ यार के संग आज रंग दे। ऐ माँ मैं भी आज नाचूँगी सबके साथ आज रंग दे।' कव्वाली है। सुनी तो है ? जाफर की कव्वाली है ? आहा हा ! आहाहा ! आँखों में आँसू आ जाते हैं। अहा, कितना अच्छा गाना गाता था वह व्यक्ति। that was dream qawwali. यह एक सपने से भरपूर कव्वाली थी। और आजकल जो सब कव्वाली गायी जा रही हैं, वे पानी मिलाकर पतला कर फ़िल्मी कव्वाली बनायी जा रही हैं। नुसरत फते अली की कव्वाली के सम्बन्ध में इतना ही कहूँगा कि पहले वे कव्वाली गाने में बहुत अच्छे थे। अस्सी के प्रारम्भ में उनका जो गाना था, उसे सुनो तो तुम्हें दोनों में अन्तर समझ में आ जायेगा। उसके बाद देखते-देखते बदल गया उनकी कव्वाली का चेहरा। फ़िल्मों अथवा पाश्चात्य श्रोताओं के लिए गाने-बजाने की इस धारा को बदल देना यह बहुत बुरा काम है। आजकल इस देश के जितने बड़े-बड़े गवैये-बजैये हैं, जो अपना नाम करने के लिए पॉप आर्टिस्ट के साथ शामिल होते जा रहे हैं, इससे ख़राब चीज़ और क्या हो सकती है ? मुझे बहुत बड़ा सितारिया कहा जाने लगेगा, यदि माइकेल जेक्सन मेरा छात्र हो जाय ? क्या कहोगे, बताओ ? माइकेल जेक्सन अगर मेरा छात्र हो जाय तो क्या तुम मुझे बड़ा सितारिया कहोगे ? बीटल्स अगर मेरे शिष्य हो जायें तो क्या मैं श्रेष्ठ सितार-शिल्पी हो जाऊँगा ? हाँ या ना में जवाब दो ? नहीं बन जाऊँगा ? अथवा मेडोना के गाने के साथ मैं अपना थोड़ा सितार बजा दूँ तो मैं क्या हो जाऊँगा ? वैसा तो हुआ नहीं ? हाँ, यही तो मैं तुम्हारे मुँह से सुनना चाहता था। अर्थात् इन सब पॉप गायकों के सम्बन्ध से एक भारतीय शास्त्रीय गायक या वादक

सिर्फ़ ख्याति ही ख़रीद पायेगा, किन्तु संगीत की दृष्टि से यह पूरी तरह से सन्दर्भहीन और अप्रासंगिक है। नुसरत फते अली की भी शुरुआत की शुद्ध कव्वाली बहुत अच्छी लगी थी, बाद में एक पॉप गायक की कीर्ति पाने के बाद उनके सम्बन्ध में कुछ कहने को है ही नहीं। और सचमुच की कव्वाली को लेकर जब मैं विचार करूँगा, तो कहूँगा कि मैं जाफर की कव्वाली पर ही विचार करूँगा।

भजन की चर्चा हो रही थी, तो अब भजन की प्रवृत्ति कैसी चल रही है उसी पर बोलूँ? आजकल के लड़के-लड़कियों ने पश्चिम में जाकर अँग्रेज़ी में बहुत अच्छे भजन गाने शुरू कर दिये हैं। धर्म का प्रचार करने के लिए क्या इतने प्रेरित हो गये हैं ये सब? राधा कौन है, कृष्ण कौन हैं, यह सब अब अँग्रेज़ी में समझाना होगा? वही लोग आयें ना इस देश में, यहाँ रहें लगभग दस वर्ष तक, तभी ना उन्हें एक अन्दाज़ मिलेगा कि राधाकृष्ण भावना की पृष्ठभूमि क्या है, उसका दर्शन क्या है, उसका धर्म क्या है, राधा कौन हैं, कृष्ण कौन हैं, छिः-छिः, कितने लालची हो गये हैं हम लोग। आज हम लोग यूरोप या अमेरिका घूम आते हैं, ताकि हमारे ऊपर एक ठप्पा लग जायेगा कि यह व्यक्ति बहुत बड़ा आर्टिस्ट है। और यदि पश्चिम में न घूम आऊँ, वहाँ किसी पॉप गायक, किसी स्टार गायक के साथ गाना-बजाना न किया हो तो मैं किसी भी तरह बड़ा गायक न हो सकूँगा। चूँकि दो सौ वर्ष अँग्रेज़ों की ग़ुलामी की है, इसीलिए गोरी चमड़ी के प्रति हमारी वही ग्रन्थि बनी हुई है कि उनकी भरपूर प्रशंसा करते हैं। अगर न करें तो हमारे हज़ारों वर्षों के गाने-बजाने की कोई कदर न होगी। कितनी बड़ी लज्जा की बात है यह इस पर तुम विचार करो।

कवर

मृत्यु के बाद लेटने के लिए मैंने ज़मीन चाही अमीर खुसरो साहब के पैरों के पास। लेटने की इच्छा है बाबा इनायत् ख़ाँ साहब के पैरों तले। ये लोग ही मेरे लिए संगीत में एक प्रकार से अन्तिम शब्द हैं। अमीर खुसरो के पैरों के पास ज़मीन इसलिए चाह रहा हूँ, कारण वे सिर्फ़ एक शिल्पी ही नहीं हैं, वे हमारे गाने-बजाने के एक इतिहास हैं। आख़िर इतिहास कौन

लिखता है ? मैं और आप ही तो ! इतिहास को लेकर अनेक मिलावट की जा रही है, किन्तु जो असली इतिहास है उसे दरअसल हम और आप ही लिखते हैं। खुसरो जी स्वयं ही एक बड़े इतिहासकार थे। वे ब्रजभाषा पहेलियों के बहुत बड़े खोजी थे। वे कत्तल के बहुत बड़े आविष्कर्ता, खोजी थे, करदाना, नकश् और तराना के भी। और अन्त में वे एक बहुत बड़े आविष्कारक थे सितार के। सितार के कारण ही मैं सितार को चाहता हूँ। वे संगीत में अन्तिम शब्द थे। मुझे कहने दो, सितार मेरी एक भावना ही नहीं है, यह मेरा एक धर्म है—मैं स्त्रियों की अपेक्षा सितार को अधिक चाहता हूँ। यह जो बक्से में बन्द रहता है मेरा सितार, जब भी मैं यह बक्सा खोलता हूँ, उस समय जिस भाव से यह सितार मेरी ओर ताकता है, ऐसा लगता है जैसे यह मुझसे बातें कर रहा हो। कह रहा हो, क्यों जी अच्छे तो हो ? जरा लो ना मुझे अपनी गोद में। उस समय प्रेम से मेरा हृदय भर जाता है। और जिन अमीर खुसरो की बात चल रही थी, वे कई विषयों के खोजकर्ता हैं, किन्तु उनकी सर्वश्रेष्ठ खोज यह सितार है, इसीलिए मेरी इच्छा हुई कि मृत्यु के बाद उनके पैरों के पास थोड़ी ज़मीन मिल जाय। और वहीं मैं सोता रहूँ। इससे इतिहास में भी मेरी जगह हो जायेगी। उनके पैरों के पास अथवा अपने बाबा के पास थोड़ी-सी ज़मीन मैं अल्ला से भीख माँग रहा हूँ। इन दोनों स्थानों पर ही तो मेरा इतिहास है।

अल्ला तेरो नाम, ईश्वर तेरो नाम

अल्ला को यदि किसी दिन आमने-सामने देख पाऊँ, एकदम सम्मुख यही जैसे तुम्हें देख रहा हूँ इस समय, तो फिर उस दिन मैं कौन-सा राग बजाऊँगा ? हाय, हायरे, यह बड़ा अजीब-सा प्रश्न पूछा है तुमने।

अल्ला को एक आकार देना होगा। किन्तु उनका कौन-सा चेहरा है ? उनके चेहरे की ऐसी कल्पना की गयी है, जैसे महादेव, उस महादेव को भी तो मैं अकेला नहीं देखता हूँ। महादेव तो मेरे सर्वाधिक भाव सम्पन्न प्रिय महादेव हैं। यदि निराकार से आकार में उतर आयें तो फिर अपने उन्हीं भावसम्पन्न प्रिय महादेव को जिस तरह से भीतर देख रहे थे, फिर वे उस रूप में नहीं रह जायेंगे। तो मैं महादेव को उस रूप में नहीं देखना

चाहता हूँ।

मैं भीतर ही भीतर जिस महादेव को देखता हूँ वे मेघों से भी ऊपर हैं। उनकी जटाओं से जो गंगा तसवीर में नीचे उतरती आ रही है वह मेघों से भी बहुत ऊपर से नीचे बहती आ रही है। और महादेव की जटाओं से जो धारा बह कर आ रही है, वह तो पाताल की दीवार भी भेद कर नीचे चली जा रही है। उनकी एक आँख को हम देखते हैं उसमें सूर्य से भी प्रखर प्रकाश विद्यमान है। और एक दूसरी आँख देखते हैं, उसमें चन्द्रमा से भी शीतल प्रकाश है। नीले आकाश से भी नीला उनका कण्ठ है। तो मैं उस महादेव को अधिक नहीं देखता हूँ और देखना पसन्द भी नहीं करता हूँ।

इसी महादेव को आँखों के सामने देखकर कोई राग बजाने की बात सोच भी नहीं पाऊँगा। नहीं, वह नहीं हो पायेगा। हो सकता है, तब महादेव को छोड़कर चला जाऊँगा दुर्गा के पास। महादेव को यदि मनुष्य बना दिया जाय तो पाँच सुर आयेंगे— सा रे मा पा धा सा धा पा मा रे सा। महादेव को मनुष्य बना देने पर यहाँ जो आयेगा उसकी अपेक्षा यहाँ कुछ अधिक देख पा रहा हूँ। इन सुरों में। तुम सात सुरों में ही तो हे शंकर, हालाँकि पाँच सुरों के द्वारा तुम्हें मनुष्य बनाये दे रहा हूँ।

इन पाँच सुरों में राग तो एक ही हो रहा है। किन्तु, वह राग असल में है क्या? एक भाषा, एक प्रकाश, एक ही राग से तो सारे क्षणों में कितना कुछ प्रकाशित हो रहा है। यही कुछ दिन पहले ही तो कहा था—मुझमें ही तो वे विद्यमान हैं और मैं भी तो उन्हीं में हूँ। यह अमीर खुसरो साहब जिन्हें मैं इतना प्रेम करता हूँ, स्वयं मुस्लिम होते हुए भी कितनी सुन्दर बात एक बार उन्होंने कही थी—मन तू सूदम तू मन सूदि...मन तन सूदन तू चा सूदि...मैं तू हूँ तू मैं है...मैं जिस्म हूँ, तू जान है। फिर तेरे सामने कौन बैठा..., किसने बोला? न तू कोई और है, न मैं और हूँ। तू मैं है, मैं तन हूँ, तू जान है। कौन मेरे सामने? मैं किसके सामने हूँ? तो कौन बोलता है तेरे सामने बैठकर कि तू और है, कि मैं और हूँ? मैं तू हूँ, तू मैं है, मैं न बन्दा हूँ, न तू भगवान है। मैं सब एक ही हूँ। मैं रोज़ मरता हूँ, जब सो जाता हूँ और रोज़ जीता हूँ जब जग जाता हूँ। कोई जन्म नहीं है, कोई मृत्यु नहीं है।

यही सब कहते-कहते याद आ गयी और एक व्यक्ति की बात। आहा,

कितना बड़ा शायर। ग़ालिब। याद आ गये फिर से टैगोर रवीन्द्रनाथ ठाकुर। उसके बाद मीर तकी मीर। अनीस। तमीज़। ये सब एक अद्‌भुत वर्ग के मनुष्य थे। अपनी एक अद्‌भुत भाषा में कितना कुछ कह गये। हम लोग वह सब भाषा समझते नहीं हैं। हम लोग राजनीति की भाषा ख़ूब समझते हैं। हृदय की भाषा कुछ भी नहीं समझते हैं।

अपूर्णता? न पाने की व्यथा? थोड़ी है। थोड़ा पहले का भारत देखना चाहता हूँ। जैसा कि एक ज़माने में देश था। साठ से पहले...वह तो अब पूरी होने की नहीं। जो भारत जन्म लेने के तुरन्त बाद देखा था, उसे तो अब देख नहीं पाओगे। किस तरह से सब भाई-भाई थे, दोस्त थे, वह एक अपूर्व जीवन था शंकर बाबू। वह सब अब एक याद भर रह गया है। सिर्फ़ अब एक सपना है।

उस भारत को फिर एक बार उसी शक्ल में देखने की इच्छा है, मुझे पता है यह इच्छा अधूरी रहेगी। फिर स्वप्न देखता रहूँगा।

२०

जिस समय यह आत्मकथा धारावाहिक रूप में प्रकाशित हो रही थी, उस समय उस्ताद विलायत ख़ाँ अमेरिका के संयुक्त राष्ट्र में थे। किन्तु, वहाँ भी वे नियमित रूप से अपनी ही बोल कर लिखाई गयी कथा पढ़ते जा रहे थे। उसके बाद एक समय वे देश लौट आये, उनके साथ मेरी भेंट हुई 'सौरभ' संस्था द्वारा आयोजित एक संवर्धना सभा में। कहने लगे, उस देश में जब कोई 'सानन्दा' पत्रिका में निकल रही आत्मकथा पढ़कर सुनाता था तब मुझे ऐसा लगता था जैसे मैं अपनी आवाज़ सुन पा रहा हूँ। दूसरे लोग कहा करते थे, ख़ाँ साहब, पत्रिका के पन्ने पढ़ने पर ऐसा लगता है जैसे आप सामने बैठे हुए बात कर रहे हैं।

इस पर मैंने कहा तो फिर आप सोचिये यह मेरा कितना सौभाग्य है। मैं आपके सामने बैठे-बैठे ये सब बातें सुन रहा हूँ। इस पर विलायत ख़ाँ साहब कुछ बोले नहीं, चुपचाप हँसते रहे। फिर मैंने उनसे पूछा, तो फिर कब आऊँ ख़ाँ साहब ? बोले—मैं कल ही रायचौक जा रहा हूँ। तुम परसों चले आना।

उस बार रायचौक जाना एक लम्बी-से-लम्बी यात्रा की तरह हो गया था। एक तो शनिवार और दूसरे दिन पड़ गयी ईद। दोपहर के समय जा रहा था, फलस्वरूप सारी दुकानें भी बन्द थीं। बातचीत रिकार्ड करने के लिए कहीं से कैसेट भी नहीं मिल पा रहे थे। जिस किसी भी इलेक्ट्रोनिक्स की दुकान देखी, सर्र से ब्लैंक कैसेट की खोज की। और सब जगह एक ही जवाब, नहीं है। अन्त में ऐसा भी लगने लगा, इससे तो अगर बाघ का दूध खोज लिया होता, तो वह भी मिल जाता।

आख़िर में एक-दो करके कुछ कैसेटों की जुगाड़ हो गयी। कलकत्ते से रायचौक के लम्बे रास्ते में कई जगह, जुलूस और भीड़ को पार करते हुए अन्त में रायचौक पहुँच भी गया। उस वक़्त सूर्य डूब ही रहा था। गोधूलि वेला के उस शेष आलोक में देखा अपने पाखिरालय के निर्जन बरामदे में बनियान और पाजामा पहने हुए ख़ाँ साहब बैठे हुए हैं। कितनी उदास आँखों से ताकते जा रहे हैं नदी की ओर। जब पास जाकर उन्हें प्रणाम कर उनके निकट बैठ गया, तब चारों ओर से घिरता हुआ वहाँ अँधेरा उतर आया था। देखा कि ख़ाँ साहब का स्वर भारी-भारी है, पता नहीं उनका मन कैसा होगा। हालाँकि भीतर से जैसे कोई कह रहा था कि मन की बात कहने लायक उस्ताद का यही मूड है। ख़ाँ साहब ने अपने नौकर करीम से कहा—जरा चाय बनाके लाओ बेटा। उनके वास्ते और हमारे वास्ते भी। और खाने को भी कुछ लाना। उसके बाद मेरी ओर घूमकर बोले—शंकर बाबू, आप कैसे हैं?

पास ही नदी थी, आसपास पेड़-पौधे, मृदु मन्द शीतल हवा कहीं से डोलती हुई चली आ रही थी एक धीर ललित गति में, और मेरे सामने हल्के अँधेरे में सफ़ेद गंजी और पाजामे में थे उस्ताद साहब। मैंने टेप चालू कर दिया था।

कैसा हूँ

हाँ, शायद कुछ कहा था मैंने? अरे हाँ, गर्मी में बहुत तकलीफ़ होती है। पता नहीं क्यों, शरीर-टरीर अस्वस्थ रहता है, ऑपरेशन-टॉपरेशन के बाद से समझ में नहीं आता है क्यों, शरीर का पाचन-तन्त्र, पता नहीं उसमें क्या बाधा आकर उपस्थित हो गयी है, गड़बड़ा गया है, अब देख रहा हूँ कि गर्मी सहन नहीं हो रही है। स्टेज पर अगर अधिक रोशनी की गयी तो सहन नहीं होती है, उससे कष्ट होता है, कई बार ऐसा हो चुका है। कैसी तो एक तरह की हाँफी आने लगती है। लम्बी-लम्बी साँसें लेनी पड़ती हैं। स्टेज से उठकर जाने के बाद भी ऐसा दो-तीन बार हो चुका है इन कई वर्षों में। उसके बाद एक घण्टा, दो घण्टा, तीन घण्टे में तबीयत ठीक भी हो जाती है।

रक्तचाप की समस्या ? हाँ, हाँ। सब कुछ तो है। फिर भी बातें हो रही थीं; यहीं तो जन्मा हूँ, बड़ा हुआ हूँ, पूरा जीवन ही बिताया है यहाँ, ग्रीष्म, वर्षा, सर्दी—सारे मौसम ही तो देखे हैं, सभी तो इस शरीर में मिले हुए हैं। हालाँकि आज अपने ही स्थान पर गर्मी को सहन नहीं कर पा रहा हूँ। जैसे ही गर्मी पड़नी शुरू हो जाती है, बाहर चला जाता हूँ। और बाहर जाते ही ठीक हो जाता हूँ। यही देखिए, आज ही छोटे बेटे का फ़ोन आया है प्रिंसटन, न्यू जर्सी से। बोला, ख़ूब सर्दी पड़ रही है यहाँ और ख़बर है आज रात में बर्फ़ भी गिरेगी। इसका अर्थ है कि मैं अगर वहाँ जाता हूँ तो सर्दी में ही तो रहूँगा और वहाँ ठीक भी रहूँगा।

सर्दी में कष्ट ? तुम कह क्या रहे हो, सर्दी में कष्ट ? पता नहीं पाचनक्रिया को क्या हो गया है कि सर्दी में किसी तरह की तकलीफ़ महसूस भी नहीं करता हूँ। खिड़की के बाहर देखता हूँ कि बाहर दो-तीन फुट बर्फ़ जमी हुई है। उसके सामने ही मेरा सहन है, पीछे डेक, उसके बाद मेरी खिड़की। तो बेडरूम की उसी खिड़की से डेढ़-दो फुट बर्फ़ देख पा रहा हूँ, और उसी समय रात में इस नौ इंच खिड़की को खुला रखकर, कभी-कभी पंखा चला देता हूँ, कभी-कभी खोलता भी नहीं हूँ। बाहर की जो फ्रेश ऑक्सीजन आती रहती है, उसी के लिए ऐसा किये रहता हूँ। हाँ-हाँ, घर के भीतर हीटर से गरम होता रहता है वातावरण। फिर भी ठण्ड में भी वह हवा आने से मैं ख़ूब ठीक ही रहता हूँ। जब चेहरे पर आकर लगती है ठण्डी स्वच्छ वायु।

जब देहरादून में रहता था, उस समय भी ठण्डे मौसम के कारण ठीक रहता था, तकलीफ़ कम होती थी। किन्तु, उन दिनों मैं गर्मी भी ख़ूब सहन कर लेता था, तकलीफ़ नाम की चीज़ भी शरीर में बहुत कम थी। उस समय का यह जो गर्मी का कष्ट था, यह गत कई वर्षों में हुआ है। फिर भी अब तो मैं इस सर्दी के मौसम में ही देश आता हूँ—अक्टूबर, नवम्बर टू मार्च—मिडिल ऑफ़ मार्च—इसी समय मैं यहाँ ख़ूब सुखद फील करता हूँ। विशेषकर कलकत्ते में तो मैं ख़ूब आराम अनुभव करता हूँ। यहाँ सर्दी अधिक नहीं पड़ती है, फिर भी बड़ा सुखद, सुहावना मौसम रहता है यहाँ। गाना-बजाना, लोगों का आना-जाना, रात में सोते समय बड़े आराम का अनुभव करता हूँ। इसीलिए तो कलकत्ता छोड़ते ही मन बड़ा ख़राब हो जाता है। निश्चय ही।

मैं बाहर, विदेश में रहना नहीं चाहता हूँ। देश छोड़कर बाहर जीवन बिताना अच्छा भी नहीं लगता है। इसी तरह से तो इतनी बड़ी उम्र में यहाँ फिर आकर कलकत्ते में ही डेरा जमाया है। बॉम्बे, मद्रास, बंगलोर, देहरादून, दिल्ली सब छोड़कर कलकत्ता ही लौट आया। उसके बाद सोच रहा था कि कलकत्ता में तो आ गया हूँ, पर यहाँ का प्रदूषण, पापुलेशन, पानी, मौसम सभी तो बहुत ख़राब है। उसके बाद सोचने लगा—ऐसी कौन-सी जगह है जहाँ ये सब ख़राबियाँ न हों ?- सभी जगह का तो जल, हवा, भीड़, दिन-पर-दिन ख़राब होते जा रहे हैं, तो फिर सिर्फ़ कलकत्ता को ही दोष क्यों दिया जाय ? पानी तो बॉम्बे का भी ख़राब है। पानी दिल्ली में भी ख़राब है। और जनसंख्या की तो पूरे भारत में बुरी हालत है। वरन् इन सब बुराइयों के बीच भी कलकत्ते में जो कुछ है, वह तो अच्छे लगने योग्य ही है, और वह है एक रुचिकर परिवेश, जीवन का एक मिज़ाज, पुराने ज़माने के कुछ सिलसिले, एक वातावरण, पुराने स्वजन-परिजन, मित्रगण, मेरी निजी सब स्मृतियाँ। मेरे लिए तो यही बहुत कुछ है, इससे अधिक कुछ चाहने योग्य फ़िलहाल तो नहीं है। इसी वजह से उम्र के अन्तिम दौर में मैंने इसी शहर को चुन लिया है।

सितार के तानसेन

अपने बाबा की स्मृति में यह जो पुरस्कार देना शुरू किया है, उसे तो कलकत्ते से ही देने की इच्छा है। और देख रहा हूँ कि लोग भी इस कार्य को एप्रीशिएट कर रहे हैं। जो एक स्वयं संगीत-शिल्पी है, वह परिश्रम करके, दुःख उठाकर, खटते हुए जो आय कर रहा है, उस रुपये से अन्य शिल्पियों का अभिनन्दन करने का प्रयास कर रहा है। और सत्य कहने में कोई हर्जा नहीं है, और एक लाख रुपया कोई बड़ी रक़म वैसे तो है नहीं। फिर भी बाबा की स्मृति में, बाबा के नाम पर उस्ताद बिस्मिल्ला ख़ाँ और पण्डित भीमसेन जोशी को जो सम्मान देने का मुझे सुअवसर मिला यही घटना तो मेरे लिए एक बड़ी यादगार हो गयी। सरकार अथवा किसी अन्य संरक्षक के आगे हाथ बिना पसारे अपनी ओर से कर पाना तो और भी अच्छा लग रहा है। फिर और भी यह सोचा कि बड़े-बड़े, कितने गुणीजन शिल्पी, कितने बड़े-बड़े काम करके चले गये दोनों ख़ाली हाथ लिये, यह

दुःख क्या सिर्फ़ इन्हीं का है? हम सभी का नहीं है? और इस पुरस्कार से अब्बा का नाम बने रहने से कितने लोग कितने ख़ुश हो रहे हैं इस सम्बन्ध में मैं क्या कह सकता हूँ! आज भी जो बड़े गुणी हैं, जिनसे हमने बहुत कुछ पाया है, कई युगों तक, उनके प्रति थोड़ा प्रेम और सम्मान दिखाने का जो हमें सौभाग्य मिला है, वह क्या कम है? उसके बाद सोचा तो उस क्षण के बारे में जब भीमसेन जोशी ने स्टेज पर खड़े होकर कहा कि उस्ताद इनायत् ख़ाँ साहब के नाम पर दिया जाने वाला यह पुरस्कार हमारे 'भारत रत्न' से भी अधिक मूल्यवान् है। इस बात पर एक बार विचार तो करो शंकर बाबू। मैंने अपने मुँह से कुछ नहीं कहा, इतनी बड़ी बात कितनी श्रद्धा के साथ कही थी भीमसेन जोशी ने! पुरस्कार तो ऐसा ही होना चाहिए कि एक शिल्पी उसे पाकर अपने को सचमुच में सम्मानित अनुभव करे। जैसा कि उस दिन अनुभव किया भीमसेन जोशी ने। और यह सब इसलिए कि यह पुरस्कार वहन कर रहा है उस्ताद इनायत् ख़ाँ का नाम और उनकी स्मृति। बाबा तो इसी शहर में थे और इसीलिए इस शहर में बैठकर यह पुरस्कार देना चाहा है उस बड़े मनुष्य तथा इतने बड़े शहर को एक सूत्र में बाँधने के लिए। और उसके साथ यह भी अनुभव कर रहा हूँ जानते तो हो कि शिल्पी, गुणी, ज्ञानी व्यक्तियों में आज भी इनायत् ख़ाँ साहब के सम्बन्ध में कैसी भावना है, कैसा सम्मान है, उनका क्या स्तर है, क्योंकि उनका नाम तो हमेशा अख़बारों में निकलता नहीं है अथवा रेडियो-टीवी में खेलता नहीं है, किन्तु, लोगों के मन में आज भी बसा हुआ है सुर की तरह। अगर एक रुपया गिर पड़े तो झंकार उठती है। और यह देखकर हमारा मन आनन्द से भर जाता है।

खेलकूद, क्रिकेट, फुटबाल, सभी अच्छे हैं शंकर बाबू, तभी जब मनुष्य गाना-बजाना न भूले। सितार न भूले। तुम सोच सकते हो मैं इस उम्र में सहसा, इनायत् ख़ाँ साहब के नाम पर फ़ाउण्डेशन बनाने क्यों गया? असल में आज की जो यह नयी पीढ़ी है, नये लड़के-लड़कियाँ हैं, इन्हें भी हमारे जीवन की जो श्रेष्ठ वस्तुएँ हैं, उनके माधुर्य का स्वाद देना। वे यह जान ही न पायेंगे कि इनायत् ख़ाँ नाम की शख़्सियत क्या है? और जब वे जान पायेंगे, तब तक बहुत देरी हो चुकी होगी। इसीलिए तो विचार किया कि यहाँ कलकत्ते में एक फ़ाउण्डेशन बनाऊँ, थोड़ी ज़मीन का बन्दोबस्त कर ऐसा एक अखाड़ा बनाऊँ, जहाँ मेरे और बाबा के अभिलेखागार

में सब कुछ रहेगा। बच्चे-बच्चियाँ सुन लें, उनमें सीखने की प्यास, एक तृष्णा तैयार हो, फिर मैं उन्हें सिखाऊँगा। अमेरिका की आरकाइव का सारा मेटीरियल लाकर यहीं रख दूँगा। मुझे जितना समय मिलेगा, मैं यहाँ रहूँगा, और बच्चों को सिखाऊँगा। और इसे खड़ा करने के पीछे इतनी जल्दी क्यों है, पता है ? कारण, मैं जानता हूँ और पूरी दुनिया जानती है, कि उस्ताद इनायत् ख़ाँ साहब हैं सितार के तानसेन।

आजकल के लोग तो मुझे सुन रहे हैं और कितनी क्या प्रशंसा कर रहे हैं, उसे तो मैं देख ही रहा हूँ। किन्तु, मेरे जैसे जिन लोगों ने इनायत् ख़ाँ साहब को सामने बैठकर सुना है वे तो इतनी सैकड़ों वर्णनाओं में तो जायेंगे नहीं, वे सिर्फ़ एक ही बात कहेंगे और उससे ही सारी बात पूरी हो जायेगी। वे लोग कहेंगे, जैसा कि मैंने कहा है इनायत् ख़ाँ साहब हैं सितार के तानसेन। अल्ला-अल्ला।

२१

देखो १९६० ईस्वी तक, जब मैं स्वयं भी संगीत में एक बड़ा नाम हो गया था, पुरानी पीढ़ी के श्रोतागण उस वक़्त भी मुझे इनायत् ख़ाँ साहब के बेटे के रूप में उल्लेख कर बुलाया करते थे। तो फिर विचार कर देखो प्रभाव अब्बा तैयार कर गये थे, उन व्यक्तियों के ऊपर। मुझे सुनकर उन्हें बड़ा आनन्द मिलता था। और उसी के साथ उनके मन के एक कोने में झाँक रही थी बाबा के बजाने की स्मृति। अरे! सिर्फ़ गुणी श्रोताओं की ही बात क्यों कहूँ? बड़े-बड़े गवैयों और बजैयों की भी बात लो। अब्दुल करीम ख़ाँ साहब, फैयाज़ ख़ाँ साहब, हाफ़िज़ ख़ाँ साहब—जो सरोद के तानसेन कहे जाते थे, ये लोग इनायत् ख़ाँ साहब को सुनकर कहा करते थे— ''अरे, बंगाल के जादूगर, तू सितार लेता है तो जादू कर देता है।'' मेरे कानों में आज भी इनके ये शब्द गूँज रहे हैं। जब भी सितार लेकर बाबा बैठा करते थे, फैयाज़ ख़ाँ साहब देखता था धीरे-धीरे अपने हाथ रगड़ते जाते थे आनन्द से और हँसते हुए कहा करते थे—देखो, अब जादूगर आ गया, जादूगर आ गया, अब जादू कर देगा।

अपने सुने हुए गवैयों में मैं गायन का तानसेन किसे कहूँगा? बड़े गायकों को तो अनेक को सुना है भाई। कितने बड़े-बड़े सभी गवैये थे, किसी को जरा भी छोटा नहीं कहा जा सकता है। फिर भी मेरे मन पर सबसे अधिक दो लोगों ने प्रभाव छोड़ा है। फैयाज़ ख़ाँ साहब और अब्दुल करीम ख़ाँ साहब ने। किन्तु, इन दोनों का नाम लेते ही और भी कई लोगों के नाम मन में जाग उठते हैं। रज़ब अली ख़ाँ साहब, अल्लादिया ख़ाँ साहब, वाहिद ख़ाँ साहब... ये सभी लोग बहुत बड़े-बड़े कलाकार हैं। बड़े गायक ओंकारनाथ ठाकुर जी भी। किन्तु, मेरे प्रिय हैं, मैंने जिन्हें सुना है, तानसेन

वे दोनों ही हैं—फैयाज़ ख़ाँ साहब और अब्दुल करीम ख़ाँ साहब। मैं भीतर ही भीतर इन दोनों को हरदम देखता हूँ।

और इन दोनों के बाद ही दो तानसेन और हैं जो दोनों मेरे सपने के गायक हैं— सचमुच में मेरे दो तानसेन और हैं—अमीर ख़ाँ साहब और बड़े ग़ुलाम अली ख़ाँ साहब। अहा! कितने बड़े गायक हैं दोनों। इस तरह के दो गायक अब और कभी जन्म नहीं लेंगे। ये दोनों गायक जब चले गये तो जैसे गायन विद्या का एक अध्याय ही समाप्त हो गया। इन दोनों के चले जाने के परिणामस्वरूप गाने का वही विस्तार, वज़न, फलक सब जैसे रातों–रात खो गया। हर क्षण मैं व्यक्तिगत रूप से यही अनुभव करता हूँ और जो लोग गाने से प्रेम करते हैं, वे भी यही अनुभव करते हैं।

अतीत के एक और बड़े गायक की बात याद आ रही है यहाँ पर। हाय! हाय! क्या गवैया थी रे बाबा! केशरीबाई। थोड़ी देर पहले जिस सिनेमा हॉल का ज़िक्र किया था ना? कौन सिनेमा हॉल? न्यू सिनेमा? हाँ, हाँ। न्यू सिनेमा। अब तो वह सिनेमा हॉल ही नहीं रहा, उसके बारे में सोचकर ही कष्ट हो रहा है। कितना कुछ बदल गया है कलकत्ते का। इस धुँआरे, और धक्कामुक्की के बीच से होकर जब जाता हूँ और उस हॉल को देखता हूँ तो कितनी ही स्मृतियाँ भीड़ लगाकर मन में आ जाती हैं। उन दिनों न्यू सिनेमा में सभी होती थी और गाता था कौन? नहीं, केशरीबाई, फैयाज़ ख़ाँ गायन करते थे और बजाया करते थे हाफ़िज़ अली ख़ाँ तथा केशरीबाई। इन्हें भुलाया नहीं जा सकता। उस समय उनका कितना सम्मान था, उन्हें सभी लोग 'ताई' कहा करते थे। 'ताई' माँ की तरह होती है। उन्हें अर्थात् मधुबाई को तो 'ताई' ही कहता था। ये लोग गायन की सरस्वती थीं।

ओंकारनाथ जी

ओंकारनाथ ठाकुर जी के साथ भी मेरा बहुत सुन्दर सम्बन्ध रहा था। फिर भी उस सम्बन्ध की चर्चा करने पर एक घटना का भी उल्लेख करना पड़ेगा, मेरी जो घटना उनके साथ बनारस में घटी थी। वह घटना एक तरह का इतिहास है, यह याद रखना चाहिए। बनारस म्यूज़िक कॉलेज के वे

एक बहुत बड़े व्यक्ति थे। तो उसी बनारस में एक म्यूज़िक कॉन्फ्रेंस हुई। मुझे बम्बई से बुलाकर वहाँ ले जाया गया। मैं वहाँ गया। उसके बाद जो कुछ हुआ वह पूरे जीवन याद रखने योग्य है, मैं उसे आज भी नहीं भूल पाता...

मैं जब बनारस पहुँचा, मेरे ठहरने का स्थान बना था बहुत ही सामान्य होटल। जो प्रबन्धक थे, मि. मधुसूदन, वे थे गिरिजादेवी के पति। पहुँचकर होटल में ख़बर मिली कि ये-ये-ये-ये प्रोग्राम होने हैं, उसके बाद मेरा प्रोग्राम होगा, और मेरे बाद रविशंकर जी का प्रोग्राम है। तो उस समय यह कहते हुए एक प्रस्ताव भेजा कि जिस तरह से कार्यक्रम बनाया गया, उसमें मेरे बजाने के बाद रविशंकर जी का सितार वादन है, यह नहीं हो सकेगा। कारण वाद्य-यन्त्र के बाद वाद्य-यन्त्र का आयोजन नहीं होता है, जैसे गायन के बाद गायन नहीं होता है। रविशंकर जी यदि मेरे बाद बजाते हैं, तो मुझे कोई आपत्ति नहीं है किन्तु मेरे बजाने के बीच थोड़ी सुविधा और आराम के लिए एक किसी और कार्यक्रम का होना ज़रूरी है। वादन के बाद गायन, उसके बाद थोड़ा नृत्य, उस नृत्य के बाद थोड़ा वादन उसके बाद गायन, इसी तरह से तो गाने-बजाने की महफ़िल सजायी जाती है। परम्परा भी यही है, यही रीति है। फिर भी जब मेरे बाद ही, एकदम सटाकर रविशंकर जी का प्रोग्राम रखा है, उसे रखिये, किन्तु मेरे बाद नहीं रखेंगे। मधुसूदन और ओंकारनाथ जी दोनों उस समारोह के प्रमुखों में थे। उन्हें मैंने अपनी बात बता दी थी।

पता नहीं मधुसूदन अथवा और किसी या किन्होंने ओंकारनाथ जी से क्या कहा अथवा उन्हें क्या समझाया, उन्होंने दो टूक शब्दों में सीधे-सीधे यह बता दिया कि अगर मैं मृत्यु शैया पर भी हूँ तो भी मैं इस प्रोग्राम में कोई रद्दो-बदल नहीं करूँगा। और रविशंकर के बाद विलायत ख़ाँ तो बजा ही नहीं पायेंगे। यह तो हो ही नहीं सकता है। मैंने इस पर यह कहा कि मैं उनके बाद बजाऊँगा यह तो मैंने कहा ही नहीं है। मेरा जो कहना है, वह यह है कि मेरे बाद कोई गाना गाये, या नाचे अथवा अन्य कोई वाद्य बजाये तो बजाये, उसके बाद न हो तो रविशंकर जी अपना सितार बजा सकते हैं।

फिर मेरा सितार बजाने के बाद उनका सितार बजाना ठीक नहीं रहेगा। और अगर इसी तरह दोनों को आगे-पीछे रखने से दोनों में यदि तुलना की जाय तो फिर (थोड़ा मैंने ऊँची आवाज़ में कहा जैसा कि मेरा स्वभाव है), तो फिर दोनों लोगों को एक साथ ही बजाने बैठायें। दोनों लोग एक साथ ही बजायेंगे। लोग अच्छी तरह गाना-बजाना सुनें, यह भी देखें कि सितार में किसने क्या कमाल किया है। और अगर ऐसा होना सम्भव नहीं है, तो मेरे बाद कोई नृत्य करेगा अथवा कोई गाना गायेगा, उसके बाद रविशंकर जी बजा सकते हैं। और अगर ऐसा नहीं होता है, तो मैं नहीं बजाऊँगा। मेरा कार्यक्रम रद्द कर दिया गया था। अचरज हो रहा है? हाँ, यही हुआ था।

यह किस बरस की बात है? जिस बरस ओंकारनाथ जी बनारस में थे। साठ का दशक होगा—१९६० ईस्वी। तुम जरा हिसाब लगाकर तो देखो वे कब वहाँ थे। ख़ैर जो भी हो, ओंकारनाथ जी की वह बात सुनकर मैं बहुत दुःखी हो गया था। प्रायः मैं रोने-रोने को हो गया। सोचने लगा, ओंकारनाथ जी जैसे इतने बड़े व्यक्ति ने, जिन्हें मैं इतना चाहता हूँ, जिनका मैं सम्मान करता हूँ, ऐसा किया कि अपनी डेथबेड पर भी मैं इस प्रोग्राम में कोई अदल-बदल नहीं होने दूँगा। उसके बाद पता नहीं किसने अथवा किन लोगों ने उनके पास जाकर उनसे कहा—यह आपने अच्छा नहीं किया। और आपकी बात सुनकर विलायत ख़ाँ साहब तो रो रहे थे। उन्हें भीषण दुःख हुआ, उन्हें काफ़ी तकलीफ़ हुई है। उन्हें बुलाया गया, और वे आ भी गये बोम्बे से, किन्तु प्रोग्राम नहीं कर सके। उनका एक निजी मत है। उसके अनुसार कार्यक्रम नहीं हो रहा है यह देखकर वे अपना प्रोग्राम नहीं कर रहे हैं।

यह सब सुनकर ओंकारनाथ जी की भी रोने जैसी दशा हो गयी। उन्होंने अपने लोगों से कहा, विलायत ख़ाँ को बुलाओ। वे लोग मुझे फिर होटल से बुलाकर ले गये। मैं चला गया। वे मेरे बाबा के ज़माने के व्यक्ति तो थे ही। जाकर मैंने उन्हें प्रणाम किया। और चुपचाप उनके सामने चेयर पर बैठ गया।

क्यों बेटा, क्या बात है? बैठते ही कहने लगे थे पण्डित जी। मैंने कहा—आप तो सब कुछ जानते ही हैं। आपसे क्या कहूँ? आप तो हमारे बुज़ुर्गवार हैं। आपके सामने मैं कुछ भी नहीं बोल सकता हूँ।

सहसा वे कहने लगे—मैंने एक बहुत बड़ी भूल कर डाली है। मधुसूदन अग्रवाल और कुछ अन्य लोगों ने मुझे बहुत भड़का दिया था। मैं अपनी इस भूल के लिए तुमसे क्षमा माँग रहा हूँ। मैं तुमसे क्षमा माँगता हूँ।

और ये सब बातें सुनकर मुझे और रुलाई आ गयी। इतना महान एक व्यक्ति, मेरे दादा जैसा व्यक्ति, इस तरह से मुझसे माफ़ी माँग रहा है। मैंने उनसे कहा—देखिए ठाकुर जी, इतना सब कहकर आप मेरा मन और ख़राब नहीं करेंगे। मेरा मन तो वैसे ही इतना ख़राब हो चुका है। आप नहीं जानते हैं कि अपने बाबा के बाद आप लोगों को ही मैं बुज़ुर्ग, गुरुजन, प्रणम्य व्यक्ति के रूप में मानता आ रहा हूँ। आप मेरे लिए एक बहुत बड़ी हस्ती हैं। आपका गाना भी मेरे मन में एक बड़ी स्मृति के रूप में विद्यमान है। इसलिए क्षमा माँगकर मेरा और पाप नहीं बढ़ाएँगे पण्डित जी। किन्तु, यह जो आपने मुझे बुलाकर मेरी बात को सुना इससे मेरे मन का कोई बन्द दरवाज़ा खुल गया। अब मुझे कोई दुःख नहीं है।

'नहीं, मैं तुमसे क्षमा माँग रहा हूँ'—ओंकारनाथ जी यह कहते ही जा रहे थे। और उसके दूसरे दिन मुझे बुलाकर इस तरह से अपने मन की बात कहनी शुरू कर दी कि उनके साथ मेरा सम्बन्ध पहले से भी गाढ़ा हो गया। उनके प्रति मेरा वही प्रेम उनकी मृत्यु तक बढ़ता ही रहा। गाने-बजाने के जगत् के बारे में मेरी असंख्य अच्छी स्मृतियों में यह एक अच्छी घटना है। इसे बड़े जतन से मैं अपने मन में रखे हुए हूँ।

अलाउद्दीन ख़ाँ साहब

अलाउद्दीन ख़ाँ साहब की भी बड़ी चमत्कारपूर्ण स्मृतियाँ हैं मेरी। अलाउद्दीन ख़ाँ साहब तो विराट गुणी पुरुष थे, Very great artiste and very great master also—एक महान कलाकार और एक बहुत बड़े उस्ताद। फिर भी किस तरह से दो मूर्ति हों वे। एक से दूसरी एकदम अलग।

एक घटना याद है। यह चालीस के अन्तिम दौर की है। दिल्ली के कर्जन रोड पर लाला श्रीरामदेव का घर है। वे महियर से आकर वहीं ठहरे हुए थे। तो मैं उनसे वहाँ मिलने गया। उस समय तक श्रीधर, भरतराम, चरतराम इन सबको तो पहचानता नहीं था। तो उन्हीं लोगों का घर था वह।

तो मैं उनसे मिलने गया और उन्हें प्रणाम किया, वे ख़ूब चंचल हो उठे और बड़ी ख़ुशी के साथ कहने लगे—क्या बेटा, तुम ठीक तो हो? कितने दिन बाद तुम्हें पुनः देखकर ख़ूब अच्छा लग रहा है। अहाहा, कैसा सितार बजा गये हैं तुम्हारे बाबा। उनके सामने हम तो कुछ भी नहीं हैं।

इसी तरह की सब बातें वे कहते जा रहे थे ख़ाँ साहब। मैं बैठा-बैठा सुन रहा था। एक समय वे कहने लगे—तो बताओ तुम्हारा क्या मामला है? मैंने कहा- वैसी कोई ख़बर नहीं है। रेडियो में गया था, पता लगा कि आप आये हुए हैं। सोचा एक बार आपके दर्शन कर आऊँ।

तो मेरे साथ मेरे एक मित्र थे निसार अहमद, रेडियो में काम करते थे। तो वे ख़ाँ साहब के साथ मेरी अन्तरंगता देखकर साहस कर कहने लगे, विलायत ख़ाँ, साहब से कहो न तुम्हारे घर एक दिन खाना खाएँ। तब मैंने ख़ाँ साहब से कहा— चाचू एक दिन मेरे यहाँ खाने आयेंगे?

ख़ाँ साहब ने बड़े आनन्द के साथ कहा—हाँ, ज़रूर आऊँगा। तुम्हारे घर खाने ज़रूर आऊँगा। मुर्गा वग़ैरह बनेगा तो? तुम्हारे घर का खाना ... वे यही कह रहे थे कि अचानक वहाँ भरत राम तथा शीला आ गये। उन्होंने

कहा—बाबा, खाना बन गया है। आप खाने चलेंगे? और विलायत ख़ाँ साहब आप भी चलिये।

शीला बहन ने तब कहा था—देखिए, हम लोग तो शाकाहारी हैं, साग-सब्ज़ी ही विशेषकर खाते हैं, पता नहीं आप लोगों को यह खिलाने से असुविधा होगी या नहीं! बातचीत के बीच में सहसा अलाउद्दीन ख़ाँ साहब कह उठे—मैं तो कालीजी का भक्त हूँ, शाकाहार के अलावा जीवन में और कुछ खाया ही नहीं है। मैं तो यही सब खाकर ठीक-ठाक हूँ। और यह सब कहकर बगल में मेरी ओर आँख मारते हुए हँसने लगे। हा हा हा हा! उस उम्र में सोचो जरा, मेरे जैसे एक छोटे लड़के से- कितनी उम्र होगी तब मेरी? पन्द्रह, सोलह या सत्रह—मुझे विश्वास में लेकर आँख मारते हुए बात करना। हा हा हा! मेरी तो उस वक़्त अत्यन्त संवेदनशील, किसी से जल्दी प्रभावित होने वाली उम्र थी, मैं तो उनकी सारी बातें, शील स्वभाव, बात करने का अन्दाज़ मन-ही-मन नोट करता रहता था। और वह स्मृति आज भी भूला नहीं हूँ।

ये फिर मुझे प्यार भी बहुत करते थे। oh, yes, ज़रूर-ज़रूर। निश्चय ही। और यह हमारा अचरज भरा भाग्य है कि नाइन्टीन थर्टी सिक्स, सेविन, एट, नाइन, फोर्टी से लेकर आज तक अर्थात् जब से मैं स्टेज पर स्थापित हो गया हूँ, तभी से आज तक गायन और वादन में जितने गुणीजन हो गये हैं, जो मुझसे उम्र में काफ़ी बड़े हैं, मेरे गुरुजन, वे सब—each and everybody—मुझे बहुत प्रेम करते रहे हैं। इन सबका मैं प्रिय आर्टिस्ट था। फैयाज़ ख़ाँ साहब, अलाउद्दीन ख़ाँ साहब, अल्लादिया ख़ाँ साहब, रजब अली ख़ाँ साहब, अब्दुल करीम ख़ाँ साहब, ओंकारनाथ जी, केशरबाई इन सभी का मैं प्रिय आर्टिस्ट था।

अपने जीवन में मैंने एक मामले को नियमित रूप से बरकरार रखा है। बुजुर्गों के प्रति गम्भीर से गम्भीर सम्मान दिखाने का रिवाज। सदा अपने को यह समझाता रहा हूँ कि ये सब बड़े-बड़े गुणीजन, तुम्हारे बाप, दादा आत्मीय स्वजन, यही तुम्हारा परिवार है, घर-गृहस्थी है, संसार है, दुनिया है। यही है एक कलाकार की रिश्तेदारी। इनके सामने अपना सिर झुकाओ। जैसे एक उदाहरण लीजिये—जब मैं दिल्ली गया वहाँ पर रहीमुद्दीन साहब थे। रहीमुद्दीन डागर। जितने बार भी गया, समय निकालकर एक बार उन्हें प्रणाम करने ज़रूर गया। उन्होंने पूछा, क्यों बेटा, कैसे हो? मैंने

कहा– कुछ नहीं, ऐसे ही आपको देखने और प्रणाम करने चला आया। बोम्बे गया तो मधुबाई के घर गया—मधुबाई हैं अमोनकर किशोरी (निधन— ३ अप्रैल २०१७— अनुवादक) की माँ। समय निकालकर गया था सिर्फ़ दस-पन्द्रह मिनट के लिए। बैठा—दो-चार सुख-दुःख की बातें कीं। प्रणाम कर चला आया। और जब गया था तब उस महिला ने देखता हूँ एक प्राणभरी हँसी हँसकर पूछा था—क्यों बेटा कैसा है तू? कहा—आई, आपको देखने आया और प्रणाम करने को।

यह सुनकर उन्होंने किशोरी (तब किशोरी जीवित थीं—अनुवादक) कहा—देखा कितना बड़ा आदमी है विलायत ख़ाँ, तो भी कितनी भक्ति और श्रद्धा देता है दूसरों को। बेटा यह ज़िन्दगी में याद रखना।

मेरे सामने किशोरी से उन्होंने यह कहा। और यह किशोरी भी मुझ पर जितनी श्रद्धा रखती है उतना ही मुझे स्नेह भी करती है। वैसे तो वह ख़ूब उग्र है। जल्दी ही भड़क उठने वाले स्वभाव की। इस सम्बन्ध में कई कहानियाँ सुनी जाती हैं। किन्तु मेरे सामने एक भीगी बिल्ली की तरह हो जाती है। मेरे सामने सिर झुका हाथ जोड़कर खड़ी हो जाती है।

बड़े-बड़े गुणीजन क्यों मुझे इतना प्रेम करते हैं यह जानना चाहते हो? देखो, जीवन में कुछ अच्छा गाना-बजाना तो दुनिया को मैंने दिया ही है। उसके बारे में अगर मैं अपने मुँह से कुछ न कहूँ तो अच्छा है किन्तु लोग तो उसके साक्षी हैं ही। इसीलिए इस बात को परे रखकर कह रहा हूँ। बुजुर्ग लोग मुझे जो इतना चाहते हैं उसका एक कारण मेरे पिता हैं। इतने बड़े गुणी, इतनी जल्दी चले गये, इससे सभी को बहुत दुःख हुआ था। बाबा के प्रति श्रद्धा, आदर उनके चले जाने के बाद उनके लड़के के प्रति प्रेम के रूप में दिखायी देने लगा। फिर इससे भी बड़ा कारण मेरी अपनी तहजीब है, अपने को प्रस्तुत करने का जो स्टाइल है उसे मैंने निर्मित कर लिया था। मैं प्रेम पाना चाहता था, लेकिन मैंने प्रेम अर्जित किया है अपने को प्रेम पात्र के रूप में प्रस्तुत करके। गाने-बजाने की तरह आदर-कायदे में भी एक लय, एक सुर होता है। You must discover, learn and present in your behaviour. Your personality must be musical and full of Love. उसे आपको खोजना होगा, उसे सीखना होगा फिर अपने व्यवहार में उस सुर को प्रकट करना होगा। आपके व्यक्तित्व में एक संगीतात्मकता होनी चाहिए। और प्रेम से भरपूर।

यह जो तहज़ीब के प्रसंग पर आ गया। इसमें भी बाबा की चर्चा आ जायेगी। गले के बटन खुले थे, शायद इसी रूप में कमरे में चला गया, इस पर अब्बा बोले- लगता है गले के बटन ख़ूब कस रहे थे? जाओ, कमरे से बाहर जाओ और गले के बटन लगा कर आओ। ... बटन लगाकर आया। बाबा बोले, उस तरफ़ क्यों ताक रहे हो? इस तरफ़ देखो, और इस तरह देखो। इस तरह से सलाम करो जिससे तुम्हारा हाथ ही मन लगे, काठ का टुकड़ा नहीं। ... बाप रे आदर सिखाने का क्या शासन और कैसी नज़र। बाद में बड़े होकर समझा कि इन सब छोटी-मोटी चीज़ों के माध्यम से अब्बा ने मुझे एक पूरा मनुष्य होने के एक रास्ते पर खींच लिया था।

इस वजह से उन्हें एक क्रोधी मनुष्य नहीं कहा जा सकता है। He was a man of strong principle and discipline—वे दृढ़ सिद्धान्तों और कठोर अनुशासन के व्यक्ति थे। हम लोग उनसे डरते थे तो भी माँ उनसे डरती थीं ऐसा लगता नहीं था। दस बरस की उम्र तक तो बाबा को देखा ही है, तो दोनों लोगों को पास-पास देखकर ऐसा लगता था जैसे वे दोनों मित्र हों। सारी चीज़ों को एक अनुशासन में लाने की बाबा सदा चेष्टा करते रहते थे, फिर वह चाहे संगीत हो, चाहे अदब-कायदा हो, अथवा और कुछ भी, इसे माँ बहुत अच्छी तरह समझती थीं। इसीलिए तो बाबा के चले जाने के बाद माँ भी हम लोगों को एक अनुशासन में बाँधे रखती थीं।

क्रोधी

मैं स्वयं भी क्या कभी ख़ूब क्रोधी था? देखो, शंकर बाबू, मैं स्वयं किन्तु, कभी भी एक क्रोधी मनुष्य नहीं रहा। वास्तव में यह मेरे बारे में एक झूठी अफ़वाह फैला दी गयी है। मैं अगर कोई अन्याय देखूँ, तो उसका प्रतिवाद करता हूँ, अपने सिद्धान्तों की रक्षा के लिए संघर्ष करता हूँ। इससे अगर कोई मुझे एक क्रोधी मनुष्य के रूप में प्रचारित कर दे तो कर दे। हाँ, तो भी रागी होने के और एक अर्थ निकालो तो मैं ज़रूर एक रागी हूँ। वह है राग-रागिनी के एक कारोबारी के रूप में। रागों को लेकर ही तो मेरा कारोबार है। मुझमें पूरे समय ही तो राग खेलता रहता है, इमन, विहाग,

बागेश्री अथवा भैरवी, तोड़ी वसन्त बहार, मल्हार। तो फिर अगर मुझे रागी[१] कहा जाय तो मैं नाराज़ क्यों होऊँगा?

अच्छा शंकर बाबू अपने सिद्धान्तों के लिए लड़ाई करने को क्या तुम क्रोध करना कहोगे? इन्हीं सिद्धान्तों के लिए किन्तु, पूरे जीवन मैं लड़ाई करता आया हूँ। अनेक नाराज़ हो गये, अनेक दु:ख उठाये हैं। मेरे जीवन में हँसी और ख़ुशी कोई कम नहीं है, तो भी दु:ख जैसे अधिक है। तुम मेरे सितार बजाने में व्यक्त व्यथा-वेदना की बात करते हो किन्तु हृदय के भीतर कितनी व्यथा है, उसे यदि कहा जाय तो वह कितनी हल्की हो जायेगी, इसलिए उस सितार के माध्यम से मुझे रोना होगा, क्रन्दन करना होगा तो भी कुछ व्यथा की कथा कह रहा हूँ उसे सुनो।

तुमने मेरे पहले विवाह के बारे में पूछा था, सुजात की माँ मनीषा के साथ मेरा सम्बन्ध क्यों टूट गया? इसे बताने में बहुत कष्ट होगा, ये सब व्यक्तिगत बातें बताना इतना सरल नहीं है। फिर भी कह रहा हूँ।

---

१. बाङ्ला में 'रागी' के दो अर्थ हैं, एक है जल्दी क्रुद्ध होने वाला व्यक्ति। दूसरा अर्थ है प्रेम करने वाला। यहाँ विलायत ख़ाँ ने इस शब्द को दोनों अर्थों में प्रयुक्त किया है —अनुवादक

२२

प्रेम

तुम देखोगे कि नाइन्टीन फोट्टी सिक्स, फोट्टी सेविन से मेरे व्यक्तिगत जीवन में कई घटनाएँ घटीं, १९५८ तक तीन–चार घटनाएँ, बहुत ही व्यक्तिगत प्रेम प्रसंग जैसी। कई क्षेत्रों में इच्छा–इच्छा ही रह गयी, पूरी नहीं हुई। कई जगह तो अपने सिद्धान्तों से हटूँगा नहीं, सिर्फ़ इस कारण से पीछे हट गया। इस तरह की एक घटना राजस्थान की एक स्टेट में घटित हुई। किसी का नाम मैं नहीं ले रहा हूँ, फिर उसकी ज़रूरत भी नहीं है। वहाँ की एक राजकुमारी के साथ मैं लिप्त हो गया था। उससे मैं इतना जुड़ गया था उसके साथ बने सम्पर्क में कि एक दिन उस लड़की को कोई कारण बिना बताये हटकर चला आया था। तुम यहाँ पूछ सकते हो कि ऐसा मैंने क्यों किया ? तो फिर मुझे कहना पड़ेगा कि मेरे अन्दर–ही–अन्दर उस समय यह चिन्ता ही बार–बार सिर उठा रही थी कि इस राज्य का, इस दरबार का मैंने नमक खाया है। यहाँ पर मुझे स्नेह और प्रेम मिला है, सोना मिला है, सम्मान मिला है, नमक तो खाया ही है...यहाँ पर यह काम मुझे सोहता नहीं है। और अन्दर–ही–अन्दर हम दोनों लोग एक–दूसरे में इतने संलिप्त हो गये थे कि यह भी नहीं समझ पाते थे कि एक–दूसरे से अलग भी हो पायेंगे कि नहीं। ... इस स्थिति में उस स्थान को छोड़कर चले आने के अलावा मेरे लिए कोई उपाय नहीं बचा था। उन लोगों ने पूछा भी था कि आख़िर हुआ क्या ? मेरा जवाब था, कुछ नहीं। उन लोगों का तब यह कहना था, तो फिर छोड़कर क्यों जा रहे हो ? आप किसी कारण से नाराज़ हो गये हैं ? अथवा हम लोगों से आपका अपमान हो गया है ? We can go beyond limits– अगर आपको उससे सुविधा हो तो हम

लोग आपके लिए किसी भी सीमा से आगे जा सकते हैं। इस पर मैंने कहा—नहीं, महाराज, मैं कुछ कहूँगा नहीं। उस राज्य में था। कितना समय हुआ होगा, मुश्किल से एक से डेढ़ बरस। दरबार का संगीतकार वहाँ का—कोई म्यूज़ीशियन। हृदय में प्रेम रखकर दूर हट गया। अपने अधिकार का बेड़ा पार न कर पाने की वजह से।

और एक घटना बार-बार याद आती है। एक बहुत बड़ी गायिका थी पुराने ज़माने की। उसकी लड़की के साथ प्रेम हो गया था। नाइन्टीन फिफ्टी से नाइन्टीन फिफ्टी वन के बीच की यह घटना है। उस समय ध्रुवतारा जोशी, मेरी माँ और पं. नेहरू ने मिलकर मुझे पकड़कर फिफ्टी वन के उसी

ब्रिटिश महोत्सव में भारत के प्रतिनिधि के रूप में भेज दिया। मैं विवश होकर वहाँ चला गया। उस समय इंग्लैण्ड में इण्डियन हाई कमिश्नर वी.के. कृष्णामेनन मेरे मित्र थे। मुझे बहुत चाहते थे। तो हाई कमिश्नर के एक कर्मचारी टी.के. नन्दी, जिन्हें मैं नन्दी दा कहकर बुलाया करता था और जोशी जी को जोशी बाबा कहकर। उन लोगों ने शायद कह रखा था कि जिससे मुझे जल्दी न जाने दें।

मैं तो ताज्जुब में पड़ गया था। कृष्णामेनन साहब को देख-देख कर। चौबीस घण्टे देखता था कि वे सिर्फ़ चाय और बिस्किट खा रहे हैं। और कुछ नहीं खाता था वह भद्र पुरुष। उसी चाय और बिस्कुट पर ही वह व्यक्ति जीवित था। ख़ैर, यह जो भी हो, मैं देख रहा था, पता नहीं क्या माजरा था, ये लोग मुझे देश नहीं लौटने दे रहे थे। कोई-न-कोई मामला छेड़े ही रहते थे। और मुझसे कह रहे थे, 'आप यहीं रह जाइये।' कभी कहते, वहाँ एक बहुत बड़ी पार्टी है, कभी कहते, वहाँ बहुत बड़ा प्रोग्राम है, उसमें बड़े-बड़े स्टार आ रहे हैं, बेहाला बजाने में प्रवाद प्रतिभ झ्याशका हाइफेतोज आ रहे हैं वहाँ, इनग्रीड बार्गमेन, वाल्टार पिजोन, जिमसिमनोस— ये सब तो रहेंगे ही इस कार्यक्रम में तो तुम्हें भाग लेना ही होगा। उस समय मैंने उनसे पूछा—वह कितने दिन बाद होगा साहब ? उन्होंने उत्तर दिया— बीस दिन बाद। मन-ही-मन सोचने लगा और भी बीस दिन बीत जायेंगे तब कहीं यहाँ से जा पाऊँगा।

यही सब करते-करते आख़िर में जब देश लौटा तब १९५१ का आख़िरी दिन था। और लौटते ही उसी बान्धवी से विवाह करने की बात सोचने लगा। और तब देखा कि जोशी दा और माँ ने यह कहना शुरू कर दिया— बेटा, भैया यह न करो। यह तुम्हारे लिए अच्छा नहीं होगा। पुराने दिनों की नायिका की लड़की के साथ रिश्ता जोड़ना तुम्हारे लिए ठीक नहीं होगा। तुम अपने बारे में सोचो, तुम्हारा तो गाने-बजाने का जीवन है, अपने भविष्य के बारे में सोचो, तुम अपने खानदान के बारे में भी तो सोचो। इसी तरह से 'भैया, बच्चा, बाबू' कहते हुए कुछ दिन चलता रहा किन्तु मेरी मूर्खतापूर्ण ज़िद ख़त्म नहीं हुई।

अन्त में क्या हुआ, एक दिन घर में बैठा हुआ था, देखा, सामने आकर माँ उपस्थित हो गयीं, और कहने लगीं, विलायत ख़ाँ, आज मैं तुम्हें यह विवाह न करने की सिर्फ़ सलाह ही नहीं दे रही हूँ, बल्कि आज मैं तुम्हें साफ़-साफ़ आदेश दे रही हूँ कि तुम यह विवाह नहीं करोगे।

मैंने कहा—माँ तुम जो कहोगी मैं वही करूँगा। मैं तो सदा से आपका आदेश मानकर चलता रहा हूँ। किन्तु, इस वजह से कि वह एक अभिनेत्री की लड़की है और मैं एक खानदानी गुरु का बेटा हूँ, आपकी बात न मान सकूँगा। आपकी बात ही रहेगी माँ, मैं उसके साथ विवाह न करूँगा। किन्तु, यह भी आपको बता रहा हूँ कि मैं जीवन में विवाह ही नहीं करूँगा। तब माँ ने ज़िद पकड़ ली और कहने लगीं, विवाह तो तुम्हें करना ही होगा, यह तो खानदान का मामला है। फिर भी उस लड़की से नहीं। मैं बोला—माँ जी! इस तरह से तो कोई एक जवान बेटे के साथ करता नहीं है। आप इतने दिनों से सलाह दे रही थीं और हम लोग बात चला रहे थे। आज आपने आदेश दे डाला, मैं उसी को मान रहा हूँ। और क्या बात हो सकती है उसके अलावा।

इस पर माँ कहने लगीं—आदेश दिया उसका कारण है। मैंने पूछा—कौन-सा कारण? माँ से मैंने जानना चाहा। क्या बताऊँ? मैंने कहा—हाँ, कृपाकर बताइये। हाँ, असल में इसमें एक बात है, उसे समाप्त कर दूँ। वही जो मैं इंग्लैण्ड से वापस आया इसी बीच मेरी वह बान्धवी फ़िल्मों में काम करने चली गयी। और थोड़े ग्लैमर और थोड़े नाम-टाम के चक्कर में— इन सबको मिलाकर उसके व्यवहार में जैसे एक तरह का नरम-गरम भाव आ गया। उससे मैं तो एक तरह के द्वन्द्व में पड़ गया। सोचने लगा—हमारा वही भाव-प्रेम क्या अन्त में आकर इतने निचले स्तर पर पहुँच गया है। जो इतना अधिक था वह इतना कम कैसे हो गया? हमारे जीवन का पथ तो एक ही बिन्दु पर आकर मिलने का था, वैसा तो हुआ नहीं, बल्कि दोनों रास्ते एकदम उल्टी दिशा में चले गये। जब मैं अपनी प्रेमिका को लेकर इस तरह की समस्या में पड़ा हुआ था, तब उधर अम्मा ने कहा—इस विवाह में मैं अपनी सहमति नहीं दे रही हूँ, उसका एक कारण है। उसी रात, जब रात के बारह बजे थे मैंने माँ की बात सुनकर जानना चाहा, क्या कारण है? माँ बोलीं—कारण यही है कि वह तुम्हारी बहन है। मैंने कहा—आख़िर आप कह क्या रही हैं, माँ जी! माँ ने बताया— तुम एक

बार अपनी शक्ल देखो, फिर उसकी शक्ल के बारे में सोचो।

उस समय तो मेरी युवावस्था थी। मेरा चेहरा दूसरी तरह का था। उस समय की तसवीरों में तुमने देखा ही है। माँ बोलीं—जाओ, अपना चेहरा एक बार आईने में देख आओ। तुम्हारा मुँह, आँखें, नाक, दाँत सब देखो और फिर मिलाओ उसके चेहरे के साथ। तब फिर तुम्हारी समझ में आ जायेगा कि मैं यह बात क्यों कह रही हूँ।

मेरी ज़िद उस समय भी मुझे छोड़ नहीं रही थी। मैंने कहा—इस तरह से चेहरे की थोड़ी समानता के कारण भाई-बहन के रिश्ते को माना नहीं जा सकता है। माँ, इसके अलावा भी कुछ प्रमाण हैं क्या इसके? तब माँ ने कहा—हाँ, वे प्रमाण भी मैं तुम्हें दे दूँगी।

दूसरे दिन सवेरे सात बजे मुझसे बोलीं—गाड़ी बाहर निकालो, मुझे एक जगह ले चलो। मैंने उनसे पूछा—कहाँ ले चलूँ माँ? कहने लगीं मैं उस लड़की के यहाँ जाऊँगी। इस पर मैंने कहा—आप वहाँ क्यों जायेंगी? कहने लगीं, नहीं, मैं तो जाऊँगी ही। मैं तो भीषण समस्या में पड़ गया और इनकार मैं कर नहीं सकता था। बोला— माँ जी, आप ऐसा क्यों कर रही हैं? उसके यहाँ आपको आख़िर काम ही क्या हो सकता है माँ? वे छोड़ने वाली व्यक्ति नहीं थीं—चलो तो तुम, मैं तुम्हें प्रमाण बिना दिये छोड़ूँगी नहीं।

तो उसी सुबह उस लड़की के घर माँ और बेटे हम दोनों लोग जाकर उपस्थित हो गये। उस समय उसकी माँ बैठी हुई चाय पी रही थी। माँ को देखकर उठ खड़ी हुई और ताज्जुब से बोली—अरे बेग़म साहिबा! आप हमारे मकान में! माँ ने उससे कहा—हाँ, बहन मैं तुम्हारे घर आयी हूँ। मैं अल्ला को तुम्हारे और अपने बीच साक्षी रखकर कह रही हूँ...

किन्तु, माँ बैठी नहीं। ख़ाली खड़े-खड़े ही कहती जा रही थीं। उसकी माँ उधर लगातार कहे जा रही थी—आप बैठ तो जाइये प्लीज़! बेग़म साहिबा, थोड़ा बैठिये तो। तो इस तरह माँ को बैठाकर मैं भी बैठ गया। उसकी माँ कहने लगी—आख़िर हुआ क्या? माँ ने उससे कहा—आप इसे (मुझे दिखाकर) बता दें कि मेरा यह बेटा और आपकी यह बेटी इनायत् ख़ाँ साहब की औलाद हैं या नहीं। आपकी इस बात के अलावा मेरे पास इस समय कोई अन्य प्रमाण उपस्थित नहीं है।

वह यह बात सुनकर गुमशुम होकर बैठ गयी। मैं तब मुँहबाये उसकी ओर ताक रहा था। उसके बाद कुछ क्षणों के बाद ठण्डे होकर मेरी माँ की ओर मुँह उठाकर बोली—हाँ, बेग़म साहिबा। मैं नायिका हूँ या और कुछ पर आपके सामने झूठ नहीं बोलूँगी। मुझे मान-अभिमान, दुःख-वेदना कुछ भी नहीं हो रहा है, मेरा जो अतीत जीवन है उसे सब जानते हैं। मैं इस समय बहुत बड़ी हूँ, मेरे स्वामी, मेरी लड़की, मेरा घर, मेरी गाड़ी, मेरीन ड्राइव हेनतेन आदि-आदि ये सब चीज़ें मुझे बड़े रूप में प्रदर्शित करती हैं किन्तु मेरा पास्ट तो पास्ट है, अन्ततः मैं आपके सामने वह बात अस्वीकार नहीं करूँगी। आपने अपने लड़के से आज इस बात का प्रसंग चलाकर अच्छा ही किया है।

मैं उस समय अपनी माँ और उसकी माँ दोनों लोगों की ओर टकटकी लगाये देख रहा था। आज सोच रहा हूँ, मैं यह क्या देख रहा था और क्या सुन रहा था। क्या यह सच है? भीतर मेरा दिल मरोड़ें खा रहा था, दर्द, वेदना, व्यथा उठ रही थी। आँखों के सामने एक गहरा प्रेम मानो अग्नि में जला जा रहा था। फिर पुरुष तो आँखों के आँसू भीतर दबाये रख सकता है। ... हाँ, शंकर बाबू! ख़ूब समय बीता है प्रेम करते-करते और दुःख झेलते-झेलते। ना, ना, उस प्रेमिका का आप नाम नहीं लेंगे, नाम लेकर क्या होगा? व्यथा, स्मृति जो भी है, भीतर ही बनी रहे।

उसके बाद फिर प्रेम में पड़ गया। जो बात बताने पर इन सब सम्बन्धों की बात याद आ गयी। यह घटना नाइन्टीन फिफ्टी एट की है।

उन दिनों हर वर्ष कलकत्ता आया करता था। इसी तरह की एक ट्रिप में मेरी पहली स्त्री मनीषा के साथ मेरी भेंट हुई। उस समय ग्रेट ईस्टर्न था। प्रिंसेज़ था, ग्रेण्ड था, फिरपो था- सुन्दर-सुन्दर, ये सब बड़े-बड़े होटल। उन दिनों इन होटलों में डिनर के जेकेट में सजबज कर डिनर में डांस करने का युग था। बिलियर्ड का खेल भी चल रहा था, स्नूकर यही सब चीज़ें थीं। और बोम्बे रहकर मैं तो हवा में उड़ रहा था, जिसे कप्तान कहा जाता है, उन दिनों मैं वही था। वहाँ का ऐसा कोई स्टार नहीं था, जिसके साथ मेरा उठना-बैठना न हो, उनके साथ मेरी हमदर्दी चलती रहती थी। दिलीप कुमार, नौशाद, मदन मोहन, ये मेरे साथ सदा रहने वाले साथी थे। इंग्लैण्ड से जो जागुआर स्पोर्ट्स कार लाया था, उसी पर बैठा करता था। फ्रेंच बुश्शर्ट स्टाइल की बुश्शर्ट पहनता था। जिन दो-तीन मास कलकत्ते

में रहता था, उस बीच कुछ प्रोग्राम कर लेता था और बाक़ी समय इसी तरह कप्तानी करता हुआ घूमता रहता था।

तो इसी तरह से उड़ते हुए एक बार भेंट हो गयी मनीषा से। देखते-ही-देखते, मिलना-जुलना, भेंट करना और भी बढ़ गया। मैं तो उसके साथ बुरी तरह से जुड़ गया। अन्त में जब मैंने यह समझा कि यह सम्बन्ध विवाह की ओर बढ़ रहा है, उससे एक दिन कह ही बैठा, देखो, यह जो तुम मेरा चेहरा देख रही हो यह मेरे चरित्र का बाहरी रूप है, मेरे जीवन का बाहरी रूप, बाहरी दिशा। भीतर-ही-भीतर मैं बहुत ही रूढ़िवादी हूँ, ख़ूब परम्परावादी हूँ।

इस पर वह कहने लगी—मेरे घर का परिचय तो तुम जानते ही हो। शिक्षित और सांस्कृतिक परिवार है मेरा। मेरी तुम जो सामाजिक छवि देख रहे हो, यह भी तो बाहर की ही है। तुम्हारे जैसा अगर कोई मुझे मिल जाय, तो मैं भी घर बसाकर, सन्तान पैदा कर जीवन में स्थायित्व लाना चाहती हूँ। मेरी भी तो उम्र हो गयी है। मैं स्वामी, सन्तान और घर-परिवार चाहती हूँ।

भीतर-ही-भीतर उस दिन मुझे कितना आनन्द मिला था। सोचा, भाई वाह! इसी तरह तो शुरू किया जा सकता है। नया जीवन!

२३

विवाह

मनीषा प्रेसीडेन्सी कॉलेज की लड़की थी। ख़ूब बुद्धिमती, हाँ-हाँ उसका सब्जेक्ट था अँग्रेज़ी। उनका टाइटिल था हाजरा, ख़ूब प्रसिद्ध परिवार वाणी हाजरा? हाँ, उन्हीं के परिवार के सिनेमा में आयी थी वाणी। मनीषा का चेहरा? उसे उस दृष्टि से हो सकता है सुन्दरी न कहा जा सके, उसके बाद भी She was very attractive – वह बहुत ही आकर्षक थी। उस पर भी देखो, किसी के साथ मन-ही-मन घुल-मिल जाने के बाद वह कितना सुन्दर है, इसे लेकर तो हम सोचते नहीं हैं। मनीषा अट्रेक्टिव थी, इन्टलेक्चुअल थी, समाज में उस पर निगाहें पड़ें ऐसी थी—सब तरह से ठीक थी। किन्तु मेरे परिवार में आकर, हमारे परिवार की रूढ़िवादिता को स्वीकार कर, हमारे परिवार को सुन्दर बनायेगी, हम लोगों को यही आशा थी। यह नहीं हुआ इसी से मुझे बड़ा आघात लगा। इसी व्याज से मनीषा के साथ विवाह करने के पहले की दो-एक बातें बता दूँ, जिससे पूरी तसवीर सामने आ जायेगी।

नाइन्टीन फिफ्टी फोर से लेकर नाइन्टीन फिफ्टी नाइन तक भारत और भारत के बाहर यूरोप में ख़ूब मौज़-मस्ती करते हुए घूमता रहा हूँ। इसी बीच में यूरोप में एक छोटा-मोटा प्रेम प्रसंग भी हो जाता है। किन्तु, भीतर-ही-भीतर एक चिन्ता सदा काम करती रहती थी कि अगर विवाह करना है तो मुझे एक भारतीय लड़की से ही करना चाहिए। जब कभी किसी इटालियन या जर्मन लड़की के साथ घूम रहा होता था, तो कोई मन के भीतर कहता जा रहा था कि तुम्हें कसम है, तुम यहाँ विवाह करने की

सोचना भी मत। और इस तरह से जब द्विविधाग्रस्त मन लिये मैं घूम रहा था और जीवन बिता रहा था, ठीक उसी समय नाइन्टीन फिफ्टी एट में मेरी भेंट हो गयी मनीषा से। कैसा था एक रोमांच, एक राहत, वाह! जीवन में मैं यही तो चाह रहा था। जैसी लड़की की ज़रूरत थी घर-गृहस्थी ज़माने के लिए, यह तो वही लड़की है। इतनी कोमल, इतनी पढ़ी-लिखी, इतने परम्पराशील परिवार की लड़की! जिस तरह की लड़की विदेश में ढूँढ़ने पर भी मुझे नहीं मिलती। इसलिए मैंने उससे विवाह कर डाला। वह उन्नीस सौ उनसठ की घटना थी।

किन्तु, क्या कहूँ, पूरे हिन्दुस्तान में एक भी व्यक्ति मुझे ऐसा नहीं मिला, जिसने मुझसे कहा हो कि हाँ, तुम यह विवाह कर लो। मैं पुनः इस बात को दुहरा रहा हूँ कि एक भी व्यक्ति ने इस विवाह के सम्बन्ध में एक भी सकारात्मक बात नहीं की। मेरे आसपास ऐसा एक भी व्यक्ति नहीं था जिसने मुझे इस विवाह से रोका न हो, एक भी व्यक्ति ने हाँ नहीं की थी। किन्तु, फिर भी मैंने यह विवाह कर डाला। मुझे पता नहीं उस समय मुझ पर क्या सवार हो गया कि मैंने किसी की भी बात पर कान ही नहीं दिया। किशोर कुमार तक ने कहा—किशोर कुमार तो सारे नाड़ी-नक्षत्रों से वाकिफ़ थे, मुझे बहुत मना किया था। किन्तु मैं, उस समय किसी की भी बात सुनने की स्थिति में था ही नहीं। विवाह मैंने कर डाला, आठ महीने में ही मेरी समझ में आ गया कि मैंने बहुत बड़ी भूल कर डाली।

सहसा मानो जीवन की धारा का तालभंग होना शुरू हो गया। अब तक अपने को चाहे जितना आधुनिक, प्रगतिशील मानता क्यों न आया हूँ। किन्तु इन सब बातों को घर के, घराने के साथ संगति बिठाकर ही चलता आया था। किन्तु, विवाह के बाद कैसे तो दो तरह के स्पष्ट भाग हो गये परिवार में। एक ओर मेरा घर, बन्धुजन, घर की धारा, और दूसरी तरफ़ मैं और मेरी स्त्री। और अपने निजी संसार में भी देखा कि घराने का अनुशासन वैसा नहीं रह पा रहा था। जैसे उदाहरण के लिए, ड्रिंक के मामले में मेरी प्रवृत्ति कभी नाक सिकोड़ने की नहीं रही है, तो भी सितार पकड़ने के पहले प्रोग्राम के पहले, ड्रिंक को छूने की भी हमारे यहाँ मनाही है। हालाँकि विवाह के बाद इस आधुनिक हवा ने बहना शुरू किया हमारे परिवार में इससे देखा कि यह अनुशासन भी बरकरार नहीं रह पा रहा है।

इसके बाद भी आपस की अनेक छोटी-मोटी बातें उठने लगीं, जिनका

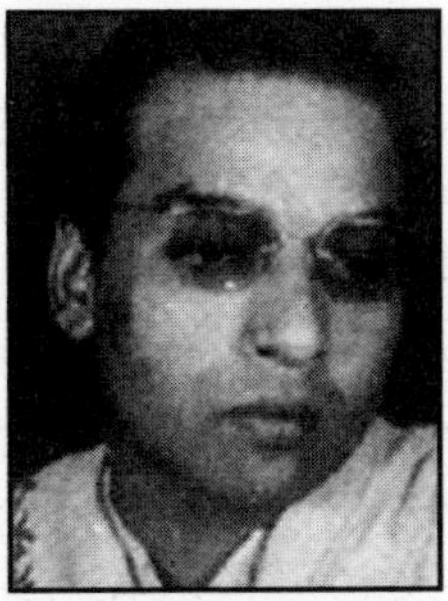

ज़िक्र करना उचित नहीं था। मैं एक शिल्पी हूँ, मुझे एक तरह के एकान्त की ज़रूरत है। देखा कि मैं तो घर में रहना चाहता हूँ। और उसकी ज़िद है कि मुझे उसके साथ बाहर जाना होगा। उसके बाद जब बच्चा हुआ, देखा कि बच्चा अकेला घर में पड़ा हुआ है और हम लोग दो-ढाई बजे तक बाहर समय बिता रहे हैं। और कितना कहूँ, परिवार के ये सब कार्य-कलाप इनका ब्यौरा देना और सोचना भी अच्छा नहीं लग रहा है। किन्तु ये सब खटर-पटर और भीतर के आघात बढ़ते ही रहे। समझ रहा था कि जीवन को मैंने जिस पथ पर ले जाना चाहा था, उस पथ पर नहीं ले जा पा रहा था। फलतः दुःख बढ़ने लगा। मनीषा क्या मेरे गाने-बजाने की अनुरागी थी? शुरू-शुरू में यही तो लगा था, मेरे जीवन का बड़ा अंश ही तो मेरा सितार है। किन्तु, बाद में मैंने उसका जो लाइफ स्टाइल देखा, उससे तो मुझे ऐसा नहीं लगा कि मेरे सितार के प्रति उसमें ऐसा कोई विशेष अनुराग था। अगर ऐसा होता तो मेरे साथ, मेरे सितार के साथ घर-गृहस्थी बसाने के बाद, उसका बाहर की ओर इतना खिंचाव क्या हो सकता था? फिर लाइफ-स्टाइल में भी तो देशी-विदेशी एक बेलेंस होना चाहिए। क्या नहीं होना चाहिए? जैसे बाहर कहीं पार्टी-वार्टी में जा रहा हूँ, वहाँ प्रवेश सबसे पहले स्त्रियों को दिया जाता है। और इसका सदा ख़याल रखा जाता है। भले ही मैं उस्ताद विलायत ख़ाँ हूँ। किन्तु, मैं अपनी स्त्री को एक क़दम सामने रखकर ही उसमें प्रवेश करूँगा। यही तहजीब है। फिर वही मैं घर में प्रमुख व्यक्ति हूँ। मुझे मानकर ही घर-गृहस्थी चलेगी। तुम स्त्री हो, तुम्हारा ही तो दायित्व है कि मुझे थोड़ा आराम से, बिना किसी चिन्ता में रखे सितार लेकर कुछ काम करने दो। मैं घर का मुख्य व्यक्ति हूँ, किन्तु, मेरी सारी जिम्मेदारी तुम्हारे ऊपर है। मुझे तुम खिलाओगी, पहनाओगी, स्नेह-दुलार और प्रेम देकर मेरे भीतर स्थित गाने-बजाने को बाहर खींचकर लाओगी। मेरे मन में तुम जितने आनन्द का विस्तार करोगी, वही आनन्द कई गुना होकर मेरे सितार से झर पड़ेगा। किन्तु, हाय वह क्या मुझे मिल सका?

मनीषा को लेकर मुश्किल यह थी कि सारे मामलों में, चाहे घर में हो,

चाहे बाहर हो, वही आगे रहना चाहती थी। जैसा कि अक्सर, थोड़ी शिक्षित, एडवान्स स्त्रियों में होता है। वे यह नहीं सोचती हैं कि किससे आगे बढ़ना चाहती हैं, और क्यों? क्या कहूँ, चौदह बरस इसी तरह बिता दिये, अगर कहूँ कि किसी तरह काटे हैं तो कम ही कहना होगा चौदह बरस, सच बात यह है कि सहन किये हैं। अन्त में सहन नहीं कर पा रहा था। जब और सहन नहीं कर पा रहा था, तब कहा– कि जब हमने विवाह किया था हँसी–ख़ुशी से ही गाँठ बाँधी थी। आज जब यह सम्बन्ध बनाये नहीं रख पा रहे हैं, तब हँसी–ख़ुशी से ही गाँठ खोल देना उचित है। अन्त में जब तलाक ले लिया तो सहन करते हुए चलने से बच जाऊँगा इसलिए।

तुम कह रहे हो चौदह बरसों की उस पारिवारिक अशान्ति से मेरे बजाने को हानि नहीं पहुँची। शंकर बाबू, तुम शायद मेरा रिकार्ड वग़ैरह सुनकर यह सब कह रहे हो, किन्तु, मेरे भीतर–भीतर उस समय क्या घट रहा था, वह बात क्या तुम जानते हो? शरीर–मन दोनों किस तरह से टूट गये थे। विवाह किया '५९ में और '६० में ही मुझे डायबिटीज हो गयी। बोम्बे में अख़बार वग़ैरह में कई बार यह ख़बर आ भी गयी। उसमें लिखा था— वही विलायत ख़ाँ कहाँ चले गये? हाँ, हाँ, मेरे भीतर उस समय कैसी आग जल रही थी, किसे समझाता? डायबिटीज तो हो गयी उसके बाद दिल की बीमारी हो गयी। पूरा जीवन ही डिस्टर्ब हो गया।

मेरा रियाज़? देखो, रियाज़ तो था ही, रियाज़ छोड़ कर मैं क्या लेकर रहूँगा? इसलिए, आनन्द के साथ रियाज़, और दुःख के बोझ से लदे मन को लेकर रियाज़ करना, इन दोनों में एक फ़र्क़ तो रहेगा ही। उस समय रियाज़ तो करता था किन्तु भीतर कष्ट का कोई अन्त नहीं था। उस दृष्टि से तो मैं आनन्द का सुर ही बजा रहा था किन्तु भीतर तो कष्ट था ही। और चौदह बरस इसी तरह कटे हैं।

अपनी वर्तमान स्त्री को मैंने पहली बार कहाँ देखा? तो फिर एक छोटी–सी पृष्ठभूमि के बारे में बताता हूँ। मेरे एक काका बहुत दिनों से साउथ में रह रहे थे। उनका नाम था दबीर ख़ाँ साहब। उन्होंने साउथ में ही विवाह किया था एक साउथ इण्डियन महिला से। दक्षिण भारत में आज तक मुसलमान और क्रिश्चियन में ख़ूब विवाह होते हैं। तो मेरे उन काका की स्त्री के आत्मीयजन—चाचा–मामा सम्बन्धी सभी रिश्तेदार क्रिश्चियन थे। उस तरह एक काका–मामा सम्पर्क की एक आत्मीय थी वह। उसका नाम

था एलिजाबेथ। हम लोग उसे लिजा कहकर बुलाते थे। मेरे साथ विवाह के बाद उसका नाम हुआ जुबेदा खान।

तो उसके जो बाबा थे, उन्हें मैं काका-काका कहकर बुलाता था। वो लोग बोम्बे में थे। उनके पास पैसा-वैसा कुछ था नहीं। हाँ, तो एक दिन उस भद्रपुरुष ने मुझसे कहा कि बोम्बे में आय-टाय का सिलसिला ठीक नहीं है। यदि ... हाँ, उस समय मैं शिमला में रह रहा था, विशाल घर ... तो उसी घर के नीचे के एक फ्लोर में यदि (बाद में वह मेरी साली हो गयी) उनकी बेटी-दामाद के रहने की व्यवस्था कर दूँ। और मेरा वह घर तो सचमुच में एक पेलेस (महल) था, उसमें बिजली का काम, काठ का काम, इत्यादि के लिए एक व्यक्ति की ज़रूरत तो थी ही। तो वही बेटी-दामाद लगभग परिवार के ही व्यक्ति की तरह वहाँ रहने चले आये। तब अल्प उम्र की लिजा कहाँ रहेगी? दीदी और जमाई बाबू उसे भी अपने साथ शिमला में लिए चले आये। और इस तरह से वह भी हमारे यहाँ आ गयी।

उस समय मेरे और मनीषा के बेटे-बेटी सुजात और इयामोन। जिला छोटी थी—यह है ६९, ७०, ७१ की बात। लिजा उनके साथ खेल-कूद किया करती थी। उन्हीं के साथ रहती थी, समय बिताती थी, उन्हें लेकर ख़ूब मग्न रहती थी। उन दिनों लिजा की ही क्या उम्र होगी? वह तो ठीक मेरी उम्र की आधी होगी। ठीक मेरी उम्र की ५० प्रतिशत। हमारे यहाँ जब वह रहने आयी तभी हमारी उससे भेंट हुई, एक तरफ़ जैसे वह मुझसे प्रभावित हुई, ठीक वैसे ही मैं जब शिमला छोड़कर बोम्बे-टोम्बे, यूरोप-टियरोप जा रहा हूँ, तब घर के कार्य-कलाप देखकर उसे ख़ूब कष्ट होता था। उसने विचार किया—इतना महान पुरुष और इतना भला मनुष्य और यहाँ क्या नहीं चल रहा है उसके पीछे। मेरे शिमला छोड़कर कुछ दिनों के लिए बाहर जाते ही, कैसे लोगों का यहाँ आना-जाना शुरू हो जाता है, घर का कैसा माहौल हो रहा है, वह सब देखा करती थी। और थोड़े दिनों में भीतर-ही-भीतर बहुत परिपक्व होने लगी लिजा। कुछ प्रशंसा, कुछ स्नेह, प्रेम और घर की घटनाएँ वग़ैरह समझकर कुछ कष्ट और सहानुभूति से एक विशेष जगह तैयार होने लगी मेरी उसके मन में।

उन दिनों मेरे घर का हाल क्या था इस पर विचार करो। सुजात बाबू की उम्र नौ वर्ष, इयामोन की छह और जिला की दो। यह मैं ६९ की बात कह

रहा हूँ। मनीषा और मेरा सम्बन्ध पूरी तरह टूट चुका था। किन्तु, पूरी तरह विच्छेद होने में और भी बरस लग गये। वह ७१, जहाँ तक याद आ रहा है, भारत-पाकिस्तान युद्ध का वर्ष था। शिमला के पहाड़ पर बैठकर युद्ध के जहाजों का उड़ना भी देखता रहता हूँ रोज़ ही। वह ब्लैक आउट का समय था। एक ब्लैक आउट का समय मेरे जीवन के ऊपर से भी लम्बे समय तक जाता रहा था। अन्त में मैंने सोचा, यह अन्धकार पर्व शेष होना चाहिए। मनीषा से कहा—कि जिस हँसी के साथ हम लोग एक दिन एक हुए थे, उसी तरह से हँसते हुए अलग हो जाया जाय। इस घर से तुम्हें जो सामान लेना हो ले जाओ और हमें एक मुस्कान के साथ इस रिश्ते का अन्त कर देना चाहिए।

किन्तु, इसके साथ मैंने यह भी कहा कि तीनों बच्चे मेरे साथ रहेंगे। अगर अधिकार का प्रश्न उठाओ तो मुझे कहना पड़ेगा कि अब तक ये कैसे बड़े हुए उसे देख लो ना, और उस पर अब अधिकार की बात उठा रही हो? मैं बाहर जाकर सितार बजाता हूँ, उसके बाद मेरे पीछे कोई यह भी देखने वाला नहीं है कि बच्चों ने खाया या नहीं, कब स्कूल गये और कब लौटे, फिर वे कैसे हैं? मैं बच्चों की पूरी जिम्मेदारी लेकर जैसे हो सकेगा, उन्हें सम्भाल लूँगा।

शिमला छोड़कर मनीषा दिल्ली चली गयी, और मैं भी शिमला के उस महल की ओर फिर देख भी नहीं सका। वही जो उसे छोड़कर चला आया फिर किसी भी दिन वहाँ गया नहीं। दिल्ली में निज़ामुद्दीन के पास किराये का एक घर लेकर उसमें रहने लगा। बाहर के इस विलायत ख़ाँ को देखकर कौन यह समझेगा कि मेरे भीतर धू-धू करती हुई कौन-सी आग जल रही है। पता नहीं मेरे सितार बजाने में भी वह दर्द पूरी तरह व्यक्त हो पा रहा है या नहीं। पता नहीं, इस सम्बन्ध में तुम्हीं लोग कुछ कह सकोगे!

२४

देहरादून

इस तरह से मैं बच्चों को लेकर दिल्ली में एक किराये के मकान में रहने लगा, और जैसे-तैसे अपने दिन भी बिता रहा था मन की उसी अवस्था में। सहसा एक दिन मेरा एक अनुरागी मित्र आकर उपस्थित हो गया जो चूँकि मेरा फ्रेंड, फिलोसफर तथा गाइड जैसा था। उज्ज्वल सिंह कलसी। आते ही उसने कहा, अरे! ख़ाँ साहब आप यहाँ कहाँ? क्या कर रहे हैं? चलिये ना हमारे पास देहरादून, यहाँ क्या कर रहे हैं? चलिये ना हमारे साथ देहरादून और कुछ दिन वहाँ रहिये ना। तब फिर सामान बाँध-बूँधकर देहरादून चला आना पड़ा।

और वहाँ रहते समय काफ़ी बातें कह-कहाकर मेरा ब्रेन वाश कर दिया उज्ज्वल ने। उसने कहा, आप दो-चार दिन के लिए ही आये थे, किन्तु अब आप पक्की तौर पर यहीं रह जाइये ना। आप जैसे व्यक्ति के लिए यही तो उपयुक्त उत्तम जगह है। देखो यहाँ न तो धूल है, न धुआँ है, प्रकाश और हवा दोनों ख़ूब साफ़ हैं, यहाँ मच्छर भी नहीं हैं, और गर्मी भी नहीं है। ठण्ड यहाँ है ज़रूर पर वैसी नहीं है—आर्मी का एरिया है, नाम है क्लेमेंट टाउन, जहाँ कहीं भी रहेंगे सुदूर स्थित आकाश आपको नज़र आयेगा, पहाड़ की चोटी पर बैठकर यह जो दुनिया आप देख रहे हैं, यह छवि की तरह लगने वाली पृथिवी को छोड़कर और कहीं जाने का आपका मन होगा ही नहीं। लोग यहाँ पर आँखें खोलकर भगवान को देखते हैं, आप सुर की तपस्या करेंगे।

क्या कहूँ, उसकी बातें मन में समाकर रह गयीं। मन को वे अच्छी भी

लगीं। तो एक दिन मैंने उससे कहा—यहाँ रहने योग्य कोई घर-वर हो तो दिखाओ ना! और कहाँ रहने जाऊँगा, मेरा भाग्य ही ऐसा है—जहाँ रह रहा था, उस घर से कई क़दम चलते ही वह घर मिल गया, जो देहरादून में मेरा रेजीडेंस हो गया। ब्रिगेडियर प्रीतम सिंह थे रिटायर्ड आर्मी ब्रिगेडियर। आर्मी का वह रेंक प्राप्त व्यक्ति किस ठाटबाट और स्टाइल्स से रहता है, तुम इसे अवश्य जानते होंगे। बिलकुल उसी कायदे से बना वह घर। मैं तो अवाक् होकर खड़ा ही रह गया, उसे देखता ही रहा। बगल में खड़े उज्ज्वल ने कहा—आप इस घर को लेना चाहते हैं? तो फिर यही घर आपको दिलवाये दे रहा हूँ। यह घर आपको मिले, इसी प्रतीक्षा में यह अब तक बना हुआ है। देखते-देखते ख़रीद-बेच की बात शुरू हो गयी, बात पक्की भी हो गयी और अन्त में ख़रीद भी लिया गया। वह १९७२ का समय था, वह घर ख़रीद कर देहरादून में एक लम्बे समय के लिए रहना शुरू कर दिया। हम सभी लोग फिर एक घर में इकट्ठे होकर रहने लगे।

इन दिनों मेरे सेक्रेटरी का काम कर रही थी एक अँग्रेज़ लड़की। देखने-बेखने में बड़ी सुन्दर थी और काम-काज में बहुत चुस्त-दुरुस्त—बहुत स्मार्ट। और मेरे संगीत, मेरे प्रोग्राम, मेरी जितनी भी व्यावसायिक गतिविधियाँ थीं, मेरी जितनी रुचियाँ और हित थे उनके प्रति एकदम समर्पित। आसपास के लोग मुझे कुरेदते हुए कहते थे, इसके साथ विवाह कर लीजिये। तुम्हारे लिए अच्छा ही रहेगा। और मैं उन सब को रोकते हुए कहता था कि क्या मैं पागल हो गया हूँ? इस बुढ़ापे में मैं क्या फिर विवाह करने जाऊँगा? जब मेरी उम्र थी तब तो किसी विदेशी स्त्री से विवाह किया नहीं और अब इस उम्र में—किन्तु किसकी बात कौन सुनता है? वे मुझे चुटकी काटते ही रहते थे, कुरेद-कुरेद कर आग्रह करते ही रहते थे।

और इसी समय मेरे मामा ने समझ लिया कि मेरा विवाह कराकर मुझे फिर से घर-गृहस्थी से बाँध देंगे। और उन्होंने अपनी बेटी को कन्या के रूप में ठीक भी कर लिया। तो फिर तुम मेरी स्थिति को समझ सकते हो। एक ओर यह अँग्रेज़ लड़की, जो मेरे सितार से आकर्षित होकर मेरे नज़दीक आकर मेरी सेक्रेटरी बन गयी है और बड़ी सुन्दरता से मेरे कामकाज और कारोबार को भी बड़े दायित्व के साथ उसने समझ लिया है। लोग कहने लगे, अरे अपना पागलपन छोड़ो। देशी लड़की नहीं है तो क्या हुआ? She is just the girl you need to marry —यह वैसी लड़की है जिससे तुम्हें शादी करने की ज़रूरत है। और दूसरी ओर मेरे मामा-मामी द्वारा चुनी गयी कन्या थी, उनकी बेटी। और तीसरे कोने में थी लिज़ा—मैं किससे विवाह करूँ और क्यों करूँ, मेरे दिमाग़ में कुछ भी नहीं आ रहा था, चिन्ता सिर्फ़ एक ही थी कि क्या इस बूढ़ी उम्र में मैं पागल हो गया हूँ, और यहीं होकर पड़ा रहूँगा।

लिज़ा

ठीक इसी समय एकाएक, हठात् माँ आ गयीं देहरादून में। आते ही घर देखकर उन्हें कितनी ख़ुशी हुई। बोलीं—अरे वाह! यह तो कलकत्ते के घर से भी अच्छा घर है। उन्होंने शयन-घर, बैठक और बाथरूम से भी पहाड़ देख पाने पर ख़ूब ख़ुशी व्यक्त की। वे उस घर में बड़े आनन्द से रहने लगीं—वह समय था नाइन्टीन सेविन्टी थ्री का। सब कुछ ठीक-ठाक चल रहा था। एक दिन अकस्मात् रात के समय मुझे बुलाया और पास बिठाकर माँ कहने लगीं—विलायत ख़ाँ, तुझसे एक बात कहूँ?

बस इतना सुनना था कि मेरे दिल की धड़कन बढ़नी शुरू हो गयी। पता नहीं इस बार माँ क्या कह बैठें।

मैंने कहा—"माँ जब भी आप कहती हैं एक बात कहूँ? उसके बाद आप जो कहती हैं उससे मेरे प्राण ही काँप उठते हैं। एक बार, 'एक बात कहूँ?' कहते हुए आपने कहा, 'तू सुरबहार बजाना छोड़ दे।' एक बार कहा—'तू गाना छोड़ दे।' और एक बार कहा, 'तू इस लड़की को छोड़ दे, उससे शादी न कर।' पता नहीं इस बार आप ऐसा ही क्या कहने जा रही हैं।"

इस पर माँ बोलीं—ना, ना, ना, इतने घबराने की ज़रूरत नहीं है। मैं वैसी कठिन कोई बात नहीं कहने जा रही हूँ। तब मैंने कहा—तो फिर कहिये इस बार देखूँ क्या कह रही हैं आप। देखता हूँ इस बार आपका कहना रख पाता हूँ या नहीं। और एकदम तड़ाक से माँ ने क्या कहा, तुम जानते हो? — 'तू लिज़ा से शादी कर ले।' मैं तो उनकी बात सुनते ही पत्थर ही तरह जड़ हो गया। माँ जी आख़िर कह क्या रही हैं। लिज़ा के काका इतने क्रोधी

हैं कि इस तरह की एक बात सुनकर तो वे लड़की को काटकर ही फेंक देंगे। लिज़ा की क्या उम्र है और मेरी उम्र क्या है! मेरी उम्र से आधी उम्र है लिज़ा की। इस तरह का प्रस्ताव उनके सामने रखा ही नहीं जा सकता है। इन सब बातों पर विचार कर मैंने कहा—माँ जी, मेरे जैसे उम्र वाले व्यक्ति के साथ विवाह करने के लिए आप दया कर उससे कुछ कहना नहीं। आप लोगों को लेकर मैं ख़ूब अच्छे-से हूँ। इतनी उम्र कट गयी है, बाक़ी जीवन भी अच्छी तरह कट जायेगा। प्लीज मुझसे विवाह करने के लिए नहीं कहेंगी।

इसके बाद कुछ दिन चुपचाप बीत गये। विवाह-शादी की बात दबी रही। उसके बाद सहसा एक दिन माँ ने मुझे फिर पकड़ लिया और कहने लगीं—विलायत ख़ाँ, तुम लिज़ा से शादी कर लो। मैं बारबार ऐसा क्यों कह रही हूँ? कारण लिज़ा के वे जो दीदी-जमाई बाबू हैं अर्थात् नीना और प्रकाश वे उसे सदा यह समझाने में लगे हुए हैं कि 'तुम अपनी उम्र देखो, और उनकी उम्र देखो। तुम्हरी उम्र की किसी भी लड़की के साथ उनकी उम्र के किसी भी व्यक्ति के साथ इस तरह का सम्बन्ध शोभा नहीं देता है। तुम्हारा विवाह तो तुम्हारी जैसी जगह के व्यक्ति के साथ ही होना चाहिए।' इन बातों को सुनकर वह बेचारी रोती हुई कह रही है, 'नीना जी, मैं जानती हूँ, मैं जो सोच रही हूँ, वह किसी भी दिन होने का नहीं है। उनके साथ मैं किसी भी दिन विवाह न कर सकूँगी, यह मैं जानती हूँ। किन्तु, भीतर-ही-भीतर मुझे क्या हो गया है, उसे भी मैं कहकर समझा नहीं पाऊँगी।' लिज़ा की ये सब बातें माँ के कानों तक भी पहुँची थीं, और उन्होंने अपने आँख-कान खुले रखकर इस मामले की नाजुकता को समझ भी लिया था। इसके बाद उन्होंने यह भी देखा थी कि अभावों में पड़ने के बाद भी उसका परिवार कितना अभिजात है और उन्होंने यह भी समझ लिया कि मेरा परिवार बरकरार रखने के लिए ऐसी ही एक लड़की शायद सबसे अच्छी रहेगी। वे बीच-बीच में यह कहने लगीं कि तुम लिज़ा से शादी कर लो।

मैंने उनसे बार-बार कहा—माँ जी, कहीं ऐसा होता है? इसका क्या कोई अर्थ है? हालाँकि दो दिन से लगातार माँ यही बात कहती ही जा रही थीं। अन्त में एक दिन जब लिज़ा किसी काम से मेरे घर आयी, मैं हँसते-हँसते उससे कह बैठा—'क्यों लिज़ा, मेरे साथ विवाह करोगी?' और उसके

बाद मेरा विश्वास कीजिये, उसके बाद जो कुछ घटा उसे सोचा भी नहीं जा सकता था। मेरी बात सुनकर कैसा तो उस लड़की ने रोना शुरू कर दिया कि उसे सुनकर मैं तो घबरा गया। सोचने लगा, आख़िर में मैंने यह क्या कर डाला? क्या मैंने उससे कोई बहुत ग़लत बात कह दी? मैं लगातार उससे 'सॉरी-सॉरी' कहने लगा। और उसे देखा कि कुछ न कहते हुए वह फफक-फफक कर सिर्फ़ रोती ही जा रही है। आख़िर में काफ़ी समझाने के बाद उसने शान्त होकर कहा—मैं कुछ देखना भी नहीं जानती, लिखना भी नहीं जानती और समझ भी नहीं पाती हूँ, किन्तु एक बात मैं बताये दे रही हूँ - मैं अपना सम्मान खोना नहीं चाहती। कारण, मैं जानती हूँ कि मैं जो सोच रही हूँ, वह एक सपना है, सहसा करने पर भंग होकर चूर-चूर हो जायेगा, और उसके साथ मेरा मान भी चला जायेगा, उसे मैं कभी सहन नहीं कर पाऊँगी।

मैंने उसे रोक कर कहा, ठीक है, ठीक है, लिज़ा, तुम अभी नीचे जाओ। इस बात को लेकर हम बाद में बात करेंगे। वह तो नीचे चली गयी, मैंने एक बार माँ को जाकर बताया कि स्थिति किस रूप में सामने आ गयी है। माँ ने सारी बातें सुनकर फिर वही बात कही कि वह ठीक है। उसके बारे में तुम सोचो नहीं। तुम उससे ही विवाह कर लो। उससे फिर विवाह की चर्चा करो। वह जिस वजह से डर रही है, वह भय उसका दूर हो जायेगा।

मैं पुनः विचार करने बैठा कि आख़िर मैं करने क्या जा रहा हूँ। मेरी उम्र उस समय ४४ थी और उसकी उम्र २२। अर्थात् मुझसे आधी उम्र की एक लड़की के साथ मैं विवाह करने चला हूँ। मैंने माँ से कहा कि आप ही जाकर पूछिये वह मुझसे विवाह करने को तैयार है या नहीं। माँ बोलीं कि मैं तो ज़रूर बात करूँगी, किन्तु तुम उससे पूछो।

मैंने उससे पूछा। विवाह भी हो गया। और इतने दिनों से एक साथ घर-गृहस्थी भी कर रहा हूँ। हम दोनों को मिलाकर चली गयी वह माँ।

२५

इसी बंगाल की माटी में

उस्ताद विलायत ख़ाँ की आत्मकथा के अविच्छेद्य अंग हैं उनके भाषण और उनकी भाषा। सौभाग्य से उनके भाषण के भी विषय हैं उनकी आत्मकथा के अन्तर्गत आने वाले विषय - उनके पूर्व आचार्यगण, उनके पिता और गुरु, उनके वंश का गाना-बजाना, और उनका सितार, और सबसे अधिक वे स्वयं। आत्मकथा के अन्तिम पर्व में इस तरह का एक भाषण देने की बड़ी इच्छा थी और उसका अवसर भी तब आया जब कलकत्ता के विख्यात संगीत शिक्षा केन्द्र सौरभ ने अपना २००१ ईस्वी का भुवालका पुरस्कार ख़ाँ साहब को अर्पित किया। २००१ के ७ मार्च के उस अनुष्ठान में सभापति के आसन को अलंकृत किया था, पश्चिम बंगाल के राज्यपाल श्री वीरेन जे शाह ने। उत्तम मंच पर आयोजित अनुष्ठान में ख़ाँ साहब को घेर कर उस दिन शहर के श्रेष्ठ संगीत गुणीजन उपस्थित थे। ए.टी. कानन, मालविका कानन, गिरिजा देवी, मीरा चट्टोपाध्याय, मणिलाल नाग, वि वालसारा, कल्याणी राय, सौरभ की परिचालिका नमिता चट्टोपाध्याय—आदि में से कौन नहीं था। इन सबके और राज्यपाल के आवेग ऋद्ध स्तुति और वन्दना के बाद ख़ाँ साहब बोलने उठे अपनी उर्दू-मिश्रित हिन्दी में, बीच-बीच में कुछ प्राणवन्त बाङ्ला में। उस भाषण का पूरा विवरण विलायत खानी वक्तृता का पूरा स्वाद देने के लिए यहाँ पाठक-पाठिकाओं के सम्मुख उपस्थित कर रहा हूँ। केवल हिन्दी भाषण को ज़रूरत के अनुसार हिन्दी में देकर बाक़ी अंश बाङ्ला में दे रहा हूँ। कहना अधिक होगा कि बाङ्ला, बंगाली और सम्मान देने वालों के प्रति धन्यवाद देने के बाद इस भाषण में भी ख़ाँ साहब का केन्द्रीय विषय रहा

वही गुरुवर्ग, घराना, गुणीजन, सितार और वे स्वयं। सभी में उस दिन उपस्थित रहने से मुझे लगा था कि यह तो सिर्फ़ भाषण नहीं है एक तरह की प्रबन्ध गीतिका है शायद—।

गवर्नर साहब, श्रीमती गवर्नर साहिबा, और सारे गुणियों, पण्डितों और संगीत के प्रेमियों से मैं क्या कहूँ। सब लोगों ने मेरे बारे में इतना कुछ कहा है कि मैं बिलकुल ऐसा महसूस करता हूँ कि एक छोटी-सी लौ सूरज के सामने क्या है? इन्होंने मुझे बहुत इज़्ज़त दे दी और मेरा दिल उसमें बहा दिया। मुझे केवल एक ही चीज़ बार-बार याद आती है, जब अल्लाताला ने अपने एकनिष्ठा सेवक काल या समय को बुलन्द कर उस शक्तिमान को एक वरदान दिया, और उसके अनुसार सेवक वक़्त अथवा समय के उड़नखटोला पर बैठकर पूरी पृथिवी का सफ़र करता रहा। तब उसे देखकर फरिश्तों अथवा देवताओं ने उससे पूछा—आप कितनी ऊँचाई तक उड़ सकते हैं? अल्ला के काल रूपी सेवक ने तब अपने पक्षीराज को आदेश दिया—उड़ो, और भी ऊपर उड़ो। और उस उड़ान को देखकर फरिश्तों ने अल्ला से कहा कि हे प्रभु! आपने काल अथवा समय को इतनी शक्ति दे दी है कि वह जितनी उसकी इच्छा है उतनी दूर उड़ा जा रहा है और हमें तो आपने उतनी शक्ति दी नहीं है। अल्ला ने काल की शक्ति खींच ली और उसके बाद भी जितना हो सका उतना ऊपर उड़ता ही रहा। अन्त में जब वह बहुत ऊँचाई पर चढ़ गया काल ने अल्ला से प्रार्थना की, ऐ ख़ुदा, मैं बहुत मजबूर हूँ, अब यहाँ से मुझे मत गिराइये। हे प्रभु, जब आपने मुझे यहाँ तक चढ़ने दिया, तब यहाँ से और मुझे नीचे नहीं फेंकेंगे। आप लोगों की शक्ति से ही तो अब तक मैं ऊपर उठता आया हूँ, यहाँ से मुझे मत गिराइयेगा जनाब!

आज आप गुणीजनों, विशिष्ट श्रोतृवर्ग, सज्जन वृन्द ने मेरी बहुत प्रशंसा की है, और मेरे प्रति काफ़ी सम्मान दिखाया है, आप लोगों ने आनन्द और अनुभूति से मेरा हृदय भर दिया है—आज रात में घर जाकर मैं अल्लाताला से प्रार्थना करूँगा, हे प्रभु! इन सब सम्मानों से मेरा अहंकार कहीं फूलकर कुप्पा न हो जाय, जिससे धरती से मेरे पैर न उठ जायें। गाना-बजाना तो मैं आपको चिरकाल से ही सुनाता आ रहा हूँ, उसकी तारीफ़ भी आप लोग बराबर करते आ रहे हैं, किन्तु अपना असली पावना तो मैं उसी समय पा गया जब आपके हृदय को भेदकर आपके मुँह से निकल पड़ता है—वाह-

वाह, अद्भुत, वाह-वाह। यह आवाज़। जब आप लोग कहते हैं—'आहा', 'कैसी अच्छी तान लगायी'। 'कैसा अच्छा राग बजाया'। 'सुन्दर लय में सपाट लय खींची।' 'कितने सुर में टिप् लगायी', 'कितने सुर में गाना-बजाना कर रहा है', किन्तु, आज मैं आपके सामने अपनी गुप्त बात खुल कर व्यक्त करूँगा कि मैं गाने-बजाने में कुछ बड़ा काम नहीं कर पाया, अपने जीवन में मैंने ऐसा कोई नया काम, महान काम कुछ किया नहीं है। आप लोग मेरा जो सब सितार बजाना सुनकर आश्चर्य बोध करते हैं, वह सब वादन तो मैं बड़े विनम्रभाव से उन सब अमर संगीतकारों का स्मरण कर बजाने का प्रयास करता हूँ। वह बजाना असल में उन्हीं के स्मृतिचारण की तरह है। बजाते समय मैं सोचता हूँ, मेरे सामने, आप लोगों के बीच में बैठे हुए हैं अब्दुल करीम ख़ाँ साहब, फैयाज़ ख़ाँ साहब, दुनिया की सबसे बड़ी संगीत प्रतिभाएँ। मैं तब बैठा-बैठा बजा तो रहा हूँ आप लोग के सामने किन्तु, भीतर ही भीतर यह भावना और अनुभूति होती रहती है कि हाय-हाय कौन सब आसन जमाये बैठे हुए हैं हमारे सामने। उनके बजाने की स्मृति से जो रोमांच मेरे अंग-अंग में फैल जाता है उस समय, उसके एक सौ हिस्से में से अगर एक हिस्सा भी मेरे बजाने में आ जाय तो आप लोग उछल पड़ेंगे। आहाहा! आहाहा!! और तब मैं क्या सोचता हूँ मन-ही-मन? सोचता, बस मैं इतना भर ही दे सका और उसीसे श्रोता लोग द्रवित हो गये, यद्यपि मैं अपने भीतर उनके गाने-बजाने की स्मृति से स्तम्भित बना रहता हूँ हाँ, अवश्य अवाक् होकर रह जाता हूँ।

आज आप लोगों के सामने खड़े होकर जो कुछ कह रहा हूँ, हृदय के अन्त:पुर की कथा है। यदि गाने-बजाने के रियाज़ की कथा भी कहने लगूँ तो मैं कहूँगा कि मैं वैसा रियाज़ कुछ कर नहीं सका। पहले के गुणीजन रियाज़ का जो रिवाज़ बना गये हैं, उसका कुछ भी अंश मैं नहीं कर सका। और वे लोग जो गाना-बजाना कर गये, उसकी तुलना में मैं कुछ भी गाना-बजाना नहीं कर सका। तो भी मेरा संगीत जितना जो आप लोगों को अच्छा लगा है जिसे सुनने का सुयोग आप लोगों को हुआ है, उस सम्बन्ध में मुझे इतना भर कहना है कि पीढ़ी-दर-पीढ़ी हम लोग यही करते आ रहे हैं, यह है उसी परम्परा का, उसी एकाग्रता का फल है। इसीलिए आज शायद कुछ अभिज्ञता और कुछ यथार्थज्ञान से ही आप लोगों से वही पुरानी कहावत कहना चाहता हूँ कि 'एकई साधे सब सधे सब साधे सब जाय'।

आजकल के लोग और अगली पीढ़ी के युवक अगर इसी सरल सत्य को याद रखें—यही मेरी कामना है।

मेरा एक ही उपदेश है—किसी एक चीज़ के पीछे लग जाओ और उसी के पीछे लगे रहो। हमारे वक़्तों में न टेलीविज़न था, न क्रिकेट थी, न दूसरी चीज़ें कुछ थीं। आज के बच्चों के सामने ध्यान खींचने वाली चीज़ें भी तो बहुत हैं ना? हमारे वक़्त में यह सब नहीं था। मेरा शौक़, आकर्षण, प्रेम, सम्मोहन सब कुछ तो सितार में ही था। अन्त में धीरे-धीरे सितार मेरा नशा हो गया। मेरा नशा, मेरी मादकता, मेरी सनक, मेरी नियति। चलते-फिरते, नींद और जागने में, खाने-पीने और विश्राम में, आराम और विराम में, आनन्द और वेदना में, जीवन और मरण में, सितार ही मेरा सब कुछ था, और कोई चीज़ तो नज़र में आती ही न थी, सारा संसार अब मेरे

सितार में ही सितार था। ख्याति-यश, सुख-आह्लाद-राजनीति-सफलता—इन सबमें से किसी की भी तरफ़ मैं अपनी नज़र नहीं डाल पाता था, सिर्फ़ सितार ही और-और भी सुन्दरता से कैसे बजाया जाय वही रियाज़ करता जा रहा था। आज वे सारे दिन मन में उद्‌भासित हो रहे हैं जब घण्टे-पर घण्टों रियाज़ करते हुए थोड़ा विश्राम ले लेता था- एक मग दूध पीकर, थोड़ा धूम्रपान कर, फिर सितार लेकर बैठ जाता था। तब उसी जुनून में सुना करता था जोरदार तालियों की आवाज़ हो रही है पूरे हॉल में, और

उसी जुनून में उठकर खड़े होकर अपने मन में ही चारों ओर घूमकर सभी को सिर झुकाकर उनका अभिवादन ग्रहण करता था। रियाज़ के उस कठिन और निःसंग दिनों को इस तरह से स्निग्ध बना लेता था बजाने और कल्पना में। टिन से छाये कमरे में बिलकुल अकेला-अकेला तब मैं ही शिल्पी होता था और मैं ही श्रोता। और स्वप्न के नशे में सुनता रहता था अदृश्य श्रोताओं की तालियाँ। और यही करते-करते रियाज़ की बहार में अँगुली कट जाने से रोज़ ख़ून निकलता रहता था। फल यह हुआ कि दिमाग़ में डर भी भर गया—बापरे, सितार को अपना बनाने में अपना कितना कुछ ढाल देना पड़ता है रोज़। यह सब भावनाओं को भेद कर एक दिन सहसा एक आवाज़ सुनी हृदय के अन्तस्थल से—मुझे नहीं मालूम कि मुझे क्या मिलेगा, मुझे सिर्फ़ यह मालूम है कि मुझे क्या देना होगा।

आप लोग विश्वास कीजिये उस छोटी उम्र में ही मुझमें यह भावना आ गयी थी। उसके बाद दिन-पर-दिन सितार बजाते-बजाते, अपने सितार में ही डूबते-डूबते एक समय ऐसा आया कि बजाते समय आँखें बन्द करते ही मैंने उन्हीं बुजुर्ग संगीतकारों को स्पष्ट रूप से देखना शुरू कर दिया। फिर अपने भीतर से निकल कर मानो मैं श्रोताओं के बीच बैठा-बैठा अपने ही वाद्य को सुन रहा हूँ। और अन्य श्रोताओं के साथ सिर हिलाते हुए मैं भी कह रहा हूँ कि हाँ अच्छा बजा रहा है। इसके साथ-ही-साथ यह भी कह रहा हूँ अपने से जरा और अच्छा बजाइये ना इसे। तभी शिल्पी के आसन पर बैठे-बैठे आँखें बन्द कर मैं सामने देख रहा हूँ कभी इनायत् ख़ाँ साहब को, कभी अब्दुल करीम ख़ाँ साहब को, कभी बहरे वाहिद ख़ाँ साहब को, तो कभी रज़ब अली ख़ाँ साहब को और उसके बाद इस दिवा-स्वप्न से उबरने के बाद मैं देखता हूँ कि मैं तो स्टेज पर बैठा-बैठा बजा रहा हूँ। कहाँ, श्रोताओं के बीच में तो मैं बैठा हुआ नहीं हूँ। तभी मुझे भनक लगती है कि क्यों मेरी तान इनायत् ख़ाँ जैसी नहीं हो पायी, क्यों यह काम उतना सुन्दर नहीं लगा जितना सुन्दर अब्दुल करीम ख़ाँ साहब के गाने में लगा था, यह फिर उतना सुन्दर क्यों नहीं लगा जितना सुन्दर लगा था फैयाज़ ख़ाँ साहब के गाने में, ये दाने वैसे नहीं हो सके जितने अच्छे लगे थे जितने अच्छे होते थे भास्कर राव के निवेदन में, इस सुर की खींच कहाँ वैसी तो उतरी नहीं जैसी आ जाती थी ओंकारनाथ जी के कण्ठ से, धीरे-धीरे अन्दर से यह आवाज़ आयी कि यह मैं हूँ और

वे लोग तो थे वे लोग।

तो मेरे सामने उपस्थित भद्रमण्डली, आज ये सब बातें मुझे कहनी पड़ रही हैं, क्योंकि आप लोगों ने मुझे इतना सम्मान दिया है और गवर्नर साहब ने मुझे बंगाली होने के कारण इतना गौरव प्रदान किया। मैं बंगाली के रूप में जन्मा, पूरी दुनिया में घूमता फिरा, पूरी दुनिया में खट-खट करता हुआ चलता रहा, किन्तु अन्त में, इस बूढ़ी उम्र में पता नहीं कितने दिन और जीवित रहूँगा—सोचा चलो बंगाल में ही चला जाय। अमेरिका ने मुझे नागरिकता देनी चाही थी। इंग्लैण्ड देना चाहता था, फ्रांस-जर्मन वे भी देना चाहते थे। सोचा इस बूढ़ी उम्र में अब क्या लें? मेरी भारतीय नागरिकता ही बरकरार रहे। मेरा भारतीय पासपोर्ट ही बना रहे। अगर अक्षय, अटल आलोक के उजाले में सब कुछ अच्छी तरह वहाँ दिखायी देने लगता है, किन्तु हमारे इस देश की मिट्टी, यह प्रदूषण, यह जनसंख्या, सड़कों पर ये सब गड्ढे, खाई, खन्दक, यह सब सर्दी-गर्मी—मैं इन्हीं सबके आकर्षण से धार्मिक आस्था के साथ छह महीने यहीं रहता हूँ, और छह मास के लिए विदेश चला जाता हूँ। हर वर्ष मेरा यही क्रम है। हज के लिए मक्का जाना पड़ता है, इसी तरह मैं हिन्दुस्तान भी आता हूँ। और आप लोगों से मेरी यह विनय है कि आप लोग भगवान से यह प्रार्थना करें जिससे मेरी मृत्यु भी इसी बंगाल की मिट्टी में हो।

२६

मेरा परिवार

मैं फिर उसी प्रसंग पर वापस जा रहा हूँ, अपने विवाह की चर्चा पर। वह वर्ष था नाइन्टीन सेविन्टी थ्री का, उसी वर्ष मेरा विवाह हो गया। वह कितने गुप्त रीति से हुआ कि मैं उसके बारे में क्या कहूँ। माँ जी से कह नहीं पा रहा था क्योंकि वे तो 'वाबा' 'बाबा' करते हुए सभी से कह देतीं। मामा से नहीं कहा, मामी को नहीं बताया, यहाँ तक कि मेरी जो ब्रिटिश सेक्रेटरी थी—जो मेरा सारा कारोबार देखती, मेरे सारे कार्यकलापों की ख़बर रखती, मेरे सारे कार्यक्रमों की तिथि की व्यवस्था करती, उसे भी नहीं बताया। सिर्फ़ वही उज्ज्वल भाई इसे जानते थे और उसके घर के कई सदस्यों को पता था, और यह कोई नहीं जानता था कि मैं विवाह करने जा रहा हूँ, किन्तु मैं घर से अकेला ही निकला था।

इसके बाद वाले दिन मुझे यह भान हो गया कि मामी इसे समझ गयी हैं। तब उनको कैसा क्रोध आया था कि क्या कहूँ? और वह जो अँग्रेज़ लड़की थी, मेरी सेक्रेटरी, उसका नाम इस समय भूले जा रहा हूँ—देखता हूँ, वह भी भीषण क्रोध से भरी बैठी हुई है। सच कहने में कोई हरजा नहीं है, मैं उसका बहुत कृतज्ञ हूँ कि उसने मेरे सारे कामों को अपना समझकर कितनी सुव्यवस्था से सम्भाला था—विवाह के कई दिन बाद एकाएक मेरे सामने आकर उसने कहा—ख़ाँ साहब! मैं वापस इंग्लैण्ड जाना चाहती हूँ। इस पर मैंने कहा—क्यों? उसने जवाब दिया—मैं सोचती हूँ, यह मौसम, यह देश, पूरा वातावरण मेरे माफिक नहीं है। मैंने देखा—उसकी आँखों से टप्-टप् आँसू गिर रहे थे। मेरा इस देश से कोई रिश्ता नहीं है, इसलिए

मुझे छुट्टी दीजिये। इस स्थिति में मैं उससे क्या कहता? तब मैं विवाह कर चुका था और मैं हमेशा एक पारिवारिक व्यक्ति बना रहना चाहता हूँ। इसके पहले मौज़-मस्ती का जीवन मैंने बहुत देखा है, ख़ूब समझ गया हूँ, कहाँ मौज़ की जाय और कहाँ मौज़ नहीं की जा सकती है। विवाह करने के बाद और इन सब सम्बन्धों में लिप्त बने रहने की उस वक़्त मेरी इच्छा ही नहीं थी। इसलिए, ज़बरदस्ती उसे रोकना नहीं चाहता था। वह चली गयी...और फिर मैं काफ़ी दिनों बाद अपने वैवाहिक जीवन में स्थिर होता गया। तुम तो मेरी बहुत-सी ख़बरें रखते हो, कभी तुमने सुना है कि मैं अमुक की बहू को लेकर भाग गया हूँ अथवा मैं अमुक की लड़की के पीछे भाग रहा हूँ? अथवा किसी महिला के रुपयों से गुज़ारा कर रहा हूँ? तुम्हें ऐसा कोई उदाहरण नहीं मिलेगा। मेरा सहारा तो वही एक सितार है, उसी के द्वारा जो कुछ मिल जाता है उसी से परिवार चला रहा हूँ। और उसी को लेकर पड़ा हुआ हूँ। और मेरा जीवन ऐसा है जिसे तुम घर-गृहस्थी वाले कह सकते हो ...घरेलूपन से भरा।

अँग्रेज़ लड़की तो चली गयी। उसके बाद मामा-मामी में भी कुछ अशान्ति पैदा हो गयी। मामा तो उतना नहीं किन्तु मामी बहुत नाराज़ हो गयीं, शायद क्रोधित भी। उसके बाद एक समय ऐसा आया जब वे भी चले गये। और उस समय मेरी जीवन-धारा देखकर माँ बहुत ख़ुश थीं। और तीन-चार मास मेरे साथ ही रही थीं। और मेरे बच्चे इस नयी बहू से इतने हिल गये कि वे यह कहना ही भूल गये कि उनकी माँ वहाँ नहीं है।

तो यह सब घटनाएँ हुईं, और मेरा जीवन एक जीवन जैसा चलना चाहिए उसी रफ़्तार से चलने लगा। कभी-कभी मेरी पहली स्त्री ने मेरे विरुद्ध बदले से भरे कई काम किये। और उन्होंने मुझसे जो-जो प्रतिशोध लिए, उन्होंने मुझे उतना आघात नहीं पहुँचाया जितना आघात उन्हें पहुँचाया। पहले तो उन्होंने लिख-लिख कर अपने दावे मेरे ऊपर ठोंके। कहने लगीं—अपने बच्चों की देखरेख करने का मुझे भी तो अधिकार है। आख़िर मैं उनकी माँ हूँ। इस पर मैंने कहा—ज़रूर, तुम्हारे अधिकार को लेकर कोई प्रश्न ही नहीं उठ रहा है। मैंने उन्हें अपने पास रख लिया है, ताकि, उनकी पढ़ाई-लिखाई, गाना-बजाना स्कूल आदि की शिक्षा अच्छी तरह से हो जाय। वे उपेक्षित न हो जायें। किन्तु, जब भी तुम देखना चाहोगी, उसी समय वे तुम्हारे पास पहुँच जायेंगे। फिर वही हुआ—जब

भी ज़रूरत पड़ी मैं उन्हें देहरादून से दिल्ली भेज दिया करता था। उसका दिल्ली का घर मैंने ही उसे ख़रीद दिया था। कई वर्ष तक उस घर का मैंने ख़र्चा भी उठाया था, फिर एक समय ऐसा आया जब मैंने बन्द भी कर दिया था—उसे बन्द किये भी काफ़ी दिन हो चुके हैं। बन्द करने का कारण यह था कि काफ़ी समय तक मनीषा के सम्बन्ध में अनेक तरह की अच्छी-बुरी, सच्ची-झूठी बातें मुझे सुनने को मिली थीं। यह सब सुनकर मैंने सोचा, अच्छा ही तो है, अपने को ख़ूब मेनटेन किये हुए है, अच्छी तरह से है, अच्छी बात यह हुई कि मैं पूरी तरह से उसके सारे कार्य-कलापों से परे हट आया।

किन्तु उसने जो सबसे भयानक बुरा काम किया वह यह है कि मेरे तीनों बच्चों से मेरे ख़िलाफ़ उल्टी-सीधी बातें कह कर उनके साथ मेरे सम्बन्धों में ज़हर घोल दिया। मेरी बढ़ती उम्र में इसका परिणाम बहुत ख़राब हुआ, मेरी दृष्टि से भी और बच्चों की दृष्टि से भी। और मैं भी जीवन में अपने सिद्धान्तों की वजह से और मेरे जीवनयापन के जो सिद्धान्त थे उनके कारण भी क्योंकि मेरी दृष्टि में वे एक संस्थान हैं जिनका सम्मान किया जाना चाहिए, जहाँ पर मैं दृढ़तापूर्वक स्थिर रहता हूँ, मैंने बच्चों से मिलना-जुलना बन्द कर दिया। पति-पत्नी के सम्बन्धों में जो उतार-चढ़ाव और खींच-तान थी, उसके शिकार हुए बच्चे। अगर उनसे मिलना-जुलना होता रहता तो जिला, इयामोन और सुजात और भी सुन्दर काम कर सकते थे। कहना नहीं चाहिए, वे ख़ूब अच्छी तरह से बड़े हुए किन्तु, उन्हें जो परिवेश मिलना चाहिए था, वह नहीं मिल सका।

सुजात

सुजात की बात ही लीजिये, यही उसी दिन तो आपने उसको सुना है, मेरे साथ जुगलबन्दी बजाते। कितना सुन्दर हाथ उसका तैयार हुआ है। वाद्य-यन्त्र के ऊपर उसका नियन्त्रण स्थापित हो गया, और ठीक जब यह तैयारी हुई और उसे तालीम देने का समय आया, वह मुझसे दूर चला गया। मुझसे दूर हटने का पूरा-पूरा कारण उसकी माँ नहीं है, और भी अनेक कारण हैं जिससे वह दूर हट गया। मेरे बच्चे मुझसे दूर पड़े रहे। मैं

सचमुच में अपने बच्चों से बहुत-बहुत ख़ुश हूँ—दोनों से— सुजात और हिदायत से। मुझे उनकी सफलता की बड़ी आशाएँ हैं। तो भी अब जो चर्चा हो रही है, वह यह है कि सुजात अब समझ गया है कि मुझसे दूर हटने के कारण संगीत में बहुत-सी तालीम और शिक्षा जो उसे मिल सकती थी, उससे वह वंचित हो गया है, एक बार तो वह अपनी माँ के कारण दूर चला गया, अब अन्य कारण उसे दूर बनाये हुए हैं।

देखो शंकर बाबू, कम उम्र में मैंने भी अपने बाबा को खो दिया था। किन्तु, मुझे घेरे हुए थे, मेरी माँ जी, मेरे मामा लोग, चाचा लोग—ये सब। फलस्वरूप मेरी तालीम जारी रही। किन्तु मैं हूँ, बजा रहा हूँ, सिखा रहा हूँ, यद्यपि सुजात बाबू दूर चले जाने की वजह से मेरे बेटे होने पर भी तालीम से वंचित हो गये। सुजात नहीं है, इसका परिणाम यह हुआ कि जितनी तालीम मुझे देनी है, इस उम्र में अपने छोटे बेटे को दिये जा रहा हूँ। और अल्ला से प्रार्थना कर रहा हूँ कि सुजात सितार में बड़े से और बड़ा हो। कारण, अल्ला के आशीर्वाद से उसने इसी बीच में सितार में बड़ा नाम कर लिया है। बहुत सुन्दर बजा रहा है और बाप-दादा का नाम, घराने का नाम रोशन कर रहा है। जब ये सब ख़बरें मेरे कानों में आती हैं, तो बड़ी ख़ुशी होती है और ख़ुदा को धन्यवाद देता हूँ।

यही उस दिन सुजात ने मेरे साथ देश राग बजाया, तुमने सुना है। मेरा अनुसरण करते हुए बजाया, और आगे बढ़ा। फिर भी 'देश' बजाते समय राग का जो निजी रस होता है, उन सब स्थानों पर कभी-कभी वह चूक जाता था। तुमने और भी ख्याल किया होगा कि उस दिन झाला के समय उसने सितार बजाया और मैं गाता गया। क्यों? श्रोताओं के सामने इस चीज़ को लाना और उसे समझाना कि झाला एक आलाप है।

उस दिन स्टेज पर बैठकर झाला में आलापचारी कैसे की जाती है, उसकी तालीम दी उसे। तो जरा सोचो, यह तालीम मुझे स्टेज पर बैठकर उसे देनी पड़ी। मेरे पास, मेरे आमने-सामने बैठकर कितनी और कैसी तालीम वह पा सकता था, तो उसे मैं उसके पास कैसे पहुँचाता इस बारे में बताओ मुझे। उस दिन के उस बजाने के पहले वह यह नहीं जानता था कि डारा डारा डा जो मैं आलाप की तरह बजा रहा था, वही वह वहाँ पर झाला बजाकर कर रहा था। उस दिन वह पहली बार यह जान सका कि झाला के माध्यम से मैं कौन-सा रास्ता दिखा रहा हूँ। घर वापस आकर वह

कहने लगा- अब्बा, यह जिस झाले की खोज (great grandfather) के समय से सितार पर हुई, उसकी जो यह ध्वनि है- सामने झाला, और भीतर आलाप यह मैं पहली बार जान पाया स्टेज पर बैठकर। तब मैंने उससे कहा—बेटा, तुम तो अब मेरे पास आते नहीं हो, न बैठते हो, तुम्हारे पास समय नहीं है, तुम्हें यह पता नहीं है कि तुम आज क्या खो रहे हो। किसी दिन इस फुसफुसे गुब्बारे से हवा निकल जायेगी, फिर यह सब सुनने, सीखने का सुअवसर ही नहीं रह जायेगा। थोड़ी देर ही हो जायेगी।

ये सब बातें हो रही थीं कि बिचारे की आँखों से आँसू निकल पड़े। मैंने कहा—और क्या किया जा सकता है, तुम भी मजबूर हो, मैं भी मजबूर हूँ।

मैं और क्या कहूँ, वह बहुत ही अभागा लड़का है, जिसमें इतनी प्रतिभा है, जिसका इतना सुन्दर हाथ है, बजाता भी इतना सुन्दर है किन्तु, इस नाजुक समय में वह घर के अक्षय सांगीतिक ख़ज़ाने से वंचित हो गया है। वह समझ गया है कि वह क्या खो रहा है किन्तु समझकर भी वह कुछ कर नहीं पा रहा है। मैं उसके बारे में गम्भीरता से दुःख अनुभव कर रहा हूँ। मुझसे अलग होने का शुरू में एक कारण था, उसके बाद एक और कारण हो गया, उसके बाद एक और कारण, उसके भी बाद और कारण होते चले गये—वह मुझसे दूर से दूर, और भी दूर होता चला गया।

उसी बीच एक कारण और हो गया, ईश्वर की कृपा से वह अत्यन्त व्यस्त संगीतकार है आजकल, आज यहाँ बजा रहा है, कल वहाँ बजा रहा है। इसी बजाने की दौड़ के बीच किसी तरह घर आकर खा-पीकर फिर दौड़ पड़ता है। परिणाम-स्वरूप अमेरिका में मैं जो इतने समय रहता हूँ वर्ष में, उस अमेरिका में रहते हुए भी मेरे पास आने का उसे समय नहीं मिलता है और इस वजह से हमारे जैसे पुराने और पारम्परिक घराने का जो ख़ज़ाना है वह उसके प्रतिभाशाली हाथों में पहुँच नहीं पा रहा है।

२७

दु:ख से यह बात नहीं कह रहा था ? कि सुजात लड़के का भाग्य ही ऐसा है कि कितना क्या उसको सिखाने के लिए है, मेरे पास, तो भी वह सब उसके पास जाकर पहुँच नहीं पा रहा है। फल यह हुआ कि हिदायत को सिखा रहा हूँ, जो मेरा छोटा बेटा है। और जो इस बच्चे को देख रहे हो—वह प्रदीप है—इसे भी सिखा रहा हूँ। उसके माँ-बाप उसे मेरे हाथों सौंप गये हैं, काफ़ी रुपया भी दिया है—और वह भी मेरे पास पड़ा रहता है, दिन में चार-पाँच घण्टा रियाज़ करता है, लगातार सीखता जा रहा है। बहुत अच्छा तैयार हो रहा है यह लड़का, एकदम हिदायत की तरह। वह मेरे पास पूरे वर्ष पड़ा रहता है, मेरे पास ही रहता है, खाता है और मेरी सेवा करता है। फलस्वरूप उसके हाथों में भी अपने गाने-बजाने की अनेक शिक्षाएँ दिये जा रहा हूँ।

कल्याणी के बारे में पूछ रहे हो ? कल्याणी राय—हाँ, बहुत सिखाया है। वही फोटी टू-फोटी थ्री से। हाँ, वह इतनी-सी थी तब। पहले जितेन बाबू की छात्रा थी। उसके बाद मेरे पास आयी। उसे सिखाया भी मध्य फिफ्टी तक। उसके बाद उसका एक मामा अद्रिजा मामा—तुम उसे जानते हो—अद्रिजानाथ मुखर्जी PRship में उसे प्रोमोट करने लगा और उसका सीखना कम होता गया। उसके बाद अद्रिजामामा एक समय मर गया, किन्तु कल्याणी की तालीम तब तक कम हो गयी थी। फिर भी अपने समय में कल्याणी ने बहुत कुछ सीख लिया था। और सितार के प्रति उसके दिल में सचमुच में प्रेम था।

अरविन्द पारिख ने मुझसे सीखा है वही नाइन्टीन फोटी फोर, फोटी फाइव से। सितार पर उसके दाँये और बाँये हाथ को अपने स्टाइल में मैं तैयार

नहीं कर पाया। हमें यह देखना होता है कि किसी का हाथ सितार पर किस तरह रखा हुआ है और किस तरह चल रहा है। फिर भी उसको सितारवादी Instrumental style (स्टाइल) में मैंने उसे बहुत अधिक प्रवीण बना दिया है, सैद्धान्तिक दृष्टि से उसे काफ़ी तालीम दी है, व्यावहारिक कम दी है।

रईस ख़ाँ को सिखाया है या नहीं, जानना चाहते हो? देखो ये सब बातें पुस्तक में कहने पर काफ़ी मन-मुटाव और झगड़ा-झंझट शुरू हो जायेगा। कलकत्ता के जो पुराने लोग हैं वे सब जानते हैं कि रईस मेरे समय में ही बड़ा हुआ है, बचपन में मेरे साथ ही रहता था। पुनः कह रहा हूँ, मेरी गोद में ही बड़ा हुआ है। तो भी बात यह है कि रईस ख़ाँ इन सब बातों को मानने को राजी नहीं है। इसीलिए मैं भी नहीं बता रहा हूँ। और अगर इमरत की बात कहते हो तो सुनो...

इमरत

जब इमरत की उम्र पाँच बरस थी तब बाबा की मृत्यु हो गयी थी। तब उसे अगर मैं ना सिखाता तो उसे और किसने सिखाया है?

कलकत्ता के हमारे पैतृक मकान को लेकर इमरत ने तुम्हारे सामने जो सब अभियोग लगाये हैं शंकर बाबू, उनके एक-एक कर जवाब भी सुनिये।

इनायत् ख़ाँ साहब के हम दो बेटे हैं। इसके अलावा उनकी पत्नी और तीन बेटियाँ। उन तीन लड़कियों ने मुझसे बिना पूछे दो हज़ार, पाँच हज़ार रुपया लेकर अपने हिस्से उसे लिख दिये। किन्तु घर के पीछे जो मैदान पड़ा हुआ है उसे बाबा ने मेरे नाम से ख़रीदा था? तुमने तो घर के पीछे का वह मैदान देखा है, वह मेरा है। अब घर के उत्तराधिकारी के रूप में आते हैं इमरत भाई, मैं और हमारी तीन बहनें। किसके हिस्से में कितने भाग आयेंगे? पाँच भाग। और मेरी माँ का एक भाग। तो फिर कुल मिलाकर छह हिस्से। इसी घर में। तो फिर इस घर के छह भागों में दो भाग मेरे हैं। और वह मैदान मेरा है। उधर बहनों के तीन हिस्से और उसका अपना एक हिस्सा कुल मिलाकर चार हिस्से इमरत भाई के हैं। अब उसके वे चार हिस्से और मेरे दो हिस्से और मैदान मिलाकर ठीक आधी-

आधी सम्पत्ति हो जाती है। हाः ! हाः ! यह है विधि का लेख। किन्तु वह हिस्सा वह दे नहीं रहा है।

वह तुमसे जो यह कह रहा है कि घर की जो कुछ देखभाल है, वही करता आ रहा है, मैंने कुछ नहीं किया है। उसके बारे में मैं तुम्हें बता रहा हूँ ? पहली बात तो यह है कि पहले जन्म किसका हुआ ? नाइन्टीन फिफ्टी एट तक अर्थात् अपने पहले विवाह तक, उस घर का जितना भी ख़र्चा था, उसे मैं ही करता था। इसे तो पूरा हिन्दुस्तान जानता है। मैं ही उस घर में रहता था। आता था-जाता था माँ जी के पास। सिक्स्टी नाइन, सेविन्टी तक इसी तरह से चलता रहा है। तो अगर तुम किसी घर में रहोगे तो क्या उसकी सफ़ाई नहीं करोगे ? और जिस दिन से मैं उसे मेनटेन नहीं कर रहा हूँ, क्या तुम उस समय भी मेनटेन नहीं करोगे ? और तुम्हारे मेनटेन करने का अर्थ यह तो नहीं है कि मेरा हिस्सा ही चला जायेगा ? उसे तो कुछ तर्क सम्मत और विधि-सम्मत बात करनी चाहिए। इसी तरह के लोगों को बुलाकर तर्कहीन बात करने का तो कोई मतलब होता नहीं है।

इमरत किस तरह का संगीत शिल्पी है इसे जानना चाहते हो ? He is the man who plays the best Surbahar in the whole of India—वह ऐसा संगीत शिल्पी है जो पूरे भारतवर्ष में श्रेष्ठ तरीक़े से सुरबहार बजाता है। सुरबहार बजाने वालों में वह पूरे भारत में सर्वोत्तम है। उसने अपने बाप-दादा का नाम रखा है सुरबहार में। और जिसके कारण मैंने सुरबहार बजाना छोड़ दिया है। इसे तुम्हारे टेप रिकार्डर में मैं क्या कहूँगा, सार्वजनिक रूप से कहने को तैयार हूँ। As a Sitarist? सितारबाज के रूप में ? इनायत् ख़ाँ साहब, इमदाद ख़ाँ साहब के घर के लड़के तो हैं ही। निशात बजा रहा है, इरशाद बजा रहा है, बजाहत सरोद बजा रहा है अर्थात् हमारे घर में सितार, सुरबहार तो है ही। इतने दिनों में अल्ला के आशीर्वाद से सितार में एक व्यक्ति का अधिक नाम हो गया है, एक व्यक्ति का कम हुआ है, इस वजह से घर में इसके कारण ईर्ष्या, डाह ऐसे भाव रहना ठीक नहीं है। अरे भाई, मैं अपने बेटे अथवा अपने भाई को क्या बिगाड़ सकता हूँ ? वे अगर बिगड़ भी जायें तो मैं इसे अपनी ज़ुबान पर लाना भी नहीं चाहूँगा।

मैं स्वयं सितार में इतना अच्छा कैसे हो गया ? देखो, मैं इसका उत्तर कहाँ से और कैसे दूँ, ज़रा बताओ तो ? मैं सितार में उतना अच्छा कर रहा हूँ, यह तो मैं जानता नहीं हूँ। तुम कह रहे हो कि इसे पूरा जगत् जानता है।

अच्छा, फिर भी मैं इसका उत्तर न दे पाऊँगा, शंकर बाबू। कोई किस तरह से इतना अच्छा हो जाता है, उसे बताना क्या इतना सहज है? तुम कहोगे मेरे पीछे माँ थी, मामा थे, काका थे। तो वही माँ इमरत भाई के पीछे थी, मेरे मामा ने भी उसे तालीम दी थी, मेरे काका वाहिद ख़ाँ साहब ने उसे सुरबहार में तालीम दी थी, मैंने स्वयं सितार और सुरबहार में जितनी हो सकी, तालीम दी है। उसे साथ लिए-लिए क्या कम घूमा हूँ? सदरंग म्यूज़िक कांफ्रेंस के जो कर्त्ताधर्त्ता थे, उनका क्या नाम था, सहसा उसे भूल गया हूँ, इमरत को मंच पर बैठालने को लेकर उनसे तो मेरा झगड़ा भी हो गया था। उनका कहना था आप भाई को लेकर नहीं बैठेंगे, अकेले ही बैठिये। मैंने कहा—तो फिर मैं तो प्रोग्राम ही नहीं करूँगा। अपने मुँह से क्या कहूँ, वर्ष-पर-वर्ष इतना किया है उसके लिए, उसे इंग्लैण्ड ले गया था, यूरोप के कोन्टिनेन्ट में लिए-लिए घूमा हूँ। और आज मुझे सुनना पड़ रहा है कि मैंने उसके लिए कुछ किया नहीं है।

इमरत ने तुमसे कहा है कि मेरे साथ बजाने के बदले में मैंने उसे कोई रुपया नहीं दिया है। मैं इस बात से इनकार नहीं करूँगा। किन्तु, उसे फीस क्यों नहीं दी, इसी को बताता हूँ? मैंने उसे फीस नहीं दी, कारण उस समय पूरे घर का ख़र्चा मैं चला रहा था। उसका विवाह किया। उस विवाह के पीछे हज़ार-हज़ार, लाख-लाख रुपया ख़र्च किया। उसकी ससुराल वाला घर थोड़ा कमज़ोर था, रुपये-पैसे की दृष्टि से। इसीलिए कहा जाय तो विवाह में दोनों तरफ़ का ख़र्चा मैंने उठाया। सबसे बड़ी बात यह है, इमरत को तो खिलाया, पहनाया, बड़ा किया है, जो भी लगा रुपया-पैसा दिया है। और ठीक जिस समय मैंने सोचना शुरू किया कि इस लड़के का विवाह किया है, उसके बाल-बच्चे हो गये हैं, अब से उसके साथ फीस बाँट कर लूँगा, ठीक उसी समय उसने मेरे साथ बजाना बन्द कर दिया। तो भी यह वह ठीक ही कह रहा है कि जितने दिन उसने मेरे साथ बजाया मैंने उसे फीस में कोई हिस्सा नहीं दिया। और इसके साथ यह भी कहूँगा कि जितने दिन उसे बजाने की फीस नहीं दी उतने दिन तक माँ की सार-सम्हार मैंने ही की है, परिवार का ख़र्चा मैंने ही उठाया है। किसी को किसी तरह से वंचित करना मेरा धर्म नहीं है, न्याय और अन्याय में साफ़-साफ़ अन्तर किये बिना मैं चलता नहीं हूँ। फिर भी मैं यह कहूँगा कि उस न्याय-अन्याय का विचार करते हुए कभी मुझसे

भूल हो गयी हो तो अल्ला मुझे माफ़ कर दे।

तुम कह रहे हो कि इमरत इस बात को स्वीकार नहीं कर रहा है कि उसी की वजह से मैंने सुरबहार बजाना छोड़ दिया है। तो फिर सुनो, यही घटना। यह बात मेरी माँ भी हज़ार बार कह चुकी हैं और मैं भी कह रहा हूँ कि इमरत के कारण ही मैंने सुरबहार बजाना छोड़ दिया है। मेरे पास आज भी मेरे परबाबा की सुरबहार है, मैं घर में आज भी सुरबहार बजाता हूँ। हालाँकि शायद अनेक दिनों से नियमित रूप से न बजाने के कारण, पहले जैसा अब अभ्यास नहीं रहा है। फिर भी सुरबहार मैं पहले बजाया करता था, काका ने मुझे सिखायी थी। सुरबहार में मेरे काका ही मेरे गुरु हैं जो इमरत के भी गुरु हैं। इसीलिए कह रहा हूँ, सुरबहार बजाना जो मैंने छोड़ दिया वह उसकी वजह से ही छोड़ दिया है। निश्चय ही। हाँ, हाँ भाई।

इमरत को स्वयं ही तो यह कहना चाहिए कि वह जो सितार बजाता है वह मेरी तालीम का ही बजाना है, यह तो सारी दुनिया जानती है, सभी लोग कहते भी हैं। यह बात अपने मुँह से नये रूप में कहने की क्या ज़रूरत है? वह अगर कहे कि मुझसे उसे कोई तालीम नहीं मिली तो इसे कुछ आता-जाता नहीं है। कारण, अन्तत: मैं यही जान और सोचकर गर्वित हूँ कि मेरे खानदान में सभी सितार बजा रहे हैं और मेरा छोटा भाई भी एक सितारिया है। और उसके साथ वह सुरबहार भी बजा रहा है।

विलायतखानी सितार की शैली

तुम कह ज़रूर रहे हो और सारी दुनिया भी कह रही है, कि मैंने विलायतखानी जैसा सितार में एक स्टाइल प्रवर्तित किया है। मैं उस स्टाइल को विलायतखानी स्टाइल नहीं कहूँगा, फिर भी यह सच है कि सितार में मैंने एक स्टाइल ज़रूर तैयार किया है। उस स्टाइल को बनाने में मैं कितना कामयाब या सफल हुआ हूँ। इसे मैं नहीं जानता। अगर कुछ अच्छा काम किया तो यह बचा रहेगा, और अगर कोई ठोस काम न हुआ हो तो फिर वह लुप्त हो जायेगा।

जो जमजमा या गमक तान मैं लगाता हूँ वह पहले भी बजा करती थी।

निश्चय ही बजायी जाती थी। फिर भी इस फॉर्म में, माने इस शक्ल में नहीं बजायी जाती थी। गमक तो हर हाथ में बदल जाती है। देखो अपनी तान को लेकर, इसकी विविधता, उसके स्वर, उसकी शक्ति, उसके लालित्य आदि को लेकर मैं कुछ नहीं कहूँगा। उसे तो पूरी दुनिया जानती है, दूसरों को ही कहने दीजिये कि उन्हें मेरे संगीत में क्या मिला। मैंने जो काम किया है उसका विश्लेषण और मूल्यांकन दूसरों को ही करने दीजिये। मैंने जो काम किया है उसे लेकर दुनिया जो करना चाहे करे। यहाँ पर, इस व्यापार में अन्ततः मैं मौन ही रहूँगा।

दुर्गा

तुम यह जानना चाहते हो कि मेरे मन में अपने सितार को लेकर अतृप्ति है या नहीं? ऐसा लगता है या नहीं कि हाय रे–यह तो नहीं पा सका? यह तो नहीं हो सका। जी हाँ। सदा यही लगता रहता है। और अल्ला करे, चिरकाल तक ऐसा ही होता रहे, जिससे जितने दिन तक जीवित रहूँ उस अतृप्ति के भाव से निरन्तर आगे बढ़ता रहूँ। कारण जिस दिन मन में यह भावना आ जायेगी कि सितार–वादन में मैंने बहुत कुछ कर डाला है, उसी दिन शिल्पी के रूप में मैं एकदम रुक कर रह जाऊँगा। वह तो मैं अपने सितार–वादन में कभी होने नहीं देना चाहता हूँ। इतनी तकलीफ़ उठाकर, आँखों के आँसुओं के बदले में जिस बजाने को पाया है, उसे उस तरह से रुकने नहीं दूँगा।

और अफ़सोस की बात क्या कहूँ शंकर बाबू तुमसे? उस बारे में सोचते ही साथ–साथ इनायत् ख़ाँ का याद आ जाता है, तीन मिनिट के भैरव का रिकार्ड। वह जो लौटकर भषज़ में आकर स्थित हो जाता था आज तक मेरे जीवन में वैसा नहीं हो सका है। यह होती है सुर में शान्ति और समाधि। उसी वजह से मैं कहता हूँ इनायत् ख़ाँ साहब इनायत् ख़ाँ साहब ही हैं। हम लोग बहुत कुछ किये बैठे हैं। अपनी क्षमता के अनुसार बहुत कुछ, किन्तु, इनायत् ख़ाँ साहब जैसा कुछ भी नहीं कर पाया हूँ।

सा रे म प ध म रे ध स टाउन हॉल कॉन्फ्रेंस में चल रहा है, मैं तब छोटा था। मुश्ताक हुसैन ख़ाँ, ओंकारनाथ ठाकुर, हाफ़िज़ अली ख़ाँ, फैयाज़

ख़ाँ—जितने बड़े-बड़े गुणी जन थे उस ज़माने के, वे सभी बैठे हुए, और फैयाज़ ख़ाँ कह उठे, अरे बंगाल के जादूगर, फिर से जादू कर दिया। और सभी ठठाकर हँस रहे हैं। बाबा ने जो कुछ किया वह यह है- सा रे म प ध म रे ध स - जैसे ही उन्होंने ध स लगाया वैसे ही ऐसा लगा साक्षात् दुर्गा माँ आकर खड़ी हो गयी हों।

बताओ तो, मैं इनायत् ख़ाँ साहब के बारे में क्या कहूँ। सुनो, उनके बारे में कुछ कहने का मेरा मुँह ही नहीं है। कुछ कहने को भी नहीं है। मैंने उस उम्र में ही जो सुना है, और उस ज़माने के सब बड़े-बड़े गवैया-बजैया जो कहना था वह सब कह ही गये हैं। सचमुच में बाबा क्या थे उसे बहुत से लोग कह गये हैं, मैं उनका बेटा होने के कारण उससे अधिक और क्या कह सकूँगा। उनके जैसा गायन में मैं सचमुच में कुछ नहीं कर सका। इसीलिए तो गायकी स्टाइल, गमकी स्टाइल, तान का स्टाइल, ये सब करने के बाद मैंने अन्य लाइन पकड़ ली। कहा जाता है झाला—वह तो मेरे पितामह के समय से ही हो रहा है, तिहाई वह भी मेरे दादा के समय से हो रहा है। सपाट् तान इनायत् ख़ाँ साहब के समय से हो रही है। दिड़ दिड़ तान - इनायत् ख़ाँ साहब के समय से हो रही है। मैं नया क्या कर सका हूँ? मैंने जो कुछ किया है वह यह कि उनके स्टाइल से अपने को थोड़ा हटा लिया है। सितार में मुझे अति मानुष, दिव्य व्यक्ति चाहे जो कुछ इच्छा हो कह लीजिये, मैं यह सब सुन लूँगा। किन्तु मैं जानता हूँ मेरे ऊपर वे क्या थे।

सुर की पूर्णता? हाँ, इसके बारे में ज़रूर कुछ कहूँगा। कई बार गाना-बजाना करते-करते अपने भीतर से निकल कर अपने सामने ही बैठ जाता हूँ और कहने लगता हूँ, भाई, वाह, यह सुर तो बहुत सुन्दर लग गया है। उस आनन्द के क्षण का कारण, वही परफेक्शन ऑफ़ नोट है। जो परफेक्शन छाकर रह जाता था इनायत् ख़ाँ साहब के सितार-वादन में। सिर्फ़ उसी को लेकर बोल कर एक पुस्तक लिखाई जा सकती है।

मेरी ये बातें—अगर पुस्तकाकार प्रकाशित करो तो मैं इसे इनायत् ख़ाँ साहब और अपनी माँ को समर्पित करना चाहूँगा। मेरा पूरा जीवन भरा हुआ है वह एक पुरुष और वही एक नारी से। मेरे पिता और मेरी माँ। बाबा के घर के ऊपर मेरा जो इतना खिंचाव है, वह क्या एक सम्पत्ति है इसलिए। ना रे भाई ना। क्योंकि यह वह जगह है जहाँ उस्ताद विलायत

ख़ाँ रहे थे फिर मेरे बाबा का घर तो मेरे लिए एक मन्दिर है, मस्जिद है। मैं तो उसमें रहने भी नहीं जा रहा हूँ, मेरे रहने के घर में क्या कुछ अभाव है ? सिर्फ़ एक याद और प्रेम है उस घर के लिए, वैसे वह मेरा मन्दिर है।

जैसे एक और मन्दिर है मेरा यह देश। इसीलिए हज़ार थप्पड़ खाने के बाद भी यहीं बार-बार लौट आता हूँ। यहाँ के लोग मुझे कितना चाहते हैं क्या मैं इसे जानता नहीं हूँ ? देश में लौटने का अर्थ है रुपयों की क्षति, फिर भी मुझे यहाँ आना ही पड़ता है। कारण, ऐसा प्रेम मुझे दुनिया में कहाँ मिलेगा ? कौन देगा ? प्रेम का भिखारी मैं सदा अल्ला को पुकारता हूँ और कहता हूँ मेरी मिट्टी भी जिससे इस देश में मिल जाय। इसी बंगाल में।

परिशिष्ट

विलायत ख़ाँ का सितार
नीलाक्ष दत्त

सितार की अन्तिम बात
आशीष चट्टोपाध्याय

विलायत ख़ाँ के साथ एकान्त में
जय गोस्वामी

विलायत ख़ाँ का सितार

(उस्ताद विलायत ख़ाँ अप्रतिम सितार वादक थे। उनके बजाने-गाने की कई कथाएँ भी किंवदन्तियों की तरह प्रचलित हैं। वह ओज, सरसता, सूक्ष्मतम ध्वनि तरंगों और माधुर्य के धनी थे। जिन्होंने उनको सुना है—आमने-सामने बैठकर—वे तो उनके 'बजाने की छवि' को भी याद करते हैं, सिर्फ़ उनके सुरों को ही नहीं। यहाँ हम मूल रूप से बाङ्‌ला में लिखित, और सुपरिचित अनुवादक रामशंकर द्विवेदी द्वारा अनूदित, तीन आलेख प्रस्तुत कर रहे हैं। पहले दो, क्रमशः दो संगीत-पारखियों नीलाक्ष दत्त और आशीष चट्टोपाध्याय के हैं, तीसरा बाङ्‌ला के विख्यात कवि जय गोस्वामी का है। तीनों आलेख अपने-अपने ढंग से विलायत ख़ाँ के सितार के गुणों को तो उभारते ही हैं, उनके व्यक्तित्व की भी एक झलक प्रस्तुत करते हैं। नीलाक्ष दत्त के आलेख में तो स्वयं विलायत ख़ाँ के सितार की बनावट-बुनावट, और उसे बजाने की तकनीक की भी चर्चा है। इन आलेखों में उन कई सामान्य श्रोताओं की भी एक मर्मभरी उपस्थिति है, जो मानो उनके सितार के पीछे 'पागल' ही तो थे।

हम इन आलेखों के रचनाकारों के साथ ही 'देश' पत्रिका के भी आभारी हैं, जिसमें ये लेख मूल रूप से प्रकाशित हुए थे, और जिसके सौजन्य से ही हम इनको यहाँ प्रस्तुत कर रहे हैं, साभार।)

गायन संगीत के महारथी उस्ताद बड़े ग़ुलाम अली ख़ाँ की मृत्यु (१९६८) के बाद से उत्तर भारतीय वाद्य संगीत के तीन दिक्‌पाल ख्याति के शिखर पर राज्य करते आ रहे थे। पण्डित रविशंकर, उस्ताद अली अकबर ख़ाँ और उस्ताद विलायत खाँ। १३ मार्च, २००४ को इन तीनों में सबसे

कनिष्ठ उस्ताद विलायत ख़ाँ ने अन्तिम साँस ली। अन्य दो लोगों में कुल मिलाकर पण्डित रविशंकर पूर्णांग वादन प्रस्तुत करने की क्षमता आज भी (जब अर्थात २ अप्रैल २००४ को यह लेख लिखा गया था— अनुवादक) बरकरार रखे हुए हैं।

इमदाद ख़ाँ घराने के गण्डाधारी और उस परम्परा के वाहक होते हुए भी विलायत ख़ाँ ने एक पूर्ण निजी और अत्यन्त उच्च स्तर की सितार बजाने की शैली का प्रवर्तन किया था। इस शैली अथवा बजाने के ढंग को विलायत ख़ाँ की शैली कहना समीचीन होगा। अर्थात् उन्हें अपने पिता उस्ताद इनायत् ख़ाँ अथवा पितामह इमदाद ख़ाँ का उत्तराधिकारी कहा जाय तो भी उसका ठीक-ठीक वर्णन नहीं किया जा सकता है।

विलायत ख़ाँ ने जैसे ही अपनी वादन शैली को प्रतिष्ठित किया वैसे ही इमदाद खानी वादन शैली और इसका ही विकसित संस्करण इनायतखानी वादन शैली, ये दोनों ही लुप्त हो गयीं। क्योंकि, आज सितार बजाने की मुख्य रूप से दो शैलियाँ या बजाने का ढंग प्रचलित है—एक विलायत ख़ाँ की और दूसरी रविशंकर की। इन दो वादन शैलियों के लिए फिर दो तरह के सितार लगते हैं। पुरानी चाल के दो जोड़ी सितार, खरज पंचम, ठाट पंच और दो चिकारा वाले सितार आजकल विशेष सुनने में नहीं आते हैं। विलायत ख़ाँ के छह तारों वाले गांधार पंचम सितार, और रविशंकर के मन्द्र पंचम और मन्द्र षड़ज के तारों वाले सितार ही तैयार होते हैं, और बजाये भी जाते हैं। स्वर्गीय मुस्ताक अली ख़ाँ साहब के शिष्यवृन्द आज भी पुरानी चाल के 'सेनिया' सितार बजाते रहते हैं। फिर भी संख्या में बहुत थोड़े हैं।

विलायत ख़ाँ के बाजे को उन जैसा बजाने वाला आज निश्चय ही कोई नहीं है। फिर भी उनके प्रस्थान के साथ-साथ इसके निःशेष होने की सम्भावना भी अन्ततः नहीं है। उनके भाई उस्ताद इमरत ख़ाँ हैं, विलायत के पुत्र सुजात अभी हैं, इमरत ख़ाँ के दो पुत्र निशात और इरशाद हैं, और सबसे बढ़कर शाहिद परवेज़ बचे हुए हैं। विलायत के काका उस्ताद वाहिद ख़ाँ के पौत्र शाहिद परवेज ही विलायत खानी सितार के श्रेष्ठ प्रस्तुतकर्त्ता हैं। हाँ, यह ज़रूर है कि वे इस वादन पद्धति में अपना संस्करण बजाते हैं, और विशेष गत् वादन शैली में उन्होंने कई परिवर्तन भी किये हैं। इसके अलावा बुद्धादित्य मुखोपाध्याय भी हैं, जो हाथ की

सफ़ाई और तान-तोड़ा की तीव्रता की दृष्टि से एक शीर्ष स्थानीय सितार वादक हैं। इनका बजाना भी विलायत ख़ाँ की वादन शैली का ही एक संस्करण है। इसके अलावा भी स्वर्गीय उस्ताद के भांजे उस्ताद रईश ख़ाँ भी हैं। उनका दावा है कि वे अपने मामा जैसा सितार नहीं बजाते हैं और उनका कहना है, उनकी वादन पद्धति उनके पिता बीनकार उस्ताद मुहम्मद ख़ाँ की ईज़ाद की हुई है। उनका यहाँ तक कहना है कि उनके मामा ही उनके घराने का सितार बजाते थे। क्योंकि, हालाँकि विलायत ख़ाँ साहब के स्तर का सितार अब से कैसेट अथवा डिस्क पर ही सुनना होगा, यह होते हुए भी, उनके द्वारा बनायी गयी वादन शैली, और गंधार पंचम सितार बजाने वाले आज भी कई अच्छे-अच्छे सितारिये विद्यमान हैं।

इमदाद ख़ाँ और इनायत् ख़ाँ बड़ी-बड़ी सभाओं में माइक्रोफ़ोन की सहायता के बिना बजाते थे। विद्युत यन्त्र की सहायता से आवाज़ को बड़ा बनाये बिना ही लम्बी मींड़ को विशाल भवन में श्रोताओं के कानों तक पहुँचाना सम्भव नहीं है। इसलिए पुराने ज़माने के सितार के बजाने में दाहिने हाथ का काम, अर्थात् बोल प्रधान था। मींड़ अथवा मींड़युक्त इकहरी तान उस समय कोई बजाता नहीं था।

इमदाद ख़ाँ की गतकारी में दाहिने हाथ के काम को ही प्रमुखता मिली थी। लयकारी और तान-तोड़ में छह से लेकर आठ मिजराव के कुछ बोल वे अचरज भरी क्षिप्रता के साथ बजाते थे। इनायत् ख़ाँ की गतकारी में भी दाहिने हाथ की प्रधानता थी, और उनकी बोलकारी अथवा 'डिर'-'डिर' इमदाद ख़ाँ से तेज़ थी। फिर भी वे कुछ इकहरी तानें भी बजाते थे अर्थात् जिस तान में स्वर के पीछे एक से अधिक बोल नहीं रहते हैं। इन तानों में इसी वजह से बहुत से स्वर होते हैं और स्वर पटल पर तेज़ी से आते-जाते रहते हैं। फिर भी कुछ मुर्कीयुक्त मींड़ों का व्यवहार करने के बाद भी उनकी सितार बजाने की शैली में बहुत से स्वरों वाली मींड़ वैसे कोई अधिक नहीं थी, यद्यपि इस तरह की मींड़ का उन्होंने सुरबहार के आलाप में प्रयोग किया है। उनके सितार के रिकार्ड में तीन-चार स्वरों की मींड़ मिलती है और गतकारी में क्षिप्र, इकहरी तान का प्रयोग मिलता है, अकल्पनीय क्षिप्रतायुक्त 'डिरि-डिरि' तान के साथ। वे गतकारी में तिहाई का विचित्र प्रयोग कर गये हैं, जो इमदाद ख़ाँ के रिकार्ड में नहीं है।

इनायत् ख़ाँ की जब मृत्यु हुई विलायत की उम्र उस समय दस वर्ष की

थी। इसके पहले ही आठेक बरस के विलायत का बजाना इनायत् ख़ाँ के रिकार्ड के दूसरी तरफ़ आ चुका था। इस रिकार्ड में तबले की संगत में बजाये गये तोड़ी राग में लय की गतकारी में बचपने जैसा खेल ज़रूर है, किन्तु उसके साथ अच्छी शिक्षा और पर्याप्त रियाज़ का निर्देशन भी साफ़-साफ़ मिलता है। इसी उम्र में उन्होंने पिता के साथ इलाहाबाद संगीत सम्मेलन में बजाकर अपने कृतित्व का परिचय दिया था। १९४० में जारी कोलम्बिया रिकार्डों में विलायत ने अपने पिता जैसे सितार को बजाया था। जिस सितार को उन्होंने रिकार्डिंग के लिए बजाया था, वह भी इनायतखानी सितार था। इसके बाद ही शुरू होती है विलायतखानी बाजे की प्रस्तुति। विलायत अपने पिता की मृत्यु के बाद अपने चाचा उस्ताद वाहिद ख़ाँ के पास शिक्षा लेते रहे थे। साथ-ही-साथ नाना बन्दे हसन और मामा जिन्दा हसन के पास ख्याल की शिक्षा चलती रही थी। विलायत ख़ाँ के शिक्षक के रूप में इन दो गायकों का नाम अंकित है। वे किस स्तर के गायक थे अथवा किस घराने के थे, स्पष्ट रूप से इसकी जानकारी नहीं है। फिर भी, वे अगर बड़े स्तर के गायक होते तो उनके नामों का उल्लेख दूसरी जगह भी होता और उनके शायद दो-एक रिकार्ड भी मिलते।

ख़ैर, जो भी हो, इन लोगों की शिक्षा और उस्ताद अब्दुल करीम ख़ाँ, उस्ताद फैयाज़ ख़ाँ और बाद में बड़े ग़ुलाम अली ख़ाँ और एक समय के बहनोई उस्ताद अमीर ख़ाँ के गानों के प्रति आसक्ति के परिणामस्वरूप विलायत ख़ाँ ने सितार में 'गायकी का अंग' और 'ख़याल अंग' आत्मसात् कर लिया। 'गायकी अंग' शब्द भ्रमपूर्ण है। कारण, मिजराव और जवा के द्वारा बजाये जाने वाली सभी उच्चांग संगीत के वाद्यों में या तो आलाप ध्रुपद, धमार, नहीं तो ख़याल और तराना से जुड़ी ही सामग्री का प्रयोग सदा किया जाता रहा था। इसलिए, पुरानी चाल की वीणा, सुरश्रृंगार सितार और सरोद इन सब वाद्यों को गायकी अंग का वाद्य कहा जा सकता है। किन्तु विलायत ख़ाँ सिर्फ़ परदादार, मिजराव से बजने वाले सितार के ढंग पर ख़याल की तान और मुर्की बजाकर ही सन्तुष्ट नहीं हुए। उन्होंने कण्ठ से गायी जाने वाली मींड़ व मुर्की या तान में जो सुर की एक अबाध धारा रहती है, उसे भी सितार की आवाज़ के भीतर लाने की चेष्टा की है। पुराने अथवा अधिकतर सितारवादक प् न् स् बजाने के लिए सबसे

पहले पंचम सुर के पर्दे पर बायें हाथ की तर्जनी रखकर मिजराव पहने दाहिने हाथ की तर्जनी से तार पर आघात करेंगे, उसके बाद उँगली को तार के ऊपर फेरते हुए निषाद के पर्दे पर लायेंगे। उसके बाद और एक बार मिजराव से आघात कर निषाद के पर्दे पर ही रुकते हुए खरज की अवधि तक मींड़ खींचते हुए बजायेंगे। प न् स अगर बजाना हो तो विलायत ख़ाँ पंचम सुर के घाट पर उँगली रखकर तार को बगल की ओर खींचते हुए षड़ज तक मींड़ खींच देंगे। मिजराव की ख़ाली एक चोट से बजाने के मामले में विलायत ख़ाँ बायें हाथ की दोनों उँगलियों—तर्जनी और मध्यमा का एक साथ प्रयोग किया करते थे। परिणाम यह होता था कि कण्ठ से गायी जाने वाली मींड़ की तरह सभी स्वर एक–दूसरे के साथ सघन सुर की डोर में बँधे रहते थे। इस प्रकार मुख्य तार को उँगली से बाहर की ओर खींचते हुए स्वर उत्पन्न करने में विलायत ख़ाँ ने ऐसी एक पटुता अर्जित कर ली थी कि मध्य, मध्य–द्रुत एवं द्रुत लय के ख़याल अंग की तानकारी इस प्रकार तार खींचते हुए अवलीलापूर्वक बजाने में समर्थ होते थे। इन तानों में आवश्यकतानुसार गमक, मुर्की और झाला एक ही भाव से बजा लेते थे। जब द्रुत गति से उँगली फेरते हुए बजाते थे, तब तर्जनी पर्दों–पर्दों पर फिसलती हुई चलते–चलते अदृश्य–सी लगने लगती थी और सारे स्वर इस घर्षण के कारण एक–दूसरे में घुल–मिल जाते थे। सचमुच में उनका हस्तकौशल अद्भुत प्रकार का था। फिर भी यह कहने में कोई हर्जा नहीं है कि इस ढंग से बजाना पुरानी चाल के सितार पर सम्भव ही नहीं था। इसी कारण से विलायत ख़ाँ आजकल बहुप्रचलित अपने गंधार–पंचम सितार की परिकल्पना करने को बाध्य हुए थे। इसमें उन्होंने जो मूल परिवर्तन किये थे, वे इस प्रकार हैं :

१. मुख्य तार की बगल में लगे दो तारों को निकाल दिया गया। इससे मुख्य तार और अवशिष्ट दो तारों के बीच में एक व्यवधान पैदा हो गया। मुख्य तार के ठीक बगल में एक, और ठीक उसकी बगल में और एक जोड़ी तार होने की वजह से द्रुत तान–तोड़ के समय दोनों जोड़ी तार अधिक बजते थे, जिससे मुख्य तार की आवाज़ दब जाती थी। मुख्य तार के एकदम नज़दीक लगे इन दोनों तारों के हट जाने से यह बाट बन्द हो गयी और दाहिनी तर्जनी में पहनी हुई मिजराव को भी हरकत करने में अधिक जगह मिलने लगी। सितार में मुख्य तार के लिए प्राय: दो नम्बर के तार का प्रयोग किया जाता था। धीरे–

धीरे प्रचण्ड खिंचाव सहन करने के लिए और अधिक देर तक उसका अनुरणन (प्रतिध्वनि, गूँज) बरकरार रखने के लिए विलायत ख़ाँ ने पाँच नम्बर गेज के मोटे तार को लगाया। सितार को भी उन्होंने खींचकर बाँधा सी शार्प-की से। ताँबे के मन्द्र पंचम तार की जगह उन्होंने स्टील के एक अधिक तनाव वाले तार को लगाया। इसे वे शुद्ध गंधारयुक्त राग में मध्य सप्तक के गंधार में बाँधा करते थे। फल यह होता था पास के ठाठ का पंचम तार और मोटा तीख़ी आवाज़ करने वाला तार खरज के साथ मिलकर उँगली के हर आघात पर स-ग-प कोर्ड की मूल हॉरमनी ध्वनित होती रहती थी। मध्यम धैवत प्रधान रागों में (जैसे रागेश्री) इन गंधार और पंचम के दोनों तारों को मध्यम और धैवत में बाँधा जाता था। दरबारी कानड़ा राग के प्रसंग में दोनों तार पंचम में बाँधे जाते थे। मियाँ की मल्हार के प्रसंग में भी सम्भवत: इसी तरह बाँधे जाते थे। अगर केदार राग बजाना हो तो दोनों तार क्रमश: मध्यम और पंचम में बाँधे जाते थे। कुल मिलाकर उस वाद्य-यन्त्र का ऐसा एक ध्वनिमहात्म्य तैयार हो जाता था कि कोई अनाड़ी भी अगर इस तरह के सितार पर जरा भी आघात करता तो एक अद्‌भुत झंकार चारों ओर फैल सकती थी और ऐसा लगने लगता था कि कहीं विलायत ख़ाँ तो नहीं बजा रहे हैं?

२. पुराने ज़माने के सितारों को माइक्रोफ़ोन की सहायता नहीं मिलती थी। इसलिए इसकी तुम्बी (अर्थात् सितार का वह भाग जिस पर सितारिये की हथेली और उँगली रखी रहती है) पतली होती थी। तुम्बी जितनी पतली होगी आवाज़ उतनी ही जोरदार होगी। जटिल पाँच-पर्दों की मींड़, मींड़-तान और गमक-तान ज़ोरदारी से अगर बजायी जाय तो ब्रिज (सितार के तारों पर) प्रचण्ड दबाव पड़ता है। फिर ब्रिज से होती हुई यह चाप (दबाव) जाकर पड़ती है तुम्बी के ऊपर। इसलिए उन्होंने तुम्बी भी बहुत मोटी और मजबूत बनायी।

३. सितार के ब्रिज में भी परिवर्तन की ज़रूरत महसूस हुई। विलायत ख़ाँ के मन के अनुसार ध्वनि उत्पन्न करने के लिए ब्रिज को मजबूत और ऊँची बनाने की ज़रूरत थी। नहीं तो तुम्बी के लम्बे गोल-गोल काष्ठ-फलक को अच्छी तरह बनाना सम्भव ही नहीं है। (इसे तारों का घोड़ा अर्थात् Bridge of a Sitar भी कहते हैं—अनुवादक)। तुम्बी का विशेष आकार व लम्बी मींड़ और जोरदार गमक बजाने की सुविधा के लिए अपेक्षाकृत ऊँचे पायों वाला ब्रिज तैयार किया गया।

४. तुम्बी के साथ सितार के दण्ड के संयोग स्थल को धातु के स्क्रू से जोड़ दिया गया और इन्हें लगाये रखने के लिए विशेष व्यवस्था की गयी। अगर ऐसा न किया जाता तो दाहिने और बायें हाथ के भारी वजन के खिंचाव और दबाव को सितार का यह भाग सहन ही नहीं कर सकता था।

५. सितार के तार सितार के कान से निकलकर आड़ अथवा तार गहने वाली ब्रिज जैसी वस्तु के माध्यम से पर्दे के ऊपर पहुँचते थे। बायें हाथ के प्रचण्ड दबाव को सहन करने के लिए विलायत ख़ाँ ने इसके आकार में कुछ परिवर्तन कर दिया था।

६. पीतल के बदले जर्मन सिल्वर नामक धातु से विलायत ख़ाँ के सितार के घाट व पर्दे बनाये जाते थे। पर्दों को कुछ और भी मोटा बनाया गया और सुरीली, सफल तथा अचूक मींड़ सहजता से बजायी जा सके, इसके लिए इनकी आकृति में भी विलायत ख़ाँ ने कुछ परिवर्तन कर दिया।

इस सितार पर निपुण हस्तकौशल और असाधारण शिल्प-बोध लेकर उस्ताद विलायत ख़ाँ सुर प्रवाह की ऐसी धारा बहा देते थे कि लोग कहते थे सितार मानो गाना गा रहा है। वे एक ही टंकार से अनायास पाँच-छह स्वरों की मींड़-मुर्की तो बजा ही लेते थे और एक-एक स्वर को इस प्रकार बनाये रखते थे कि वे मानो दूर-दिगन्त में नक्षत्रों की तरह टिमटिमाते हुए जलते-जलते अस्त हो रहे हों जैसे प, ध, न, प। इस निषाद राग को बहुत दूर तक हवा में झुलाये रखकर धीरे-धीरे शेष कर देते थे। जोन पेरेलेस ने न्यूयॉर्क टाइम्स में लिखा था—''ही इन्वेन्टिड ए टेकनीक ऑफ़ वेन्डिंग ए नोट, आफ्टर इट वाज़ स्ट्रक ट्रेसिंग ए सोनिक ऑफ्टर इमेज़।'' अर्थात् उन्होंने स्वरों को तालबद्ध करने की एक ऐसी तकनीक खोज ली थी कि एक झंकार के बाद की तरंगें एक बिम्ब को ढूँढ़ने निकल पड़ती थीं। इस बिम्ब में विलीन हो जाने वाले निषाद की वर्णना इससे अच्छी शायद हो ही नहीं सकती है।

सेनिया जयपुर सितार घराने में एक शताब्दी तक सितार की गतकारी बोलकारी और तान-तोड़े के उत्कर्ष की साधना जारी रही थी। इस घराने से सितार के कई घराने उत्पन्न हुए थे। जैसे लखनऊ, कल्पी, ग्वालियर, इन्दौर और बनारसी सितार का घराना। जयपुर घराने के तान-तोड़े का कुछ

नमूना हमें उस्ताद मुस्ताक अली ख़ाँ साहब के बजाने में मिलता है। उनकी दो-चार तानें निखिल बंद्योपाध्याय बजाया करते थे। फिर स्वर्गीय विमल मुखोपाध्याय ने भी जयपुरी बजाना सीखा था और विलायत ख़ाँ के बजाने के ढंग के साथ मिलाकर जयपुरी तान-तोड़ा बजाया करते थे।

विलायत ख़ाँ की वादन शैली को विशेषकर उनके ताल प्रकरण को छोड़कर कोई नहीं बजा सकता था—एक पण्डित रविशंकर और उनके शिष्य वृन्द को छोड़कर। कारण यह वादन शैली जिस कण्ठ संगीत के संचार से जुड़ गयी थी, उसके पास ही पुराने सितार की अल्प मींड़युक्त तान-तोड़ा ख़ाली अर्थात् बिना किसी कलाबाजी के सुनायी देते रहते थे। इसलिए विमल मुखोपाध्याय जैसे अच्छी तालीम वाले सितारिये भी गंधार-पंचम सितार बजाया करते थे और विलायत ख़ाँ के बायें हाथ की करामात का अनुकरण किया करते थे।

इस बायें हाथ का व्यापक अभ्यास, अगाध संगीत-बोध और ख़याल, ठुमरी, टप्पा और लोक संगीत का ज्ञान विलायत ख़ाँ साहब का बीजमन्त्र था। अगर इस मन्त्र की साधना रात-दिन की जा सके, तभी दुबारा विलायत ख़ाँ और उन जैसी सितार वादन की शैली पैदा हो सकती है। फिर भी हम लोगों को पता है, इन सब क्षेत्रों में इतिहास की कभी पुनरावृत्ति नहीं होती है। और अब्दुल करीम ख़ाँ या फ़ैयाज़ ख़ाँ अथवा बड़े ग़ुलाम अली ख़ाँ जैसे व्यक्ति दुबारा जन्म नहीं लेते हैं, वैसे ही विलायत ख़ाँ जैसा व्यक्ति भी दुबारा नहीं होगा।

अपने बायें हाथ की साधना के फलस्वरूप विलायत ख़ाँ ने ज़रूर इनायत्, इमदाद ख़ाँ के दाहिने हाथ के रत्न सम्भार की उपेक्षा की थी। इसका फल यह हुआ कि विलायत ख़ाँ की वादन शैली एक सम्पूर्ण या सर्वांग सुन्दर वादन शैली नहीं है। इसमें द्रुत बोलयुक्त तान का अभाव रहता है। इस वादन शैली में लयकारी भी पर्याप्त उन्नत स्तर की नहीं हो पायी है। सबसे बढ़कर इसमें तालवैचित्र्य का अभाव था। मुख्य रूप से त्रिताल में ही ख़ाँ साहब बजाया करते थे। तो भी शाहिद परवेज़ जैसे उनके उत्तराधिकारी विभिन्न तालों में बजाते हैं।

फिर परिमिति बोध के अभाव के कारण ख़ाँ साहब किसी राग को बजाते-बजाते कभी-कभी ऐसी बेढब स्वर संगति का सहसा प्रयोग कर बैठते थे

कि उस क्षण राग का रूप नष्ट ही हो जाता था। बाद में देखा गया है कि अनेक घरानों में ऐसे ही स्वरों का प्रयोग होता था और उस्तादों के इसके गुण-दोषों की विवेचना का अभाव दिखाने पर भी, ग़लत नहीं बजाते थे। कहने में कोई हर्ज नहीं है, बाद में यह सब समझते हुए भी उस समय की महफ़िलों में प्रदूषित आबहवा फिर स्वस्थ और स्वच्छ नहीं हो पायी।

फिर जीवन के अन्तिम भाग में ख़ाँ साहब अनेक तरह के अपरिचित, अप्रत्याशित, मनगढ़न्त रागों को बड़े रूप में बजाकर महफ़िलों का मज़ा नष्ट कर देते थे। इसमें एक स्वर माला इस प्रकार थी—स, रे, ग, म, प, द, न—इसे वे कभी एक प्रकार का भैरव, कभी माल्त भैरव, कभी हम्बीर भैरव कहा करते थे। इन सब महफ़िलों में सिर्फ़ उस्तादी करामात दिखायी देती थी—राग-संगीत का असली रस नहीं मिलता था। वैसे ही थे उनके दो गंधार, दो धैवत और बाद में दो निषादयुक्त विलायतखानी कानड़ा। इतने स्वरों को लेकर राग का रूप खड़ा नहीं हो पाता है, इसे वे अवश्य समझते थे। फिर भी ज़िदवश गाये जा रहे थे। एक दरबारी कानड़ा का सिद्ध उस्ताद इस तरह के विचित्र सुर क्यों बजाता था, समझ में नहीं आता था।

स्वाभिमानी नायक

सामाजिक रूप से विलायत ख़ाँ एक स्वाभिमानी, स्पष्ट वक्ता और सरकार विरोधी शिल्पी थे। आकाशवाणी के प्रारम्भिक दौर में जब यह नियम बना कि सभी कलाकारों की स्वर-परीक्षा होगी—जो कलाकार अब तक रेडियो पर गाते-गाते बूढ़े हो चुके थे—उन्हें भी स्वर परीक्षा देनी पड़ेगी—जैसे केसरबाई केशकर, ओंकारनाथ ठाकुर आदि—तब विलायत ख़ाँ इसके विरोध में खड़े हो गये। उन्होंने कहा—"इस देश में ऐसा कौन है जो इतने बड़े धुरन्धर कलाकारों की योग्यता की परीक्षा लेगा? यह नियम ठीक नहीं है, इसे कोई नहीं मानेगा?" इसी वजह से उन्हें आजीवन आकाशवाणी में बजाने नहीं दिया गया। फिर १९६४ में पद्‌मश्री और १९६८ में पद्‌मविभूषण उपाधि को ठुकराते हुए कहा था—"सरकार में ऐसा कौन व्यक्ति है जो यह निर्णय करेगा कि मैं इस उपाधि के लिए योग्य हूँ या नहीं

इस पर विचार करेगा, सभी तो संगीत की दृष्टि से अनपढ़ हैं। अगर संगीत के अखाड़े के पहलवानों की कोई समिति मुझे कोई खिताब देती होती तो मैं उसे श्रद्धापूर्वक स्वीकार करता। कारण, वे अन्ततः कुश्ती को तो समझते हैं। शासन तन्त्र में जो लोग हैं, वे तो कुछ नहीं जानते हैं।''

जीवन के अन्त में पण्डित रविशंकर को जब 'भारत रत्न' की उपाधि मिली, तब उन्हें बड़ा क्रोध आया था। संवाद माध्यम के प्रतिनिधियों को बुलाकर उन्होंने जहाँ-तहाँ जो-सो जैसा कुछ कहा था। उम्र के अन्तिम दौर में उन्हें संगीत नाटक अकादेमी की फ़ैलोशिप अवश्य मिल गयी थी।

श्रेष्ठ सितार वादक

मैंने गत पैंतीस वर्ष में विलायत ख़ाँ के स्तर का दरबारी कानड़ा बजाते हुए और किसी को भी नहीं सुना है। यह राग बजाने में वे सिद्धहस्त थे। उनके जैसा पूरिया राग भी मैंने और किसी से नहीं सुना। इमन, तिलक कामोद, शंकरा, योगश्री और मारवा राग भी वे असाधारण रूप से बजाते थे। ठुमरी चाल में खमाज, भैरवी, पीलू, मिश्रगारा आदि भी वे बहुत अच्छा बजाते थे। कहने में कोई संकोच नहीं है कि सितार पर ठुमरी का काम उनसे अच्छा और कोई उतनी ख़ूबी से कर नहीं पाता था। उनके पंजाबी चाल के पहाड़ी अथवा मध्य स्वरबाज राग की तुलना में सिर्फ़ बड़े ग़ुलाम अली ख़ाँ ठहरते थे। उनका बागेश्री राग सुनने का सौभाग्य तो मुझे नहीं मिला, फिर भी उनका रागेश्री का एल-पी रिकार्ड तो इतिहास हो गया है। उनके ख़याल कायदे की तानों का सम्भार और उन तानों को पेश करने का कायदा और किसी सितार वादक में मिलता ही नहीं है। इस मामले में दूसरा कोई सितारिया है ही नहीं— एकमात्र विख्यात सरोदवादक उस्ताद अमजद अली ख़ाँ को विलायत ख़ाँ के स्तर का ख़याल अंग की तानों का प्रस्तुतकर्ता कहा जा सकता है। विलायत ख़ाँ जैसा साफ़ सुरों से भरा हुआ झाला भी बहुत कम शिल्पी बजा पाते थे।

एक घटना का उदाहरण देकर समाप्त करता हूँ। किसी एक महफ़िल में उस्ताद का सितारवादन सुनकर ऐसा लगा था कि अब उनके हाथ का कौशल कुछ कम होना शुरू हो गया है। इस महफ़िल की आलोचना करते

हुए मैंने लिखा था—"इस बार विलायत ख़ाँ अस्ताचल की ओर जा रहे हैं। अब वह निपुणता उनके बजाने में रह ही नहीं गयी है।" समालोचना प्रकाशित होने के कुछ दिनों बाद उस्ताद की बैठक फिर हुई कला मन्दिर में। उन्होंने भीमपलासी राग में आलाप और गतकारी बजायी। उनका यह सितारवादन अत्यन्त श्रेष्ठ स्तर का हुआ था। बहुत मेहनत और पूरे मन से उस दिन उस्ताद ने बजाया था। समालोचित बैठक में उन्होंने काफ़ी बातें कही थीं और बजाने की अपेक्षा गाना भी काफ़ी गाया था।

इस बार शुरू में ही उन्होंने कह दिया था, "मैं भीमपलासी बजाऊँगा!" बस उसके बाद उन्होंने अपनी ज़ुबान पर ताला लगा लिया। तान वर्ग में लगातार उच्चांग और कठिन तानों को एक-के-बाद एक वे बजाते चले गये। उस तानकारी को सुनकर इस समालोचक की स्थिति तो दम अटक जाने की हो गयी। गत दस बरसों से उन्हें इस तरह की तानें बजाते हुए सुना ही नहीं गया था। उसके बाद तान के अन्तिम अंश में जाने के पहले उन्होंने एक बार फिर अपनी ज़ुबान खोली। बोले—"विलायत ख़ाँ अभी मर नहीं गया है।" उसके बाद झाला पर्व में नियमानुसार हर लय के दरजा के प्रारम्भ और अन्त में साफ़-साफ़ चार आघातों के डा रा रा रा बोल बजाने लगे असाधारण सुर और समता बरकरार रखते हुए। लय ऊँचाई पर जाने के बाद भी झाला का महत्त्व कम नहीं हुआ। अन्त में उन्होंने एक बार फिर अपनी ज़ुबान खोली, बोले—"विलायत ख़ाँ ख़त्म नहीं हुआ है। कोई है? कोई है?"

सितार की अन्तिम बात
आशीष चट्टोपाध्याय

सितार की अन्तिम बात

कहावत है बुझने के पहले दीपक की लौ तेज़ हो जाती है। ऐसा लग रहा है, उस दिन सितार हाथ में लेकर दरबारी आलाप की रचना में स्मरणीय हो उठे विलायत ख़ाँ ने क्या वही संकेत दिया था! आई.टी.सी. सम्मेलन का आख़िरी दिन। सूची के अनुसार समाप्ति की रेखा ख़ाँ साहब खींचेंगे। उनसे पहले के शिल्पी उल्हास कशालकर का निर्धारित समय कभी का बीत चुका है। फिर भी वे मंच छोड़ नहीं पा रहे हैं। अनुष्ठानकर्ता के अनुरोध पर वे गाना गाते जा रहे हैं। इधर रात बढ़ती जा रही है। और घर जाने की व्यग्रता भी बढ़ती जा रही है। सभी के मन में तब एक ही प्रश्न उठ रहा था। ख़ाँ साहब आख़िर आ क्यों नहीं रहे हैं? क्या किया जाय जिससे वे आ जायें। ग्रीन रूम में वे सहसा बीमार हो गये हैं। उस दिन गायक मोसकूर अली के क्वार्टर में ख़ाँ साहब का ग्रीन रूम बनाया गया था। वहाँ पर उस समय डॉ. बुलाया गया था। दवा तथा इंजेक्शन आदि दिया जा रहा था। सब कुछ देख-सुन कर मन में यह प्रश्न झाँकने लगा था कि ख़ाँ साहब इतनी अस्वस्थता में क्या बजा पायेंगे? सम्भवतः नहीं। मन जब आशा-निराशा के झूले में 'क्लान्त' होकर झूल रहा था उसी समय माइक पर घोषणा हुई—"आप लोग थोड़ा धीरज रखें। विलायत ख़ाँ साहब थोड़ी देर में ही मंच पर उपस्थित हो रहे हैं।" उद्घोषक के आश्वासन पर प्रतीक्षा करते-करते शान्त श्रोतागण थोड़ी आशा और उत्साह से भर गये। थोड़ी देर में ही एक गाड़ी आकर रुकी मंच के एकदम पास। गाड़ी से उतर आये ख़ाँ साहब। चेहरे पर थकान की छाप थी। थके क़दमों से मंच की तरफ़ आगे बढ़ गये। विलम्ब के लिए क्षमा माँगते हुए बोले—"दरबारी राग सुनाएँगे।" उस समय भी किसी को यह अन्दाज़ा नहीं था

कि एक यादगार उपहार उनकी प्रतीक्षा कर रहा है। वास्तव में सितार पर आघात पड़ते ही ख़ाँ साहब एक दूसरे ही मनुष्य हो गये थे। सारी अस्वस्थता भाग गयी। जलसाघर में जैसे झाड़फानूस का उजेला होता है, वैसे ही वे चमक उठते थे। दरबारी राग के दर्द भरे आलाप से श्रोतागण भी आविष्ट हो गये थे। शारीरिक अस्वस्थता का अतिक्रमण कर शिल्पी सत्ता की यह पारगामिता उस समय कलकत्ता में उनकी अन्तिम एकल महफ़िल एक यादगार उदाहरण बनकर रह गयी है।

दरअसल, स्वभाव से ही वे न झुकने वाले मनोभाव के व्यक्ति थे। प्रतिकूल परिस्थिति का सामना करने में उन्हें कभी भय नहीं लगा। २००३ में छिहत्तर वर्ष में, जैसे थे वैसे ही १९३८ में ग्यारह वर्ष की उम्र में भी वैसे ही उत्साह से भरे थे। २००३ की तरह वह भी नवम्बर का महीना था। इलाहाबाद के संगीत-सम्मेलन में इनायत् ख़ाँ आमन्त्रित थे। साथ में उनका बेटा विलायत भी था। वहाँ पर इनायत् साहब इसी तरह बीमार हो गये थे कि वे मंच पर उपस्थित नहीं हो पाये। विपत्ति उद्धारकर्ता के रूप में तब अवतरित हुए विलायत खाँ। उस ज़माने के श्रेष्ठ सितारिये की जगह सितार लेकर मंच पर बजाने बैठे उस दिन के उस किशोर को जरा भी भय नहीं लगा था। वरन् श्रोता मण्डली का मन जीतकर वे मंच से उतर आये थे। उनके अकस्मात् अस्वस्थ हो गये पिता को भी जरा भी भय नहीं लगा था। कारण पुत्र की प्रतिभा की अद्वितीयता की परख उनकी जौहरी जैसी नज़र ने बहुत पहले ही कर ली थी। पुत्र की प्रतिभा के बारे में वे इतने आस्थावान थे कि रिकार्ड बजाने के अन्त में वे पुत्र के नाम का उल्लेख कर अपना परिचय देते हुए कहा करते थे, ''इनायत् ख़ाँ सितारिया विलायत ख़ाँ का बाप।'' विलायत ख़ाँ का पहला रिकार्ड अपने पिता के साथ निकला था। किशोरावस्था में। मेगाफ़ोन से निकले रिकार्ड के एक तरफ़ था इनायत् ख़ाँ का राग जोगिया और दूसरी तरफ़ थी विलायत ख़ाँ की तोड़ी। किन्तु, विलायत ख़ाँ का दुर्भाग्य था, ऐसे गुणी, स्नेही पिता का साथ उन्हें बहुत दिनों तक नहीं मिला। इलाहाबाद में बीमार हुए इनायत् ख़ाँ को कलकत्ता लाया गया। उपचार में कोई कमी नहीं रही। १९३८ में ग्यारह वर्ष के विलायत ने पिता को खो दिया।

इनायत् की मृत्यु के बाद पारिवारिक समस्याओं के साथ विलायत की सितारवादन की शिक्षा अब कैसे होगी यह समस्या भी सामने दिखायी देने

लगी। शिल्पी जीवन की तैयारी के दौरान उनकी माँ बसीरन बीबी उनके लिए ध्रुवतारा बन गयी; संगीतमय परिवेश में पलीं-बढ़ीं उस्ताद बन्दे हुसैन ख़ाँ की कन्या बसीरन ने स्वामी के पास भी वही परिवेश पाया था। इसीलिए संगीत था उनके गले का अलंकार और हृदय का प्रेम। स्वामी की मृत्यु के बाद उनके अथक प्रयत्न से गुणीजनों की शिक्षा प्रणाली में बालक विलायत संगीत सार में समृद्ध होने लगे। कलकत्ता छोड़कर विलायत को लेकर दिल्ली चली गयी। वहाँ पर अनेक गुणी कलाकारों का प्रत्यक्ष सान्निध्य और शिक्षा उन्हें मिलने लगी। नाना उस्ताद बन्दे हुसैन ख़ाँ की देखरेख में शुरू होता है विलायत की शिक्षा का दूसरा पर्व। आगे आ गये काका उस्ताद वाहिद ख़ाँ और मामा जिन्दा हुसैन। सभी लोग गायक थे। उनकी मूल्यवान् तालीम में गायकी अंग की वादन शैली की सम्पत्ति और विरासत धीरे-धीरे शुद्ध होने लगी। बाबा के कारण अन्यान्य शिल्पियों से भी उन्हें शिक्षा और स्नेह मिलने लगा। फैयाज़ ख़ाँ जैसे कलाकार ने भी उन्हें ख़याल की कुछ स्थायी अन्तरा प्रदान कीं।

दिल्ली जाने के पहले कलकत्ता में रहते समय विलायत की शिक्षा का उत्तरदायित्व ध्रुवतारा जोशी ने लिया था। गुणी संगीत-शिल्पियों को सुनने और उनकी गायकी ग्रहण करने के प्रति विलायत बहुत उत्साही थे। इस दृष्टि से वे बराबर प्रयत्नशील बने रहे। कारण, अपनी वादन शैली को ख़याल अंग के अलंकार-सम्भार से विशुद्ध रूप से प्रसारित कर वे एक ऐसी वादन शैली की सृष्टि करना चाहते थे, जो उनकी अनन्य रूप से अपनी हो। इस विषय में उन्होंने कभी रूढ़िवादिता अथवा संकीर्णता को प्रश्रय नहीं दिया। इसीलिए उनके सितार बजाने की शैली में किराना घराने के अब्दुल करीम ख़ाँ के सुर की कलाकारी की छवि जिस प्रकार प्राप्त होती है, वैसे ही मिलती है आगरा घराने के फैयाज़ ख़ाँ की सुघड़ और सुषमापूर्ण बढ़त और गम्भीर गमक। ग़ुलाम अली ख़ाँ साहब की पतली-पतली तानों के फन्दा सुनने के बाद अपना उद्देश्य ठीक करने में लग जाने से उनके बजाने में अन्य रंग आ गया। सुर की इस तीर्थयात्रा में आत्मीयता के सूत्र से विलायत को अमीर ख़ाँ का निविड़ साहचर्य मिला था। दीदी सरीफ़न बीबी के साथ ख़ाँ साहब का विवाह हुआ था। अपने बहनोई के साथ और उनके संगीत से विलायत ख़ाँ को जो लाभ हुआ था उसका प्रतिफलन मिलता है उनके बजाने में, अमीर ख़ाँ के ढंग से एक सुर के

साथ और एक सुर को मिलाने की रीति में। बन्दिश को रूपायित करते समय वे अमीर ख़ाँ साहब की जिस शैली के अनुसार बजाते थे, उसका उदाहरण मिलता है, ग्रामोफ़ोन कम्पनी द्वारा प्रसारित विलायत ख़ाँ साहब के बहार राग के एलपी रिकार्ड में। सुनते ही ऐसा लगता है जैसे अमीर ख़ाँ साहब का गाना सितार पर बज रहा है।

सच बात कहने में कोई हर्ज नहीं है कि विलायत ख़ाँ मींड़, गमक, गिटकरी, आँश, तान विशेषकर सपाट, इकहरी, दौड़ गायकी के इन सब अलंकारों की ऐसी रचना कर गये हैं, जिनका दूसरा उदाहरण मिलना कठिन है। किस साध से निखिल बंद्योपाध्याय ने कहा था—''सितार की क्या टोन् क्या सफ़ाई, परफेक्शन, तैयारी, निर्दोष और शुद्ध तकनीक और असामान्य रूप से फिनिश थी इस मनुष्य की। सितार लेकर इस तरह खेलना और किसी के लिए सम्भव ही नहीं था। मैं मानता हूँ सितार की चरमान्त बात तो विलायत ख़ाँ साहब ही हैं।'' निखिल के प्रति विलायत ख़ाँ का स्नेह कोई कम नहीं था। कहते थे, ''अपना बजाना छोड़कर सिर्फ़ निखिल का ही बजाना मैं बड़े प्रेम से सुनता हूँ।'' पार्क सर्कस के मॉडर्न स्कूल में दोनों लोग पढ़ा करते थे। तभी से निखिल का विलायत ख़ाँ के यहाँ आना-जाना था। तभी से अंतरंगता थी। निखिल को खम्बाज़ की एक गत भी सिखायी थी विलायत ने।

सितार की विचित्र वादन शैली की तरह उनके स्वभाव में भी अनेक विशिष्ट चीज़ों की अभिव्यक्ति थी। कभी-कभी क्रोध का अबाध विस्फोट, और कभी निष्कपट भाव से अपनी भूल को मान लेना। जैसा भारतरत्न न पाने की नाराज़गी को उन्होंने बड़े तीव्र शब्दों में व्यक्त किया था। और क्षणिक उत्तेजनावश उन्होंने जीवन में जो कई बार अन्यायपूर्ण आचरण किया था, उसे स्वीकार करने में उन्हें कोई संकोच नहीं हुआ था। विशिष्ट सितारवादक सुब्रत राय चौधुरी से सुनी हुई ऐसी कई घटनाएँ मुझे याद आ रही हैं। पहली घटना हुई थी उस्ताद मुश्ताक अली साहब के साथ। सितार शिल्पी के रूप में उस समय ख़ाँ साहब का पूरा दबदबा था। उम्र में काफ़ी छोटे होते हुए यह कहकर बैठ गये कि मैं आपके साथ बजाऊँगा। कहने में थोड़ा शक्ति-परीक्षा का भी इंगित था। आलाप के अंश में तो शक्ति परीक्षण जैसी कोई बात समझ में नहीं आयी। खेल तो तब शुरू हुआ, जब बजाने की गति बढ़ने लगी। तरुणाई की शक्ति के सामने ख़ाँ साहब

पिछड़ने लगे। यह क्षण तब विलायत के लिए बड़ा आनन्ददायक और मज़ा लेने जैसा होने पर भी बाद में बड़ा सन्तापदायक हो गया था।

दूसरी घटना अल्लारखा ख़ाँ के साथ घटी थी। मुम्बई में एक विवाह-घर की महफ़िल में। कई गवैये-बजइये आमन्त्रित होकर आये थे। उनके कारण विशिष्ट कार्यक्रम का आयोजन किया गया था। ख़ाँ साहब को सितार प्रस्तुत करना था। संगत करनी थी अल्लारखा साहब को। झाला पर पहुँचते ही विलायत एक समय कह बैठे, ''मैं एक उँगली से बजा रहा हूँ, आप भी एक उँगली से ना-धिन-धिन-ना बजाइए।'' तब रोशन कुमारी के बाबा फ़क़ीर मुहम्मद ने खड़े होकर कहा—''यह तो नहीं हो सकता। न किसी ने अब तक बजाया है, न कोई बजायेगा।'' फ़क़ीर मुहम्मद की बात समाप्त हुई भी न थी कि विरोध में गरज उठे निजामुद्दीन, ''कोई बजा नहीं पायेगा, ऐसा मत कहिये। मेरे बाबा अजीम ख़ाँ अभी जीवित हैं।'' इसी बात को लेकर बहस छिड़ गयी। घर के मालिक ने तब आकर कहा, ''अब गाने-बजाने की कोई ज़रूरत नहीं है।'' गाना-बजाना तो यहीं बन्द हो गया, किन्तु अल्लारखा के साथ सम्बन्ध सदा के लिए टूट गया।

तीसरी घटना घटी थी प्रवीण संगीत समालोचक चण्डीचरण चट्टोपाध्याय के साथ। महाराष्ट्र सदन में। सदारंग संगीत सम्मेलन में। 'अमृत बाज़ार पत्रिका' में प्रतिकूल समालोचना सहन न कर पाकर सदलबल समालोचक पर आक्रमण कर बैठे। विरोधस्वरूप उस दिन अन्य समाचार-पत्रों के संवाददाता हॉल छोड़कर चले गये। इस घटना से संगीत जगत् में शोरगुल मच गया। प्रसंगतः उल्लेखनीय यह बात है कि वह समालोचक इस लेखक के स्वर्गीय पिताश्री थे। पहली दो घटनाओं की तरह इस घटना से भी वे बाद में दुःखी हुए थे और उन्होंने क्षमा भी माँगी थी। और आगे चलकर उस समालोचक की स्मृति सभा में बिना पारिश्रमिक के ही उन्होंने सितार वादन किया था।

उम्र के साथ-साथ विलायत के सितार बजाने का मिज़ाज भी बदलता गया है। वही आँधी उठा देने वाले विलायत फिर नहीं रह गये थे। उस वक़्त तान लगाना गौण चीज़ हो गयी थी। विलायत सुर में ही जमकर एकाग्र हो गये थे। महफ़िलों में, रिकार्डों में विलायत की वही प्रतिच्छवि रह गयी थी। सितार बजाने के लिए बैठे विलायत ने गाना न सुनाया हो ऐसी महफ़िल की बात याद ही नहीं आती है। इस बात को लेकर महफ़िलों में

काफ़ी हँसी-ठट्टा भी हुआ करता था। किन्तु, दुनिया के किसी भी सितारिये में क्या एक सौ, डेढ़ सौ बन्दिशें बजाने के बाद दूसरे ही क्षण सितार पर उन्हें हू-ब-हू बजाकर सुनाने की क्षमता विद्यमान है? इसी जगह वह अद्वितीय हैं। वह सिर्फ़ सितार बजाते ही नहीं है। ध्वनि माधुर्य के उत्कर्ष के लिए प्रयोग-परीक्षण का फल उनका गंधार पंचम का सितार है। उन्होंने यह अहसास करा दिया है कि गंधार-पंचम सितार षडज-पंचम की अपेक्षा ध्वनि माधुर्य की दृष्टि से धनवान है।

वे अपने वादन के उत्कर्ष को लेकर जितने यत्नवान थे, उसकी बिक्री और जनसम्पर्क को लेकर उतने प्रयत्नशील नहीं थे। एक ही उदाहरण पर्याप्त होगा। कोई कलाकार और मन्त्री अगर एक ही स्थान पर आ रहा हो, तो उनके वार्तालाप का पहला सुख कलाकार को मिलता था, मन्त्री को नहीं। इसी वजह से शायद उनके भाग्य में सरकारी अनुग्रह जुट नहीं पाया। अपनी संगीत अकादेमी के लिए वे ज़मीन चाहते थे, पर उन्हें मिल नहीं पायी। कलकत्ता में अपनी पिता के नाम पर संगीत अकादेमी बनाने की उनकी इच्छा अधूरी रह गयी। हालाँकि इसी कलकत्ते के प्रति उनका कितना अमोघ आकर्षण था। कहा करते थे, कलकत्ता ऐसा एक स्थान है कि यहाँ अगर आप एक बार रह लें तो कहीं रहना फिर अच्छा नहीं लगता है। विदेश में जब भी रहता हूँ तो हरदम लगता रहता है कि कलकत्ते कब लौटूँगा। कलकत्ते में संगीत की महफ़िलों तथा यहाँ के श्रोताओं के साथ उनका आत्मिक सम्पर्क था।

उसी कलकत्ते में वे चिरकाल के लिए लौट आये थे पन्द्रह मार्च को - शाम को शरीर से नहीं अपनी अलौकिक सत्ता से। अवयवों से नहीं अपनी आत्मा से।

विलायत ख़ाँ के साथ एकान्त में

जय गोस्वामी

विलायत ख़ाँ के साथ एकान्त में

उस दिन भाग आया था एक शोक-सभा से। वह थी उस्ताद विलायत ख़ाँ की शोक-सभा। उस आडम्बरहीन शोक-सभा में बहुत थोड़े लोग ही उपस्थित थे। सभी गुणी, संगीत जगत् के गुणी मानुष। सभी फ़र्श पर बिछी जाजम पर बैठे हुए थे। एक-एक गुणी व्यक्ति उठकर विलायत ख़ाँ के संस्मरण सुना रहा था। सहसा एक व्यक्ति ने मेरे पास आकर कान के पास झुक कर कहा था—"ख़ाँ साहब के बारे में आपको भी कुछ कहना होगा।" मैं स्तम्भित, अवाक् रह गया! इतने बड़े संगीत-शिल्पी के बारे में मैं आख़िर क्या जानूँ?

मेरे साथ वहाँ बैठे हुए थे लेखक अबुल बाशार, मैं तो लोगों के मुख से उड़ती ख़बर सुनकर वहाँ पहुँच गया था, उस शोक-सभा में। मैं जा रहा हूँ यह सुनकर आग्रहपूर्वक मेरे साथ चलने को राजी हो गये थे विलायत ख़ाँ के भक्त अबुल बाशार। उस भद्र व्यक्ति ने दो-चार बातें कहने का उनसे भी आग्रह किया था। हम दोनों ही लोग थोड़ी देर बाद विपन्न मुख से उस हॉल से उठकर चले आये थे।

आख़िर मैं उनके बारे में क्या बोल सकता था? "सितार के बारे में सोचते ही सबसे पहले विलायत ख़ाँ साहब की बात याद आ जाती है"—यह बात अकसर कहा करते थे निखिल बंद्योपाध्याय। विलायत ख़ाँ साहब की स्वयं बोलकर लिखायी गयी आत्मकथा में भी लगभग इसी से मिलती-जुलती बात दर्ज है। उसने (अर्थात् निखिल ने) मेरे पैरों के पास दो रुपये का नोट रखते हुए प्रणाम कर कहा, "दादा, यह मुझे करने दो, जब भी नज़र उठाकर देखता हूँ, तो आप ही तो दिखायी देते हैं।"

क्यों ऐसी बात कही थी निखिल बंद्योपाध्याय जैसे इतने बड़े सितार बजैये ने! क्यों अली अकबर खान साहब को दो बरस पहले एक सभा में यह कहते हुए सुना था, ''यदि मुझे सितार सुनना होता है, तो मैं विलायत ख़ाँ को सुनता हूँ।'' आख़िर इसका कारण क्या था? उन सब कारणों को समझ सकने जैसा संगीत का ज्ञान मुझमें नहीं है, यह मुझे स्वीकार करना ही होगा। फिर भी उस स्मृति-सभा में इतने गुणीजनों के सामने सजा-बजाकर क्या दो-एक बातें कह नहीं सकता था। साहित्य रचता हूँ— दो-चार शब्द क्या नहीं कहे जा सकते थे? सुन्दर-सुन्दर शोभन शब्द?

मैंने कुछ क्यों नहीं कहा? वहाँ से आख़िर क्यों भाग आया? कारण, शब्द जहाँ शेष हो जाते हैं, सुर का वहीं से तो आरम्भ होता है। उच्चांग संगीत में तो इसके अलावा अन्यथा कोई बात होती नहीं है। 'नोम, तोम, रे' ने ऐसी ही अर्थहीन सारी ध्वनियाँ धरती पर स्वर्ग उतार लाती हैं। पूरे दिन परिश्रम के बाद अपना क्लान्त शरीर तट भूमि पर आकर डाल जाते हैं। उसके सामने ही होता है समुद्र। उसी समुद्र का नाम है सुर, ध्वनि और संगीत। उसी समुद्र में जो पूरे जीवन तैरता रहा तो—दो-चार शब्दों के द्वारा क्या उसका स्पर्श किया जा सकता है?

तो फिर उस स्मृति-सभा में आख़िर गया क्यों था? विलायत ख़ाँ साहब से परिचित होने का सुयोग तो मुझे कभी मिला ही नहीं। उनके सान्निध्य का स्वाद मैंने कभी लिया ही नहीं। मैं उनका शिष्य भी नहीं था। न ही उनकी किसी संगीत-सभा का आयोजक ही रहा हूँ। तो फिर क्यों गया था?

मैं इसलिए गया था, क्योंकि विलायत ख़ाँ साहब के साथ मेरा एक व्यक्तिगत सम्बन्ध धीरे-धीरे गढ़ उठा था। व्यक्तिगत, अन्तरंग सम्बन्ध। एकदम प्राइवेट - निजी। एकाकी। एकान्त का सम्पर्क। अपने जीवन के कई पल मैंने उनके साथ बिताये हैं। उन सब क्षणों के बारे में अगर सभा में खड़े होकर कुछ कहा जाय तो इससे वे छोटे हो जा सकते हैं।

उनके बारे में बड़े-बड़े गुणीजनों ने बहुत कुछ कहा है, यह मैंने रेडियो और टी.वी. पर सुना है। कितनी महफ़िलों में उन लोगों ने विलायत ख़ाँ साहब के साथ गाया-बजाया है, उस्ताद ने उनसे कब क्या कहा है, यही सब प्रसंग। उस्ताद के स्नेहस्पर्श की छाया में कैसे उन लोगों के दिन बीते

हैं। इन्हीं सब बातों के बारे में उन लोगों ने कहा था। मैं सोच रहा हूँ, मैंने उनके साथ अपने दिन कैसे बिताये हैं।

आज जब सारा संगीत जगत् उनके लिए शोक मना रहा था, तभी मुझे अपने निजी जीवन का वह एक शोक प्रहर याद आ रहा था। १५-१६ दिन हुए थे, जब मेरी माँ चली गयी थीं। किन्तु, किसी कारण से कहो मेरा रोना बाहर नहीं निकला था। हृदय पर एक पत्थर-सा रखा हुआ था। सहज रूप में ही चल-फिर रहा था। नाना प्रकार के आचार-विचारों को मानकर उनका क्रियाकर्म किया था। और पत्थर अपनी जगह दिल को दबाये हुए बैठा था। मेरे आस-पास जो लोग थे वे सोच रहे थे और कह भी रहे थे कि मैं बहुत कठोर मनुष्य हूँ। वे मेरी प्रशंसा में ही यह सब कह रहे थे। जैसे यह बहुत बड़े कृतित्व का व्यापार हो? रो नहीं पाना? प्रेम की तरह जब जीवन में शोक आ जाता है, तब नये सिरे से कुछ अभिज्ञान होता है। माँ का चले जाना, दरअसल इतनी शीघ्रता से घटा यही कोई पन्द्रह-बीस मिनट के अन्तराल में, सहसा एक धक्का जिसने मेरे हृदय के भीतरी भाग को शून्य बना दिया था। रात में जब सोने गया तब दम अटक गया। उठ बैठा और बाहर आकर बरामदे में बैठा रहा।

शाम को एक बन्धु आये और उन्होंने एक एल-पी रिकार्ड कमरे में बजाया। ऊपर विलायत ख़ाँ का नाम था। रिकार्ड धीरे-धीरे घूम रहा था। दुतल्ले के कमरे की खिड़की से नारियल गाछ के पत्ते, आकाश और तारे दिखायी दे रहे थे। नारियल गाछ के पत्ते हवा में धीरे-धीरे डोल रहे थे। क्या आकाश भी डोल रहा था? कहीं तारे भी तो नहीं डोल रहे थे?

तारों के ऊपर *एक-एक लम्बी-लम्बी मींड़ की धीर विद्युत्* चली जा रही थी हृदय को चीरती हुई और पत्थर गल-गल कर हू-हू करता हुआ जल बन बहता आ रहा था आँखों से।

यह देखकर मेरा मित्र तो हक्का-बक्का रह गया, उसने सुई ऊपर कर रिकार्ड का बजना रोक दिया। उसकी स्त्री बोली—"बन्द मत करो, बन्द मत करो, बजने दो।" मेरी कुछ कहने की हालत ही नहीं थी। रिकार्ड फिर चलाकर मेरा बन्धु और उसकी स्त्री दोनों लोग निकल गये छत पर बनी एक अटारी में। मैं उस कमरे में विलायत ख़ाँ साहब के साथ अकेला रह गया। श्राद्धशान्ति चाहे जितने आचार-विचारों को मानकर क्यों न करो,

अश्रुजल के बिना कहीं मातृतर्पण होता है?

मेरे मातृतर्पण के समय विलायत ख़ाँ थे मेरे साथ। किन्तु, क्या यह बात सभा में खड़े होकर कही जा सकती है?

मेरे मातृतर्पण का गंगाजल ख़ाँ साहब का वही दरबारी कानड़ा है। रिकार्ड से कैसेट बनाकर मुझे भेज दिया था भवानीपुर के विजय सरकार ने। जो विजय सरकार अपने ख़र्चे से विलायत ख़ाँ के हर रिकार्ड की कैसेट बनाकर मित्रों के घर-घर पहुँचा दिया करता था। यही था उसका पुण्य। उसके जीवन की चरितार्थता भी इसी में थी। जो विजय सरकार ख़ाँ साहब के किसी भी प्रोग्राम के कम दामों वाले टिकट ख़रीद कर मित्रों में बाँटा करता था, टिकट हाथ में लेकर हॉल के सामने खड़ा रहता था मित्रों की प्रतीक्षा में। अगर मित्रों में कोई दाम देना चाहता तो भाग कर भीड़ में गुम हो जाता था, यद्यपि विलायत ख़ाँ के सामने कभी खड़ा नहीं हुआ। कौन जाने विजय सरकार के जीवन को स्पर्श के किस जादू से छू लिया था सुरों के इस जादूगर ने।

विलायत ख़ाँ साहब ने अपनी आत्मकथा में लिखा है दरबारी कानड़ा होता है राजा की आँखों का जल। किन्तु एकान्त निर्जन में यह अश्रुपात सिर्फ़ राजा को ही क्यों होगा? ख़ाँ साहब मेरे जैसे जो साधारण मनुष्य हैं, जो संगीत में निरक्षर हैं, उन सबकी आँखों का गुप्त जल पूर्ण होकर भरा हुआ है आपके उस दरबारी कानड़ा राग में।

वादकुल्ला के निर्मल, राणाघाट कोर्टपाड़ा के गोरादा अथवा पादुली के चंचल भट्टाचार्जी (भट्टाचार्य) ये कहीं के राजा हैं, ख़ाँ साहब?

एक युवक का विवाह-विच्छेद हो गया था। चार बरस के विवाहित जीवन के बाद अकेला बिता रहा था, यही आठ-नौ मास। दोनों के बाद में कोई झगड़ा-झंझट था या नहीं, यह हम में से किसी को भी पता नहीं था। अब भी वह युवक अचरज भरी चुप्पी साधे था। उसे गाना और कविता अच्छे लगते थे। स्वयं न गाता था, न कविता लिखता था। छोड़कर चली गयी युवती के बारे में कोई बात ही नहीं करता था। हममें से अगर कोई उससे बात करने गया, तो वह कोई जवाब नहीं देता था। गाने की महफ़िल में मैं गया हूँ, यह जानकर उसने एक बार कहा था—"क्या आपने मिठू को देखा है?" मिठू उस युवती का नाम था, वह गाने की महफ़िलों में ख़ूब

जाती थी।

एक दिन उस युवक ने कहा—"आप तो जानते हैं, वैसे तो मुझे कोई असुविधा नहीं है, पूरे दिन काम-काज के सिलसिले में घूमता रहता हूँ। वैसी कोई फीलिंग रहती ही नहीं है। फिर भी रात में जब सोने जाता हूँ तो दम घुटने लगता है। ऐसा लगता है जैसे कोई बोझा, पत्थर जैसी भारी चीज़ रखी हुई है।"

मेरे ही घर में एक दिन, इस-उस बात के बाद हम लोगों ने विचार किया कि कोई गाना सुना जाय। दोनों लोग हल्के मिज़ाज में थे। घर में और कोई नहीं था। कैसेट चालू कर दिया। थोड़े समय बजने वाली कोई चीज़ थी। शंकरा, विलायत ख़ाँ साहब की ही कोई चीज़ थी। एक मिनट में ही तीन ताल में गत शुरू हो गयी थी।

दूसरी बार सम पर आते-आते देखता हूँ, उसका चेहरा वेदना से चूर-चूर हुआ जा रहा है। सितार वादन चल रहा था और हाथ से मुँह ढके होने की स्थिति में उसका शरीर चौंक-चौंक कर काँपता जा रहा था। राग का कितना सीधा, सरल मुखड़ा था, फिर भी उसमें कैसी अचरज-भरी ताक़त थी, उँगली के आघात की कैसी तीव्र शक्ति थी? ऊपर के 'सा' को छूती हुई 'निषाद' पर आकर लय 'सम' पर पड़ रही थी और उस आघात में ऐसी तीव्रता थी कि एक धक्के में उसकी छाती पर रखा हुआ वही पत्थर किसी अतल में उखड़ा पड़ रहा था और इतने दिनों का दबा हुआ क्रन्दन उच्छ्वसित होकर निकलता जा रहा था। उसकी ऐसी हालत देखते-देखते मुझे स्वयं के शोक का वही पत्थर याद आ रहा था।

हममें से तो कोई राजा थे नहीं हम लोग यही चंचल, गोरादा, बुल्टू भौमिक, तपन, बोसदा सामान्य जन ही तो थे।

हम लोग वही सब सामान्य जन थे, जिनके जीवन के घण्टे-पर-घण्टे कट जाते हैं विलायत ख़ाँ साहब और उन्हीं जैसे गुणीजनों का संग-साथ करते-करते। और इनमें से किसी के भी साथ एक लम्हे के लिए ही परिचित हुए बिना। यद्यपि इनके आत्मीय-परिजन होकर। अगर हम लोग इनके आत्मीय-परिजन नहीं होंगे, तो फिर कौन होंगे?

हममें से कोई भी शोक-सभा में बोलने योग्य नहीं था। जिस तरह से एक प्यासा हरिण सरोवर के पास जाता है, जल उसकी प्यास बुझा देता है, पर

वह यह तो नहीं जानने बैठता कि पानी किन उपादानों से बना है, या उसके कौन से उपादान हैं, एक लम्बी दौड़ के बाद थम कर खड़े होकर जैसे एक घोड़ा चैन की साँस लेता है, यद्यपि वह यह नहीं जान पाता कि हवा किन तत्त्वों से मिलकर बनी है, ठीक वैसे ही विलायत ख़ाँ के संगीत को हम लोग चाहते हैं, उसका व्याकरण बिना जाने। शक्ति चट्टोपाध्याय ने अपनी कविता में लिखा था, ''तुम एक बार प्रेम करने का प्रयास तो करो, फिर तुम देखोगे नदी के भीतर मछली के हृदय से पत्थर खिसकता जा रहा है।''

दो

शक्ति की चर्चा जब छेड़ ही दी है तो यह भी कह रहा हूँ कि शक्ति चट्टोपाध्याय के साथ मुझे विलायत ख़ाँ साहब की कहीं एक समानता मिलती है। सारे ब्यौरों को ख़ूब समेटकर तो नहीं कह सकता, किन्तु दोनों के मिज़ाज में कहीं तो एक समानता ज़रूर है। शक्ति के सम्बन्ध में जैसे अनेक कहानियाँ सुनने को मिलती हैं, वैसे ही विलायत ख़ाँ साहब के बारे में भी काफ़ी कहानियाँ मिलती हैं। सुनी हुई एक कहानी यहाँ कह रहा हूँ, सामने की पंक्ति में बैठी हुई एक सुन्दरी अपने मेकअप को ठीक कर रही थी, सितार हाथ में लिए उसे देखकर विलायत ख़ाँ कहने लगे, ''महोदया! किसका रूप अधिक सुन्दर है? आपका या इस संगीत का?'' यह कहते हुए वे उसे अपना सितार दिखाने लगे।

शक्ति की एक कविता है, ''कौन अधिक सुन्दर है? चाँद तुम? अथवा उस चाँद के नीचे एक पागल का तुम्हारी ओर ताकते रहना?'' कहीं तो एक बहुत बड़े पागल थे विलायत ख़ाँ साहब इसमें मुझे कोई सन्देह नहीं है।

विलायत ख़ाँ आख़िर करते क्या थे?

विलायत पूरे प्रेक्षागृह को पागल, विक्षिप्त बना देते थे। सितार के तारों पर एक आघात होता जा रहा है, एक-एक कर दीर्घ से दीर्घतर मींड़ खींचते जा रहे हैं, स्वर की सारी बिजुलियाँ क्रीड़ा करती जा रही हैं और शत-शत चेचक के दाग़ों से भरे सख़्त चेहरे के ऊपर पड़ता जा रहा है उल्लास और

दर्द का चाबुक। देखो, और कोई ऐसा बजा सकेगा? ऐं? कर सकेगा? कोई कहीं है, सितार में? जो यह काम कर सके, तो बजाकर दिखाए ना!

यह ठीक है कि यह सब वे अपने मुँह से नहीं कहते थे। किन्तु, उनका सारा अस्तित्व इसकी घोषणा कर उठता था, उनका पूरा शरीर यही बात कहता रहता था।

विलायत के बजाने का माधुर्य, उनके मीठे हाथ के बारे में कितनी बातें नहीं सुनी हैं। फिर भी मुझे लगता है, उनके बजाने का वैशिष्ट्य सिर्फ़ माधुर्य ही नहीं है। तारों पर उनके 'स्ट्रोक' देने की शक्ति के बारे में जब विचार करता हूँ, तो देखता हूँ कि इस माधुर्य को एक तीव्रता प्रदान कर देते थे विलायत खाँ। सहन करने की सीमा पर खड़े होकर काँपता रहता था माधुर्य, यह माधुर्य एक कठोर उल्लास होता था। जब वे बजाते थे, तब आँखें बन्द करने का आपको मौक़ा ही नहीं मिलता था। और अगर आँखें खोल लो, तो भी नहीं मिलता था चैन। तीव्र से तीव्रतर होता हुआ, धावित होता रहता था आनन्द शिखर की दिशा में किन्तु शिखर पर नहीं पहुँचता था। इसे कहा जा सकता है एक 'एगोनी' - एक दर्द। चाहे जितनी छोटी 'गत' बज रही हो, चाहे जितनी अल्पावधि की हो, यह अनुभूति, यह रसायन श्रोता के भीतर चलते रहने की वजह से ही इस बजाने को उन्मादक कहा जाता है। पागल बना देना। सारे माधुर्य को लुटा देना यहीं पर उनके बजाने का 'शासन' है। जिस उन्माद से सारे प्रेक्षागृह को अपने पीछे-पीछे अपने साथ लिये जाते हैं —विलायत ख़ाँ।

इसी जगह पर शक्ति चट्टोपाध्याय के साथ उनकी एक मिल है। शक्ति जब कविता पढ़ने उठता था—उन्मत्त हो जाते थे श्रोतागण। यथार्थ रूप में शक्ति कह सकता था, जैसा कि उसकी कविता में है, "तुम्हें भी अपनी कविता के साथ ले जाऊँगा।" विलायत ख़ाँ का बजाना भी श्रोताओं को अपने साथ लेकर दौड़ जाता था, रुकने नहीं देता था। शक्ति चट्टोपाध्याय उन्मत्त अवस्था में जैसे कहता था—"मैं शक्ति चट्टोपाध्याय हूँ। मैं स्वेच्छाचारी हूँ।" विलायत भी अपने वादन के द्वारा यही बात कहते थे।

यहाँ पर थोड़ा प्रसंग से हटकर मुझे एक और व्यक्ति की बात याद आ रही है। वह गाने-बजाने के क्षेत्र का नहीं था। काव्य और साहित्य जगत् का भी वह नहीं है। वह तो नाट्य जगत् का मानुष है। नाम है अजितेश

बंद्योपाध्याय। अभिनय के समय उसके भीतर से जो एक अप्रतिरोध्य आवेग की बाढ़ निकल पड़ती थी, *उसके साथ ख़ूब मेल था विलायत के वादन से उत्पन्न आवेग की बाढ़ का।*

सातवें दशक के मध्य पर्व में जिन्होंने अजितेश का 'शेरे अफगान', 'मंजरी आम की मंजरी', 'नाना रंग के दिन अथवा दूसरी तरफ़', 'पाप पुण्य' नाटकों में अभिनय देखा हो—जिन्होंने गोष्ठियों में शक्ति का उद्दाम काव्य पाठ सुना हो, और सितार बजाते हुए सुना हो विलायत ख़ाँ को शाम अथवा रात की महफ़िलों में—वे लोग सम्भवतः पूरी तरह भिन्न इन तीन शिल्पियों के भीतर सहज प्राणों में दिन-रात गतिशील अग्निधर्मी एक सायुज्य समझ सकते हैं।

इस अग्निधर्मी तल के साथ स्वर्णमण्डित यह अहंकार किसी-किसी शिल्पी को अद्वितीय बना देता है। आत्म-सम्मान, आत्म-मर्यादा मानो जल-जल कर इसी सोने में रूपान्तरित होती जाती है। अहंकार और प्रेम। प्रेम और अवहेलना, अपने को लुटा देना, अपने को उड़ा ले जाना मानो ये सब निवास करते हैं साथ-साथ एक शिल्पी के भीतर। ये उन्हें अकेला कर देते हैं। विलायत ख़ाँ साहब से क्या कभी किसी ने जीवनानन्द दास की कविता के द्वारा यह पूछना चाहा—"तुम इसीलिए एकाकी हो।"

अन्तिम बार विलायत ख़ाँ साहब को सामने से देखा था, प्रायः दो बरस पहले एक प्रोग्राम में। वह ऐसा प्रोग्राम था, जिसमें विजय सरकार को भी टिकट नहीं मिला था। कैसे मिल सकता था? उस्ताद का निजी प्रोग्राम जो ठहरा! इनायत् ख़ाँ साहब के नाम पर यह पुरस्कार पूरे जीवन की उपलब्धियों के लिए दिया जायेगा किशन महाराज को। विलायत ख़ाँ साहब स्वयं बजाने बैठेंगे उनके साथ। हमें कैसे उसमें प्रवेश मिलेगा?

बचाया अशोक मजूमदार ने फ़ोटोग्राफ़र होने के कारण उसका प्रवेश अबाध है। खींचते-खींचते मुझे ले गया एकदम पहली कतार में, मेरे पैरों के पास बैग रखकर स्वयं पता नहीं कहाँ ग़ायब हो गया। हाथ में बैग की स्ट्रिप देकर कह गया, "इसे जरा सम्भालना, तुमसे कोई कुछ पूछेगा नहीं।"

सचमुच में किसी ने पूछा भी नहीं। सितारवादन सुना पहली पंक्ति में बैठकर। वह एक अचरज भरी अभिज्ञता थी। दो सुरपागल वृद्धों को देखा। लम्बा-लम्बा चक्करदार बजाना चल रहा है, किसी अकूल से आ-आकर

तरंग सम पर पड़ रही है। उस्ताद सितार पर अपना मुख रखे हुए थे, एक समय तो वह भी नहीं रखा, उँगलियों से हाथ गिनते-गिनते हैरान हुए जा रहे हैं आस-पास के लोग। उस्ताद प्रतीक्षा कर रहे हैं, वे कब सम पर आते हैं, मानो उनके सामने आकर तट पर आघात करेगी तरंग। शिशु की तरह छटपटाने लगते हैं कभी-कभी, दो लोगों में कोई भी दर्शकों-श्रोताओं के लिए तो बजा नहीं रहे थे, अपने लिए बजा रहे थे। ताल हो गया समय, सुर हो गया तरंगमय स्पेस। उसमें बहते जा रहे हैं, दो वृद्ध सुर के विज्ञाता। राशियों और संख्याओं के द्वारा जैसे एक वैज्ञानिक चला जाता है दूर-दूरान्तर महाकाल और महाआकाश में, वैसे ही वे चले जा रहे थे स्वर और बोलों पर बैठकर। जगत् पारावार की प्रान्तसीमा पर क्रीड़ारत दो बालक। वह छवि मेरे मन से कभी मिटेगी नहीं।

विलायत ख़ाँ चले गये। पीछे रह गये हम सब लोग । हम लोग जो उनके अगणित सामान्य श्रोतागण हैं। हम लोग जो वीचि भूमि से थोड़ी दूर खड़े होने का सुयोग पाकर समुद्र को देख सके। उनका बजाना रह गया हमारे प्रेम, शोक और दुःख बिताने का साथी होकर। रिकार्ड और कैसेट में उनके जिस सितारवादन को सुनते-सुनते शायद हममें से कोई अपने मन में वादनरत विलायत ख़ाँ को देख सके। आलाप के बीच में कई पलों तक रुककर, सितार हाथ में लेकर ताकते रहते थे कलामन्दिर के पीछे की दीवार की ओर। एक पलक पहले स्वर्ग उतर आता था उनके सामने। अभी पुनः उतर आयेगा, इसमें कोई भूल नहीं है, बीच में हमें याद आ जायेगा – ''कौन अधिक सुन्दर है, चाँद तुम? अथवा चाँद की तरफ़ टकटकी लगाये देखने वाला वह पागल?'' हाँ, टकटकी लगाये रहना। विलायत का संगीत भी अन्ततः एक दृष्टि है। अलौकिक आँखें। जिन आँखों में आँख डालकर जीवन के सारे दैन्य से हम सौन्दर्य की ओर चल सकते हैं।